LAW & BUSINESS
法商图书

合伙
创业手册

架构·分配·风险

陈福录◎著

法律出版社 LAW PRESS·CHINA

自序
Preface

小米公司自创立伊始就实行事业合伙人制度，仅用不到10年时间，便进入了国内科技企业的第一梯队。马云自2010年开始在阿里巴巴运行合伙人制度，任正非自1997年开始在华为公司的利润分享上实行合伙机制，两个公司的成就众所周知。这三家民营企业（公司）并不是合伙企业，所实行的“合伙”并不完全是法律语境中的“合伙”，而是借鉴了合伙的风险控制之道，但这足以告知世人合伙的风险控制之道具有强大优势，对民营企业（公司）的创业者也有很大的借鉴或者参考使用价值。

当今是一个“大众创业、万众创新”的时代，也是一个“万众创业”的时代，更是一个告别“单打独斗”的时代。“大众创业、万众创新”已成为社会的一种潮流，越来越多的人也投入创业大潮中。在创业过程中，合伙以其特有的灵活性往往成为创业者首选的一种创业方式和经营模式。即便创业者选择公司作为创业方式和经营模式，如前所述，合伙的风险控制之道也值得其加以借鉴与参考。

然而，在传统观念影响下，中国式合伙创业多以家人式合伙、朋友式合伙等方式出现，一些合伙创业要么“胎死腹中”，要么走向散伙，要么因利益之争最后“一拍两散”，“寿命”往往较短，百年企业更是寥寥无几。究竟是什么原因导致了这种状况的出现，值得大家深思。笔者认为是这些创业者没能严格按照规则控制好合伙创业过程中的各类风险。

只有摒弃传统观念，严格按照规则控制好合伙创业过程中的各类风险，才能把事业做大做强。而要严格按照规则控制好合伙创业过程中的各类风险，就必须准确理解法律语境中“合伙”及风险控制的内涵，全面掌握合伙创业的风险识别与控制方法。为让广大创业者更加容易地理解法律语境中“合伙”及风险控制的内涵,全面掌握合伙创业的风险识别与控制方法,提供强有力的智力支持,本人潜心研究了《合伙企业法》《民法总则》及其司法解释、其他法律法规和相关政策及有关实务案例,归纳提炼出若干关键内容和风险规避之道,撰写成《合伙创业手册:架构 · 分配 · 风险》。本书呈现如下特点:

首先是新颖。目前市场上有关创业风险控制的书籍主要介绍公司治理及其结构安排,很少有人研究合伙创业及其风险规避之道。本书的出版正好填补这一空白,将为广大创业者如何防控创业风险提供全新思路。本书在体例安排上并未依《合伙企业法》的章节顺序,而是从合伙创设说起,到合伙消亡结尾,贯穿合伙创业的整个"生命"周期,体例安排新颖。本书还提出了一些新颖的见解,比如普通合伙企业执行合伙事务的合伙人也享有报酬获得权、合伙企业解散或者破产后有限合伙人在特定条件下须对存续期间的债务承担连带责任,将为解决疑难实务问题提供新视角。

其次是全面。本书并没有将对合伙创业及风险控制的讨论仅仅停留在《合伙企业法》和《民法总则》及其司法解释有关个人合伙的规定,而是对合伙创业过程中可能会涉及的其他法律规定和政策规定均进行了全面详尽的梳理,比如对因法律或者政策有明确的限制规定而不能成为合伙人的情形进行了全面详尽的梳理,让创业者通过阅读本书便能全面知悉合伙创业过程中可能会涉及哪些规定、存在哪些风险和如何加以控制。

最后是实务。本书在对合伙创业过程中所涉及的相关规定进行讨论的同时,也对相关司法判例和实战经验进行了深度总结与提炼,并就实务过程中遇到的一些问题进行了深入解析,比如深入解析了隐名出资、冒名出资的责任承担,同时还在《合伙企业法》等法律规定之外增加了一些内容,比如增加了"对外融资""对外投资",使本书内容贴近实务,可以帮助创业者解决实际问题。

法律规定是枯燥的,但本书尽可能不用"法言法语",而是力求用通俗易懂的语言介绍法律语境中"合伙"及风险控制的内涵、合伙创业所涉及的法律及政策规定和风险控制方法,让人读后能明白所讲内容,熟悉风险所在,提前做好控制。对于已经合伙创业、拟合伙创业或者将来合伙创业的大学生、其他人或者单位,以及已经与、拟与或者将来与合伙(企业)有业务往来(交易)的人(单位），包括合伙（企业）债权人，相信本书给他们带来很大收益，既能帮助他们准确领悟“合伙”及其风险控制的内涵，也有助于他们快速掌握风险识别方法，提高风险控制能力，有效控制合伙创业过程中的各类风险，更能引领他们启发思路、开阔视野，为他们做大做强事业、永保基业长青提供强有力的智力支持。

同时，对于已经选择、拟选择或者将来选择公司作为创业方式和经营模式的大学生、其他人或者单位，相信本书在风险控制上也会有一定的借鉴或者参考。另外，相信本书对于律师、企业法务向合伙创业者、公司创业者提供法律服务，也会有很大帮助。

陈福录

2019 年 10 月 7 日

目录
Contents

第一章 合伙的创设

第三章 合伙责任与风险控制

第一章　合伙的创设

合伙既是一种法律行为，也是一种组织形态。创业者及创业伙伴创业往往会首选合伙，但合伙创业须从合伙创设开始，也就是从设立合伙这个组织形态开始，所以本书第一章讨论合伙创设及其相关内容。虽然合伙相对公司等而言具有创设灵活等特点，但是合伙创设仍必须遵循一定规则；否则，就可能会留下风险隐患。合伙规则是合伙存在和发展的法律基础，它包括符合法律规定的条件、签订合伙协议、依照法律规定的程序和依法办理登记手续（无字号的个人合伙无须办理登记手续）等。

本书首先讨论合伙创设应当遵循的规则和相关风险控制措施。

一、合伙的特征与类型

关键内容

合伙分为不同的类型，不同类型的合伙，其主要特征相同，但设立条件、程序和登记事项等会有所不同。

1. 合伙的主要特征

依照《民法通则》第30条、《合伙企业法》第2条等的规定，合伙是两个或者两个以上民事主体为了共同目的（事业）、共同利益而签订同一协议并共同出资、共同经营、共享盈利、共负亏损、共担风险的法律行为或者组织形态。这是我国法律对合伙主要特征的高度概括。

合伙的主要特征具体表现为:一是有共识,即全体合伙人需要有共同目的(事业)、共同利益,否则,便不构成合伙;二是有基础,即全体合伙人需要有合伙协议这个基础,从内部关系上明确各自的权利义务;三是要出资,即全体合伙人需要各自提供一定的资金、实物或者劳务等,形成对合伙的共同出资;四是要共有,即全体合伙人的出资、合伙取得的收益和依法取得的其他财产,除劳务(含技术性劳务)外,其他均归全体合伙人共有;五是要共创,即一般需要全体普通合伙人共同研究、负责、经营或者执行合伙事务,聘用经营管理人员只是将合伙事务执行交其承担,并不影响该特征;六是要共享,即合伙实现的利润由全体合伙人共同享有;七是要共担,即合伙发生的亏损由全体合伙人共同承担,普通合伙人对合伙债务承担对外无限连带责任,有限合伙人以其认缴的出资额为限对合伙债务对外承担责任。“二有五要”特征便构成了合伙制度的核心,是合伙规则的基石。当然,合伙人内部在利润分配、亏损分担、债务承担和财产分割等方面是允许因协议约定或者出资比例等而有所不同。这些特征决定了法律语境中的“合伙”与日常口语中的“合伙”有很大区别,创业者及创业伙伴要注意甄别,并通过阅读本书可以了解与掌握创业的风险控制之道,进而选择与自己想法相一致的组织形态,以免错选组织形态而影响自己的创业规划或者投资梦想。

马云自2010年开始在阿里巴巴运行合伙人制度,任正非自1997年开始在华为公司的利润分享上实行合伙机制,小米公司自创立伊始也实行事业合伙人制度。从这些经典案例可知,虽然公司不是合伙企业,且所运用的“合伙”并不完全是法律语境中的“合伙”,但是既足以表明合伙的风险控制之道与公司的风险控制之道存在许多共性的地方,又足以表明合伙的风险控制之道具有强大制度优势,吸引越来越多的公司借鉴使用,公司创业者可根据自身情况有选择地借鉴使用,把某些合伙的风险控制之道借鉴转化为公司的风险控制的内部机制。实际上,公司可看作合伙创业的特殊组织形态,由此就不难理解阿里巴巴、华为公司和小米公司将合伙的风险控制之道借鉴转化为公司风险控制的内部机制的举措了。因此,创业者及其创业伙伴即使选择了公司的组织形态进行创业,也很有必要了解与掌握合伙创业及其风险控制之道,因为这有助于其提高公司的经营管理和风险防控能力,让公司变得更加强大。

2. 合伙的基本类型

合伙的基本类型会因各国法律不同而有所不同,一般来说,采用民商分立的立法模式国家,就存在民事合伙与商事合伙之划分;而采用民商合一的立法模式国家,不存在民事合伙与商事合伙之划分。我国实行民商合一的立法模式,不存在民事合伙与商事合伙之划分,但按照我国法律规定体系的不同及司法实践,可以将合伙分为个人合伙、合伙企业和合伙型联营三种类型。个人合伙与合伙企业构成了我国合伙的基本类型,是目前广泛运用的两种合伙类型,而合伙型联营是20世纪80年代中国改革的产物,随着历史的发展和《合伙企业法》的出台,此种类型的合伙逐渐削减,目前几乎找不到它的影子。因此,本书将讨论个人合伙与合伙企业这两种合伙类型。

3. 个人合伙和合伙企业

根据《民法通则》第30条的规定,个人合伙是指两个以上公民(自然人)按照协议,各自提供资金、实物、技术等,合伙经营、共同劳动。根据《合伙企业法》第2条第1款的规定,合伙企业是由自然人(公民)、法人和其他组织依照《合伙企业法》在中国境内设立的普通合伙企业和有限合伙企业。由此可见,个人合伙与合伙企业存在差别,主要有:一是二者出资人人数最少均为两人,但个人合伙的出资人只能是公民(自然人),且只能由公民(自然人)这一种民事主体单独组成,而合伙企业的出资人却有公民(自然人)、法人和其他组织(以下将后两项统称为单位)三种民事主体,且既可由其中的一种民事主体单独组成,也可由其中的两种民事主体共同组成,还可由其中的三种民事主体共同构成,且有限合伙企业的合伙人须在50个以下;二是个人合伙订立的合伙协议可以是口头的,也可以是书面的,而合伙企业的合伙协议只能是书面的;三是个人合伙可以起字号,也可以不起字号,而合伙企业必须有企业名称(包含字号);四是个人合伙没有登记的强制要求,而合伙企业必须依法办理登记手续,合伙型私募基金还要求办理业务的登记与备案手续;五是个人合伙不能设立分支机构,而合伙企业可以设立分支机构;六是个人合伙由全体合伙人承担无限连带责任,不允许存在有限合伙(人),亦即个人合伙均由普通合伙人组成,而合伙企业除了承担无限连带责任的普通合伙人外,允许存在有限合伙人,有限合伙人以其认缴的出资额为限对合伙企业债务承担责任;七是个人合伙以非货币资产出资的,没有规定需要办理权利转移手续,而合伙企业要求依照法律、行政法规的规定办理权利转移手续;八是个人合伙不能依法进行破产,而合伙企业可依据《企业破产法》进行破产。这些区别不仅有利于我们认识个人合伙与合伙企业的差别,而且对于我们讨论个人合伙与合伙企业的设立条件、程序和登记等也是非常必要的。需要指出的是,个人合伙没有登记的强制要求,并不代表个人合伙可经营任何事项,合伙人事前要了解清楚,必要时可咨询律师,切勿稀里糊涂"做事"而涉嫌非法经营,给自己引来不必要麻烦甚至是"牢狱"之灾。

4. 普通合伙和有限合伙

普通合伙和有限合伙仅是合伙企业的两种类别,个人合伙不存在有限合伙,个人合伙的合伙人对合伙债务承担无限连带责任。根据《合伙企业法》第2条第2款的规定,普通合伙企业是指由普通合伙人组成,普通合伙人对合伙企业债务承担无限连带责任,如果《合伙企业法》对普通合伙人承担责任的形式有特别规定的,则会成为特殊的普通合伙企业。可见,普通合伙人与个人合伙的合伙人一样,需要对合伙债务承担无限连带责任。有限合伙企业是指由普通合伙人和有限合伙人组成,且普通合伙人至少应有一人,其中普通合伙人对合伙企业债务承担无限连带责任,而有限合伙人以其认缴的出资额为限对合伙企业债务承担责任。有限合伙企业和有限合伙人是2006年修订《合伙企业法》新增加的类别,适应了我国合伙创业对合伙企业的新要求。实务中,比较常见的有限合伙是合伙型私募基金。可见,这两种合伙企业类别的主要区别在于有限合伙人对合伙企业债务所承担的责任是有限的。这一点与股东对公司债务承担的有限责任没有实际差别,让有限合伙人和公司股东一样能享受自己其他财产不受牵连的好处,即无须用自己其他财产对合伙企业债务承担责任。

5. 两种类别可相互转变

普通合伙企业与有限合伙企业设立后,并不是一成不变的,它们可以相互转变,包括企业类别的转变和合伙人类别的转变,而企业类别的转变往往是由合伙人类别的转变所引发,比如普通合伙企业中合伙人类别的转变一定会引发企业类别的转变,而有限合伙企业中合伙人类别的转变不一定会引发企业类别的转变。

转变方式有两种：

一种是主动式转变，即由全体合伙人合意决定（他们一致同意或者按合伙协议约定）使普通合伙企业（人）转变为有限合伙企业（人），或者使有限合伙企业（人）转变为普通合伙企业（人）。比如，《合伙企业法》第48条第2款“合伙人被依法认定为无民事行为能力人或者限制民事行为能力人的，经其他合伙人一致同意，可以依法转为有限合伙人，普通合伙企业依法转为有限合伙企业”的规定，就是其他合伙人合意决定将被依法认定为无（或限制）民事行为能力的普通合伙人转为有限合伙人，并由此引发须将普通合伙企业转为有限合伙企业。合伙人必须按照法律规定作出合意决定，像《合伙企业法》第48条第2款这种情形还需尽快作出合意决定，以免无（限制）民事行为能力的合伙人无法参与决策而影响合伙经营。

另一种是被动式转变，即由法律直接规定使普通合伙企业（人）转变为有限合伙企业（人），或者使有限合伙企业（人）转变为普通合伙企业（人），比如《合伙企业法》第75条“有限合伙企业仅剩普通合伙人的，转为普通合伙企业”的规定，就是法律直接规定全部有限合伙人均退伙或者转为普通合伙人后，有限合伙企业将转变为普通合伙企业。

两种类别的合伙企业相互转变会导致登记事项发生变更，应依法向登记部门申请办理变更登记手续，执行事务合伙人尤其别忘记办理被动式转变情形下的变更登记手续，以免招来处罚。

前文提到了自然人民事行为能力，所以先得介绍一下自然人民事行为能力问题，以便读者理解。《民法总则》将自然人民事行为能力分为三类，具体如下：

第一类是完全民事行为能力。《民法总则》第17条规定，18周岁以上的自然人为成年人。《民法总则》第18条规定，成年人为完全民事行为能力人；16周岁以上的未成年人，以自己的劳动收入为主要生活来源的，视为完全民事行为能力人。依这两条规定，这两类自然人具有完全民事行为能力，但属于第二类、第三类的除外。

第二类是限制民事行为能力。《民法总则》第19条规定，8周岁以上的未成年人为限制民事行为能力人。《民法总则》第22条规定，不能完全辨认自己行为的成年人为限制民事行为能力人。依这两条规定，这两类自然人仅具有限制民事行为能力。

第三类是无民事行为能力。《民法总则》第 20 条规定,不满 8 周岁的未成年人为无民事行为能力人。《民法总则》第 21 条规定,不能辨认自己行为的成年人为无民事行为能力人;8 周岁以上的未成年人不能辨认自己行为的,适用前款规定。依这两条规定,这三类自然人无民事行为能力。

6. 特殊的普通合伙企业

根据《合伙企业法》第 55 条的规定,特殊的普通合伙企业是普通合伙企业的特殊形式,它不是一种单独的合伙企业类别。特殊的普通合伙企业的特殊性主要体现在两个方面:一是经营范围的特殊性,即普通合伙人以专业知识和专门技能为客户提供有偿服务;二是对外责任的特殊性,即一个合伙人或者数个合伙人在执业活动中因故意或者重大过失造成合伙企业债务,应当承担无限责任或者无限连带责任,其他合伙人以其在合伙企业中的财产份额为限承担责任,这实际上是其他合伙人对特定债务承担有限责任,与有限合伙人对全部债务承担有限责任有本质区别。这种普通合伙企业的特殊形式很适合有人出资、有人出力的紧密型合伙企业,可有效降低连带的执业风险,有利于合伙企业吸引人才、做大做强。不过,应事先申请登记并应在企业名称中标明“特殊普通合伙”字样,以便外界识别,而且特殊的普通合伙企业条件往往很高,如司法部《律师事务所管理办法》第 9 条规定,设立特殊的合伙律师事务所还应当有 20 名以上合伙律师(而普通合伙律师事务所只需有 3 名以上合伙律师),且有人民币 1000 万元以上的资产(而普通合伙律师事务所只需有人民币 30 万元以上的资产)。

7. 与其他组织形态的区别

合伙企业与公司、个人合伙与个体工商户和个人独资企业等都是创业的一种组织形态,有相似之处。公司是依法设立并以营利为目的的企业法人,包括有限责任公司和股份有限公司,股东出资形成了公司的独立法人财产,由公司享有和行使该财产权利,股东只对公司享有和行使股权,公司债务只能以公司法人财产来清偿,公司债权人无权要求股东用其他财产来清偿。个体工商户是由公民(自然人)在法律允许范围内,依法经核准登记,从事工商业经营,债权人有权要求公民(自然人)用其他财产来清偿个体工商户的债务。个人独资企业是依法由一个公民(自然人)投资设立,财产为投资人个人所有,公民(自然人)以个人财产对企业债务承担无限责任的经营实体，债权人有权要求公民（自然人）用其他财产来清偿个人独资企业的债务。可见，合伙企业与公司和个人合伙与个体工商户、个人独资企业都是以营利为目的的组织形态，它们相互之间容易混淆。有鉴于此，特就他们之间的区别进行讨论，以便帮助创业者及创业伙伴能正确认识与辨别它们的优劣势，进而综合考虑并选择符合自己想法的组织形态，同时也可借鉴运用其他组织形态的优点。

（1）合伙企业与公司的主要区别如下：

一是在税收缴纳上，合伙企业不需要缴纳企业所得税，只需要合伙人缴纳所得税，税负较公司要少一个环节，因而较轻；而公司首先需要缴纳企业所得税，股东分红后还需要缴纳所得税，税负有两个环节，较合伙要重。这有利于刚开始创业者积累或者扩大创业资金，是合伙颇具吸引力的一个重要因素。

二是在人数要求上，合伙企业要求出资人最少为 2 人，普通合伙企业多者不限，但有限合伙企业须在 50 人以下（但法律另有规定的除外）；而有限责任公司出资人最少可为 1 人，最多为 50 人，股份有限公司发起人最少为 2 人，最多为 200 人。因此，1 人不能设立合伙企业，但能设立一人有限责任公司。依现有法律规定，夫妻既可设立合伙企业也可设立公司。海底捞公司就是张勇夫妇、施永宏夫妇共同设立的。

三是在出资方式上，合伙人与股东可用于出资的财产范围基本相同，仅是普通合伙人还可以用劳务出资，而有限合伙人和公司股东一样不能以劳务出资。同时，与股东相比，合伙人出资方式较为灵活，对货币以外的出资需要评估作价的，可协商确定，也可委托法定评估机构进行评估，而股东出资必须进行评估作价，核实财产，不能协商确定。这是合伙吸引人的又一个重要因素。

四是在管理方式上，合伙企业没有法定的组织形式，每个合伙人对合伙企业事务执行享有同等的权利，合伙人之间通过合伙协议联接起来，往往没有合伙人的同意，第三人不能加入合伙，合伙人一般要直接参与合伙事务的管理，随时以合伙企业的名义对外订约，但有限合伙人除外；而公司有严密、复杂的组织架构，必须设立股东会（大会）、董事会（执行董事）、监事会（监事）并通过他们分别执行（行使）不同职权，凡接受公司章程的人（单位），可通过受让股权（份）而加入公司，成为公司的股东，且受让有限公司的股权只需其他股东过半数同意即可，而受让股份有限公司特别是上市公司的股份基本不受限制，除董事、经理外，公司成员并无经营权,股东只有成为董事、经理才能直接参加公司的经营管理,且只有法定代表人才能以公司名义对外订约。因此,合伙的管理要灵活得多。

五是在经营规模上,合伙企业的规模往往要小,也不需要过多的员工,有“船小好掉头”的优势,一旦某领域经营出现问题或者无法持续,转入其他领域相对容易;而公司的规模往往要大,因组织架构复杂而又需要较多的员工,“掉头”相对困难一些。

六是在财产关系上,合伙企业的财产,包括合伙人的出资、合伙取得的收益和依法取得的其他财产,均归全体合伙人共有,合伙人对合伙企业财产的控制要强一些;而公司的财产,包括股东出资、公司经营取得的收益和依法取得的其他财产,均归公司本身所有,股东不享有所有权,只能通过股权行使相关权利,股东对公司财产的控制要弱一些。

七是在财务制度上,虽然合伙企业与公司均要求建立财务会计制度,但与合伙企业相比,公司财务会计制度在内容、账户、方法、核算、要求等方面要复杂得多。

八是在分支机构上,合伙企业与公司均能设立分支机构,二者的分支机构虽然都不具有法人资格,但是公司股东无须对分支机构债务承担责任,而合伙人却需要对分支机构债务承担连带责任。

九是在责任承担上,普通合伙人对合伙企业债务承担无限连带责任,新入伙和退伙的普通合伙人及受让或者继受普通合伙人财产份额的人(单位)亦如此,换言之,普通合伙人不仅要以认缴的出资额对合伙企业债务承担责任,而且还要以自己其他财产对合伙企业债务承担责任,但有限合伙人以认缴的出资额为限对合伙企业债务承担责任,合伙企业债权人无权要求有限合伙人以其他财产来清偿,新入伙和退伙的有限合伙人及受让或者继受有限合伙人财产份额的人(单位)亦如此;而公司以其所有财产,股东以其认缴(购)的出资额(股份)为限对公司债务承担责任,公司债权人无权要求股东以其他财产来清偿,公司成立后新投资入股的股东和受让或者继受股权的人(单位)亦如此。那种将公司出(投)资人称为合伙人的做法,是把公司当成合伙创业的特殊组织形态,并不改变公司股东以其认缴(购)的出资额(股份)为限对公司债务承担责任。

十是在经营稳定上,合伙企业的稳定性较差,会因合伙人退伙、民事行为能力发生变化等原因而被强制解散或者发生类别转变;而公司股东不允许撤回出资

（包括认缴的出资额），减资也有严格限制，股东民事行为能力发生变化不影响其股东资格，股权变动一般不会影响公司存续，所以公司经营相对稳定。

(2)个人合伙与个体工商户和个人独资企业的主要区别如下：

一是在人数要求上，个人合伙的合伙人最少为2人，多者不限，而个体工商户和个人独资企业的出资人只能为1人，个体工商户既可为个人经营也可为家庭经营，个人独资企业可用家庭财产作为个人出资。可见，个人合伙有人数上的优势，人多力量大，也能形成一定的出资规模。因此，夫妻既可设立个人合伙，也可以其中一个名义设立个人工商户或者个人独资企业。

二是在登记手续上，个人合伙只有起字号才需要办理登记手续，不起字号则无须办理登记手续，而个体工商户和个人独资企业均需要办理登记手续。因此，个人合伙的设立要灵活得多。

三是在出资变更上，个人合伙可通过转让、入伙、退伙等实现出资（人）的变更，个人独资企业也可通过转让实现出资（人）的变更，但个体工商户的出资（经营者）变更，应当办理注销登记后，由新的出资者（经营者）重新申请办理注册登记。因此，个人合伙出资变更要方便、简单得多，无字号的个人合伙还无须办理变更登记手续。

四是在财务制度上，个人合伙与个体工商户均没有建立财务会计制度的强制性要求，而个人独资企业与合伙企业、公司一样，均有建立财务会计制度的强制性要求。因此，个人合伙财务制度要简单一些。

五是在分支机构上，个人合伙与个体工商户均不能设立分支机构，而个人独资企业与合伙企业、公司一样，均可设立分支机构。不过，个人合伙若要设立分支机构，可先转化为合伙企业，然后就可以实现分支机构的设立。

8. 合伙人没有国籍限制

《合伙企业法》第2条对合伙人的国籍未作限制，且该法第108条还规定：外国企业或者个人在中国境内设立合伙企业的管理办法由国务院规定。为此，原国家工商行政管理总局发布《外商投资合伙企业登记管理规定》，专门规范外国企业或者个人在中国境内设立合伙企业的行为。可见，合伙企业的合伙人是没有国籍限制的。而《民法通则》及其司法解释对个人合伙的合伙人国籍也未作规定，按照“法无禁止即可为”的原则，个人合伙的合伙人应当没有国籍限制。不过，外国企业或者个人在中国设立合伙企业需要登记的事项和提交的申请材料要多一些。港、澳、台地区企业或者个人在内地设立合伙企业比照外国企业或者个人在中国设立合伙企业进行管理。若合伙有涉外因素,且合伙协议等材料既有中文文本又有外文文本,一定要明确约(规)定以中文文本为准。

9. 公司可为有限合伙人

《合伙企业法》第3条仅规定:国有独资公司、国有企业、上市公司以及公益性的事业单位、社会团体不得成为合伙企业的普通合伙人。换言之,这些公司(单位)可成为有限合伙企业的有限合伙人。据此,可能会有人认为其他公司能成为合伙企业的普通合伙人。答案当然是否定的。依照《公司法》第15条"公司可以向其他企业投资;但是除法律另有规定外,不得成为对所投资企业的债务承担连带责任的出资人"的规定,除非法律另有规定,公司仅对所投资企业的债务承担有限责任。而普通合伙人需要对合伙企业债务承担连带责任,况且现有法律并无公司对所投资企业债务承担连带责任的规定,因此,在现有法律规定下,其他公司只能成为有限合伙企业的有限合伙人。其实,从《合伙企业法》第50条第1款规定仅有"合伙人死亡或者被依法宣告死亡"而没有法人终止、第80条规定既有"作为有限合伙人的自然人死亡、被依法宣告死亡"又有"作为有限合伙人的法人终止"的对比中,也可以得出"公司只能成为有限合伙人"的结论。

10. 合伙人会有各类限制

所谓合伙人限制,是指对成为合伙人(包括隐名合伙人)所作的限制性规定,亦指某些人或者单位因被限制而不能成为合伙人,包括既不能成为创业者,也不能成为创业伙伴。合伙人限制包括法律限制和政策限制两种。

(1)法律限制,即某些人或者单位由于法律有明确的限制规定而不能成为合伙人。主要有:

一是国家公务员。依照《公务员法》第59条第16项的规定,公务员不得违反有关规定从事或者参与营利性活动,在企业或者其他营利性组织中兼任职务。依此,国家公务员既不能出(投)资设立合伙企业,也不能出(投)资设立个人合伙。需要注意的是,无论公务员是否有级别,都属于限制范围。

二是参公管理的人员。依照各省、市、自治区编办所认定的行政事务执行机构和参照党的机关、工会组织、共青团、妇联机关和其他所认定的参照公务员管理的民主党派机关、社会团体机关公务员管理的机关人员，既不能出（投）资设立合伙企业，也不能出（投）资设立个人合伙。需要注意的是，无论参公管理的人员是否有级别，都属于限制范围。

三是包括公司、其他组织（包括合伙企业）在内的非公民（自然人）不能成为个人合伙的合伙人。这是《民法通则》第30条规定所隐含的限制，因为个人合伙只能由两个或者两个以上公民（自然人）设立。

四是国有单位、上市公司或者社会团体不能成为合伙企业的普通合伙人。正如前文所述，《合伙企业法》第3条明确规定：国有独资公司、国有企业、上市公司以及公益性的事业单位、社会团体不得成为普通合伙人。国有独资公司、国有企业及公益性的事业单位可统称为国有单位，这是对国有单位、上市公司或者社会团体成为合伙企业的普通合伙人作出的限制性规定。当然，它们也不能成为个人合伙的合伙人。

五是公司不能成为合伙企业的普通合伙人。《公司法》第15条规定：公司不得成为对所投资企业的债务承担连带责任的出资人。依此，公司不能成为合伙企业的普通合伙人，但公司可成为合伙企业的有限合伙人。当然，它们也不能成为个人合伙的合伙人。

六是未成年人不能成为合伙人，但因继承可成为合伙企业的有限合伙人。《合伙企业法》第14条要求设立合伙企业时“合伙人为自然人的，应当具有完全民事行为能力”。而按照《民法总则》第17条、第18条的规定，不满18周岁的自然人（公民）为未成年人，不具有完全民事行为能力。所以，不能成为合伙企业的合伙人，包括不能成为有限合伙人。虽然《民法通则》第30条未明确规定公民（自然人）是否须具备民事行为能力，但是按照《合同法》第9条规定只有具有完全民事行为能力的公民（自然人）才能签署“合伙协议”。因此，该条已隐含了要求公民（自然人）须具有完全民事行为能力，所以未成年人也不能成为个人合伙的合伙人。依《合伙企业法》第50条第3款、第80条的规定，未成年人因继承可成为合伙企业的有限合伙人，由于个人合伙无有限合伙人，所以未成年人也不能因继承而成为个人合伙的合伙人。当然，按照《民法总则》第18条的规定，16周岁以上的未成年人以自己的劳动收入为主要生活来源的，视为完全民事行为能力人，依此，16周岁以上的未成年人可用货币及非货币财产出资设立合伙。

七是无(或者限制)民事行为能力的成年人不能成为合伙人,但在合伙企业设立后合伙人被认定为无(或者限制)民事行为能力或者合伙人的继承人为无(或者限制)民事行为能力人的除外。同样,依据《合伙企业法》第14条的规定,无(或者限制)民事行为能力的成年人不能成为合伙人。当然,合伙企业设立后,合伙人被认定为无(或者限制)民事行为能力的,或者合伙人的继承人为无(或者限制)民事行为能力人,可成为有限合伙人。至于个人合伙设立后,合伙人被认定为无(或者限制)民事行为能力的,或者合伙人的继承人为无(或者限制)民事行为能力人,可否成为有限合伙人,尚无明确规定。笔者认为,由于个人合伙并无有限合伙人,所以不能成为有限合伙人,而应当按当然退伙对待。需要指出的是,成年人是否为无(或者限制)民事行为能力人,要由法院依法进行认定,不能由其他机构和个人来认定。

八是合伙型私募基金合格投资人的特殊限制。中国证券监督管理委员会颁布的《私募投资基金监督管理暂行办法》第12条规定:私募基金的合格投资者是指具备相应风险识别能力和风险承担能力,投资于单只私募基金的金额不低于100万元且符合下列相关标准的单位和个人:(一)净资产不低于1000万元的单位;(二)金融资产不低于300万元或者最近三年个人年均收入不低于50万元的个人。前款所称金融资产包括银行存款、股票、债券、基金份额、资产管理计划、银行理财产品、信托计划、保险产品、期货权益等。这是法律对包括合伙型私募基金在内的合格投资人的特殊限制,凡不符前述条件的单位或者个人均不能成为合伙型私募基金的合格投资人。在合伙型私募基金中,合格投资人是有限合伙人。

(2)政策限制,即主要是某些自然人(公民)由于政策有明确的限制规定而不能成为合伙人,也有一些单位由于政策有明确的限制规定而不能成为合伙人。同时,既要关注国家政策也要关注地方政策,甚至县级地方都会有限制规定。下列人员不得成为合伙人,包括不能成为有限合伙人:

一是党政机关干部和职工。按照《关于严禁党政机关和党政干部经商、办企业的决定》以及《关于进一步制止党政机关和党政干部经商、办企业的规定》,除中央书记处、国务院特殊批准以外,党政机关的干部和职工一律不准经商、办企业。因此,党政机关的干部和职工既不能出(投)资设立合伙企业,也不能出(投)资设立个人合伙。需要注意的是,无论党政机关干部和职工是否有级别,都属于限制范围。

二是省级和地级党委、政府主要领导及其配偶、子女。根据中央纪委《关于“不准在领导干部管辖的业务范围内个人从事可能与公共利益发生冲突的经商办企业活动”的解释》（中纪发〔2000〕4号）、《关于省、地两级党委、政府主要领导配偶、子女个人经商办企业的具体规定（试行）》（中纪发〔2001〕2号），上述人员不准在领导干部管辖的业务范围内出（投）兴办可能与公共利益发生冲突的企业，如房地产开发、广告代理、娱乐业等，不能成为这类企业的出（投）资人，当然不能出（投）资设立合伙企业。

三是县级以上党和国家机关退（离）休干部。根据《中共中央办公厅、国务院办公厅关于县以上党和国家机关退（离）休干部经商办企业问题的若干规定》，县级以上党和国家机关的退（离）休干部被禁止经商办企业。因此，县级以上党和国家机关的退（离）休干部既不能出（投）资设立合伙企业，也不能出（投）资设立个人合伙。

四是县以上工会、妇联、共青团、文联以及各种协会、学会等群众性组织的退休干部。《中共中央办公厅、国务院办公厅关于县以上党和国家机关退（离）休干部经商办企业问题的若干规定》有关禁止经商办企业的规定适用于县级以上工会、妇联、共青团、文联以及各种协会、学会等群众性组织的退休干部。因此，这些退休干部既不能出（投）资设立合伙企业，也不能出（投）资设立个人合伙。

五是国有企业领导及其配偶、子女和其他特定关系人。根据《国有企业领导人员廉洁从业若干规定》（中办发〔2009〕26号）第5条第1款、第6条第1款的规定，国有企业领导人员不得从事营利性经营活动和有偿中介活动，或者在本企业的同类经营企业、关联企业和与本企业有业务关系的企业出（投）资，国有企业领导的配偶、子女和其他特定关系人不得在本企业的关联企业、与本企业有业务关系的企业出（投）资。对于国有企业领导的级别，一般比照机关单位领导的规定，按县处级以上级别执行，甚至有些地方还将科级纳入限制范围。因此，这些人员在特定企业范围既不能出（投）资设立合伙企业，也不能出（投）资设立个人合伙。

六是现役军人。根据《中国人民解放军内务条令（试行）》的有关规定，军人不得经商。据此，军人既不能出（投）资设立合伙企业，也不能出（投）资设立个人合伙。需要注意的是，军人无论是否有级别，都属于限制范围。同时，中国人民武装警察也比照军人管理。

七是事业单位工作人员。根据《事业单位工作人员处分暂行规定》第 18 条第 1 款第 6 项规定,事业单位工作人员不得违反国家规定,从事、参与营利性活动或者兼任职务领取报酬。据此,事业单位工作人员既不能违反国家规定从事、参与合伙,也不能违反国家规定在合伙中兼任职务领取报酬。根据有关部门解答,这里的“国家规定”是指国家有关事业单位工作人员从事、参与营利性活动或者兼任职务领取报酬方面的法律、法规、规章、规范性文件等规定。需要强调,不能以编制、级别或者党员为标准来划分或者判断事业单位工作人员可否在从事、参与合伙或者在合伙中兼职。

八是特定国有企业工作人员。像国有银行业金融机构的特定国有企业,往往不允许工作人员从事、参与营利性活动或者兼任职务领取报酬,比如工商银行每年定期或者不定期要排查工作人员是否从事、参与营利性活动或者兼任职务,一旦发现将会严肃处理。据此,这些单位工作人员既不能从事、参与合伙,也不能在合伙中兼任职务领取报酬。

党政机关、军队、事业单位和工会、妇联、共青团、文联以及各种协会、学会等群众性组织单位均不能成为合伙人。

11. 合伙具有相对独立性

合伙的相对独立性主要表现在以下三个方面:一是财产的相对独立性。按照《合伙企业法》第 20 条的规定,合伙人的出资、以合伙名义取得的收益和依法取得的其他财产均为合伙企业财产,应当归全体合伙人共有(具体阐述见第二章的财产权之财产共有权)。除劳务(含技术性劳务)外,合伙人出资后,就丧失了对所出资的财产权利,而合伙人以出资交换到的是其对合伙企业所享有的财产权,按照《合伙企业法》第 21 条“合伙人在合伙企业清算前,不得请求分割合伙企业的财产;但是,本法另有规定的除外”的规定,除非退伙或者被法院强制执行,合伙人不得要求分割合伙企业财产,因而合伙企业财产相对独立于合伙人。个人合伙虽未明确规定此项要求,但在性质上与合伙企业并无差别,所以其财产也应当相对独立。二是财务的相对独立性。按照《合伙企业法》第 36 条的规定,合伙企业应当依照法律、行政法规的规定建立企业财务、会计制度,既然建立企业财务,就表明合伙企业财务要独立于合伙人。个人合伙虽无此强制性要求,但财务的相对独立有利于合伙人之间厘清权利、明晰责任和少生矛盾,所以最好还是财务要相对独立。三是责任的相对独立性。有限合伙人仅以认缴的出资额为限对合伙企业债务承担责任,所以有限合伙企业债权人无权要求用有限合伙人个人财产对有限合伙企业债务承担责任,因而有限合伙企业债务与有限合伙人个人财产之间完全独立。而按照《合伙企业法》第38条的规定,合伙企业对其债务,应先以其全部财产进行清偿,换言之,合伙企业债权人不能先直接要求用普通合伙人个人财产对合伙企业债务承担责任,所以合伙企业债务与普通合伙人个人财产之间相对独立。按照《合伙企业法》第42条、第74条的规定,只有合伙人个人财产不足以清偿其个人债务时,才能用其在合伙企业中的收益或者财产份额清偿其个人债务,所以合伙人个人债务与合伙企业财产之间相对独立。个人合伙虽未明确规定此项要求,但在性质上与合伙企业并无差别,所以其责任也应当相对独立。

12. 合伙诉讼主体的确定

所谓合伙诉讼主体,是指以合伙名义提起诉讼(含申请,下同)或者被起诉(含被申请,下同)时,应以谁为原告或者被告。而有关以合伙人名义提起诉讼或者被起诉和有关内容,请参见第二章“诉讼权”的内容。

对于个人合伙名义提起诉讼或者被起诉的诉讼主体,按照《最高人民法院关于适用〈中华人民共和国民事诉讼法〉的解释》(以下简称民诉法司法解释)第60条的规定,无论个人合伙是否有依法核准登记的字号,均以全体合伙人为共同的原告或者被告,但有依法核准登记的字号的,则应在法律文书中注明登记的字号。同时,按照《民事诉讼法》第53条、第54条和民诉法司法解释第75~77条的规定,如果合伙人人数较少的,即未超过10人,则合伙人可以直接参与诉讼,如果合伙人人数众多的,即超过10人,则需要全体合伙人推选代表人参加诉讼,对推选不出代表的,可由法院提出人选并与其协商,协商不成的,则可由法院在合伙人中指定。而对于合伙企业名义提起诉讼或者被起诉的诉讼主体,按照民事诉讼法司法解释第52条的规定,合伙企业属于其他组织,应以合伙企业为原告或者被告。因此,对于合伙企业名义提起诉讼或者被起诉的诉讼主体,不能由合伙人以自己名义参加。因此,合伙企业不存在人数众多问题,所以就不存在推选代表人参加诉讼问题。

按照《民事诉讼法》第58条的规定,参加诉讼的合伙人、代表人或者合伙企业可以委托1~2人作为诉讼代理人,诉讼代理人应从“律师、基层法律服务工作者”、近亲属、“所在社区或者有关社会团体推荐的公民”中选择。不过,建议选择律师或者其他懂法律的人担任诉讼代理人。

风险规避

1.寻找合适的创业伙伴

合伙创业是最常见的创业方式,它有两个最重要的要素:一是资本(包括货币资金和非货币财产),二是投资者(合伙型私募基金包括合格投资人,下同)。投资者包括创业者和创业伙伴,他们均是合伙人。创业者往往是领头者,首先要深谋远虑,并具有一定的出资能力(不局限于货币出资),才有可能会吸引更多创业伙伴参与合伙创业。而寻找到了创业伙伴,也就弥补了创业者资本或者能力的不足,但若随便找个创业伙伴,无疑是对自己不负责,所以一定要寻找合适的创业伙伴,它是合伙创业的第一要务,对合伙创业起决定性作用。创业者与其寻找的创业伙伴是利用资本来推动、开拓合伙事业的主角,如果寻找到合适的创业伙伴,就等于合伙创业成功了一半,桃园三结义虽是历史政治事件,但从一个侧面可形象地说明这一点,如果对创业伙伴寻找不当或者寻找到的创业伙伴不给力,那么就会留下风险隐患,即使经营范围确定正确,也会让合伙结果大打折扣。因此,寻找合适的创业伙伴是合伙创业风险控制首先必须考虑的。那怎样才能寻找到合适的创业伙伴呢?除私募基金合格投资人外,建议合伙创业时从熟人圈子里找与自己关系熟悉、知根知底并最值得信赖、最值得依靠的人(有人总结为五同关系网:同学、同事、同行、同乡、同好)作为创业伙伴,待合伙经营稳定且有一定规模后再考虑选择其他人作为创业伙伴,当然这时可通过猎头去寻找或者参加商业活动自行寻找。同时,寻找创业伙伴还要重视或者考虑以下因素(由于有限合伙人不执行合伙事务,所以这里更多的是普通合伙人要考虑的因素):

(1)合规

结合合伙事项首先考虑候选创业伙伴既要符合法律规定又要符合政策规定,尤其是私募基金的合格投资人更有最低出(投)资额和资产规模的限制。换言之,创业伙伴的寻找不得违反合伙人的法律限制和政策限制的规定,否则,合伙会因创业伙伴不合规而面临强制解散、受到经济处罚或者没收违规所得等风险。这是对显名合伙人的要求，隐名合伙人仅需要符合政策规定即可。

（2）品德

古人说：小富靠勤，中富靠智，大富靠德，小胜靠智，大胜靠德。无论大富还是大胜，都靠品德。可见，品德是多么重要，而历来的成大器者都是靠品德取胜的，所以品德好是合伙创业成功的关键，合伙创业初期更为关键。要观察候选创业伙伴是否诚信、是否忠诚、有无契约精神、是否有宽容度、是否积极向上、能否换位思考、心胸是否宽广等。如果是品德有缺陷的人，则不是合适的创业伙伴；如果是性格多变、脾气暴躁、朝三暮四、不诚信、不忠诚、不守规则、很自我、不孝、有诈骗经历等情形的人，则更不能选择其为创业伙伴。要重点通过了解个人或者单位的成长经历来观察其品德情况，单位创业伙伴还要观察其委派代表情况。

（3）志向

孔子曰：道不同，不相为谋。志向趋同是合伙创业的基础，更是合伙人选择的重要依据。合伙创业产生意见分歧是不可避免的，但只要有志向或者梦想趋同，志同道合，拥有共同的价值观，就容易沟通，就能一起协商解决办法，做到求同存异，确保道路一致，进而众志成城、凝心聚力地共同经营合伙事业，促进合伙事业稳健发展。如果志向、梦想或者价值观不同，志不同道不合，就可能会出现为经营或者从事何种业务而常常争来争去或者闹别扭，无法协商一致或者求同存异，既影响创业者与其创业伙伴之间的感情，也影响合伙的效果，甚至还有可能会走向合伙解散。因此，要寻找志同道合、有共同梦想、有共同价值观的人作为创业伙伴，单位创业伙伴既要观察单位情况也要观察委派代表情况。

（4）出资

合伙创业最重要的要素之一是资本，而资本又是创业者及创业伙伴提供。俗话说："巧妇难为无米之炊。"没钱没资本，再好的创业项目也是"望洋兴叹"，难以实现。因此，在寻找创业伙伴时，要考虑其能够为合伙带来的内部资本（包括现金）或者外部资源（包括人脉）有哪些，还要考虑他用什么来出资，是货币资金还是不动产，抑或其他资产（源），能否与己方出资及其他创业伙伴（合伙人）出资形成合理搭配，长短互补，能否满足合伙经营需要。如果创业者及创业伙伴的出资全部是劳务或者不动产，那么合伙创业往往会因缺乏现金流动性而无法进行下去。另外，虽然风险投资、天使投资或者专业投资机构等"大户"的"钱很多"，但是他们在创业之初不一定对创业项目感兴趣，况且他们往往并不能带来其他资源，所以创业之初从他们当中寻找创业伙伴往往是不现实的,建议合伙经营稳定并具有一定规模后需要扩大规模时再予以考虑。

(5)能力

尺有所长,寸有所短,能力再强的人也会有不足之处,如果创业者与候选创业伙伴的能力互补,将会大大提高合伙创业成功的概率。因此,要对候选创业伙伴的能力进行预先评估(测试),尽可能使其与创业者能力能互补,才能形成 $1+1\geqslant2$ 的效果与合力,以满足合伙经营需要,比如创业者擅长营销,就要优先寻找具有非营销能力(包括具有一定专业技术能力)的人作为创业伙伴,营销能力与非营销能力互补,便可形成 $1+1\geqslant2$ 的效果与合力。李健联合杜希勇、赵铁军和王清翔创立的人人车虽为公司,但其有关能力的组合做法,值得合伙创业者学习与借鉴。单位创业伙伴既要观察单位情况也要观察委派代表情况。当然,创业者自身对创业项目也得有一定能力、经验;否则,可能就没有吸引力、说服力或者号召力,如果没有一定能力、经验,建议先去学,做好创业前期准备,准备越充分,在创业路上才会走得越远。另外,能力强的人往往心气也高,通常会依自己想法行事,容易引发合伙人之间的矛盾,需要在寻找时予以关注并事先加以规制。

(6)责任

"人非圣贤,孰能无过",犯错是合伙创业不可避免的,合伙创业往往会在不断犯错、不断改过的过程中成长并不断发展壮大,当然也可能会导致合伙创业失败,要做好共同承担责任的准备,包括心理准备。因此,寻找创业伙伴要考察其是否具备责任承担能力,当然也要充分告知创业伙伴参加合伙是存在风险的。凡是只想赚钱不想赔本的人(单位)或者赔了本就嚷着要撤资的人(单位),或者对合伙没有正确认识的人(单位),就不适合做创业伙伴,而一个对工作和家庭没有责任心的人,也不适合作创业伙伴,只有愿意承担风险、有能力承担风险,而且工作上兢兢业业、勤勤恳恳、敬业奉献、做事果断、有担当和关心家人的人,才是优秀的创业伙伴。单位创业伙伴要观察委派代表情况。

(7)爱好

一个人的优良爱好会对其工作、做事产生积极、健康的正向影响。一个人若有经常酗酒、赌博等不良嗜好,对其工作、做事产生消极、不健康的负向影响。只有真正热爱合伙事业,才能让合伙走得更远更稳。同时,一个人的爱好还会感染与他共事的人。所以要慎重寻找有经常酗酒、赌博等不良嗜好的人为创业伙伴。

单位创业伙伴要观察委派代表情况。

（8）协作

“一个篱笆三个桩，一个好汉三个帮”，创业者及其创业伙伴之间的关系将直接影响合伙的命运。要想将企业做大做强，仅凭创业者及其创业伙伴个人能力和单打独斗是远远不够的。只有人和方能事顺，只有他们强力协作才能提升效率、降低内耗，才能把合伙事务（生意）做大做强，才会创造出更大更多的成果。因此，要对候选创业伙伴的协同、配合他人开展工作及与他人的能力进行考察与评价，优先寻找协同力、配合力、沟通力均强的人作为创业伙伴。单位创业伙伴，既要观察单位的情况，也要观察委派代表的情况。合伙创业初期合伙人之间的沟通更为关键。当然，协作并不代表人人都说了算，而是人尽其才，让有能力的人发挥更大作用。合伙创业争权夺利是大忌，共谋发展才能成功。一些时候，合伙企业最终被淘汰不是因为对手强大，而是因为创业者及其创业伙伴之间有了分歧或者矛盾后相互恶意揣测、无法协调而长期陷入内耗所致。

（9）定力

合伙创业过程中遇到这样那样的问题、困难或者诱惑在所难免，如果候选创业伙伴没有一定的定力，面对问题、困难往往就会打退堂鼓或者有畏难情绪，面对诱惑往往就会退出，不仅不利于困难的解决，而且还可能会使合伙面临解散。因此，要寻找有定力、永不言弃、持之以恒的人作为创业伙伴。2013 年 8 月上映、由陈可辛执导的电影《中国合伙人》，讲述了 20 世纪 80 年代 3 个知识分子的“中国式成功”，反映的就是创业者的不屈意志和并肩作战的定力。一般来说，不宜寻找过于感性的人做创业伙伴，因为这样的人在顺境中比较乐观，一旦合伙遇到困难或者挫折，就容易多愁善感、自怨自艾，甚至还可能会怨恨其他合伙人，会给合伙带来不利影响。

当然，金无足赤，人无完人，要寻找到完全符合前述九项要求的创业伙伴几乎是不可能的，只能根据自身情况、行业特点并结合各个候选创业伙伴的情况，本着有利于弥补自身不足、合伙发展壮大的原则，进行一定的优化组合。比如，创业者的资金实力强，就要多考虑创业伙伴的技术、房地产等其他优势。只要创业伙伴具备恰到好处的能力并与创业者以及创业伙伴之间能取长补短并能弥补短板即可，切不可一味地强调最佳或者最理想创业伙伴而去长期寻找，错过了最佳创业机会。马化腾、张志东、许晨晔、陈一丹和曾李青 5 人创立的腾讯虽是公司，但他们根据5人不同的性格特点所进行的优化组合及职责划分,值得合伙创业者借鉴。同时,创业阶段不同,对创业伙伴所要考虑的因素会有所不同,比如较之合伙经营稳定阶段,合伙创业初期对协作因素的考虑要多一些;而创业者及其创业伙伴的组合不能一成不变,而是要根据不断变化的新情况,通过入伙、退伙等机制,不断加以充实完善。对于创业伙伴来说,选择创业者时仍然适用前述要求。

2. 选择合适的经营范围

合伙创业还得考虑选择合适的经营范围。如果经营范围选择不当,会留下风险隐患,甚至直接会给合伙事业带来风险。同时,经营范围的选择也不是一成不变,而是要根据市场行情的变化不断作出适时调整。怎样才能选择合适的经营范围呢?无论合伙创业初期还是合伙经营稳定阶段,建议均要重视或者考虑以下因素:

(1)合法

合法的业务范围是合伙设立或者持续的前提条件,无论个人合伙还是合伙企业,都必须在核准登记的经营范围内从事经营,无须登记的也须经营或者从事合法业务(事业)。比如,个人合伙开赌场、贩毒就是违法的,合伙企业非法集资、非法吸收公众存款就是违法的,应当坚决杜绝。否则,创业者及创业伙伴轻则会受到行政处罚,重则会被追究刑事责任。更不允许合伙企业披着合法外衣搞非法活动,比如公安部2019年5月10日在北京召开新闻发布会,通报了私募基金领域突出的四类经济犯罪,排在第一位的便是部分私募机构打着"私募基金"的幌子,实际上是从事着非法集资活动。有关犯罪的相关内容,请参见本书第四章"合伙执行与风险控制"之"注意防范刑事风险"的内容。

(2)政策

合伙创业不仅要考虑合法性问题,而且还要考虑政策影响。政府鼓励、支持的行业往往存在补贴、税收优惠等政策,比如一些地方政府免费为合伙创业者提供办公或者经营场地,可以大大降低成本,而受政府限制的行业不仅没有补贴、税收优惠等政策,而且还可能存在被取缔的风险。创业者及创业伙伴在合伙创业时要审时度势,充分考虑政策对合伙创业带来的影响。一般来说,传统产业市场趋于饱和,竞争激烈,且不为政府所鼓励,而新兴产业是政府所鼓励的,而且市场竞争激烈程度相对较低,合伙设立时及经营初期和实力较弱的合伙企业可考虑选择。

（3）熟悉

之所以“三句话不离本行”，那是因为说话人对“本行”最熟悉、最专业或者最拿手，不易犯错（说错话）。合伙创业也应当遵循此原则，做最拿手的事，以便在经营或者从事合伙业务中能少犯或者不犯错误，而且还有人脉资源可利用，能够迅速打开局面，少走弯路。当然，这并不是要求每个创业者及创业伙伴都需要熟悉合伙所经营或者从事的业务，只要选择部分人或者执行合伙事务的合伙人所熟悉的业务即可，如果有人擅长则更好。若没有人熟悉创业项目的，建议事先去拜师学“艺”，待到掌握了一定门道或者技巧后再去合伙创业。

（4）数量

即便核准或者熟悉很多经营范围，也要根据人力、财力等现有情况合理确定所要实际开展的经营范围，否则，可能会因“摊子铺得过大”而造成人力、财力、资源等无法跟上（满足），发生资金链断裂等风险。因此，合伙设立时及经营初期整体实力较弱，实际开展的经营范围数量不宜多，而且要优先选择成本低、周转快的创业项目，待合伙事业稳定且有一定规模后可视情况再考虑增加或者其他项目。个人合伙在数量上更具有灵活性，可就某个事项进行合伙，比如合伙开发某个软件，这个软件成功开发出来后就意味着合伙的终止，合伙期限较短；也可就某个领域进行合伙，比如合伙批发销售书籍，合伙不会随着某些（部分）书籍的成功销售而终止，合伙期限较长；还可就多个事项或者多个领域进行合伙。

（5）规模

不仅经营范围、数量要合理确定，而且业务规模也要根据人力、财力等现有情况合理确定，否则，规模过大同样可能会导致资金链断裂等风险发生。一般来说，个人合伙的业务规模不宜过大，而合伙企业设立时及经营初期业务规模要适中，待合伙事业稳定且有一定规模后可视情况再考虑逐渐增加规模。

3. 确定合适的组织形态

在我国有公司、合伙企业、个人合伙、个体工商户和个人独资企业等组织形态，对于创业者及其创业伙伴来说选择确定一个合适的组织形态是创业的关键。要综合自身情况、创业伙伴情况、各组织形态的优劣势、设立条件、未来规划、行业特点和风险控制等，选择确定符合大家想法的合适组织形态，切不可“一刀切”或者机械地套用别人成功模式而导致“水土不服”。一般来说，一次性或者短期性的创业,个人的创业者及其创业伙伴要选择确定无字号的个人合伙,无须办理设立登记手续。合伙事项完成后就可直接解散,也不需要清算和办理注销登记手续;对长期性的创业,夫妻创业者建议选择确定个人合伙、个体工商户和个人独资企业中的一种组织形态;其他2人以上创业者及其创业伙伴建议选择确定合伙企业(因为与个人合伙相比则可供选择的创业伙伴范围广、有利于控制风险,与公司相比则又相对简单、便于操作),待事业发展到一定规模后就要考虑解散原有组织形态并申请设立公司。如果夫妻或者其他两人以上创业者及其创业伙伴财力较为雄厚的,可直接申请设立公司,以使创业者及其创业伙伴与创业债务相隔离,让创业者及其创业伙伴不对创业债务承担责任,海底捞公司就是张勇夫妇、施永宏夫妇共同创立的。当然,发行私募基金只能是设立公司或者有限合伙企业。

另外,个人合伙能否直接转变为个体工商户或者个人独资企业、合伙企业能否直接转变为公司,尚无明确规定,但对解散原有组织形态并申请转变其他组织形态的,一些登记办法及实务操作允许继续使用原名称字号,如《个体工商户登记管理办法》第39条就规定:个体工商户申请转变为企业组织形式的,登记部门应当依法为其提供继续使用原名称字号、保持工商登记档案延续性等市场主体组织形式转变方面的便利,及相关政策、法规和信息咨询服务。因此,创业者及其创业伙伴在申请转变组织形态时要结合当时规定及当地实务操作,力争能继续使用原名称字号,以尽可能保持(延续)合伙创业的品牌、商誉、认可度和影响力等。

创业者及其创业伙伴选择确定了合伙企业组织形态后,还要根据创业伙伴的意愿、特点等对合伙类别作出选择,以能充分发挥合伙优势,有利于调动创业者及其创业伙伴的积极性、主动性。当合伙企业发展到了一定规模后,就得考虑是否要将它转型成公司,一方面组建法律上的完备治理结构,引入职业经理人,推动创业更大、更稳健的发展;另一方面完成创业者及创业伙伴对后续创业债务承担的隔离。

4. 个人合伙无有限合伙

只有《合伙企业法》规定了合伙企业的有限合伙(人)类别,包括《民法通则》在内的法律均未对个人合伙的有限合伙(人)类别作出明确规定,司法实践对此也持否定态度。因此,创业者设立无字号的个人合伙时,不能选择有限合伙(人)类别,以免因不符合法律规定而使利益与风险不匹配或者无法达到预期结果,而有字号的个人合伙会登记为合伙企业，即按合伙企业对待，所以个人想设立有限合伙，须按有限合伙企业的规定与要求来办理。个人合伙设立后，若合伙人被认定为无（或者限制）民事行为能力的，或者合伙人的继承人为无（或者限制）民事行为能力人，不能成为有限合伙人，个人合伙也不能成为有限合伙，而应将其按当然退伙对待。

二、合伙协议的作用与主要条款

关键内容

合伙协议是全体合伙人共同的民事法律行为，是设立合伙必备的法律文件，更是合伙企业上报登记部门必备的材料。一般来说，在合伙企业名称（有字号的个人合伙为字号）、合伙事务等基本事项确定之后，就可以考虑设计并签署合伙协议了。

1. 合伙协议的作用

合伙协议在合伙中的作用，与公司章程在公司中、宪法在国家中的作用相似，既是确认各个合伙人权利、义务与责任的基础性、纲领性法律文件，也是各个合伙人之间开展合伙事务、进行利润分配和划分责任承担等的根本规则与行为准则，全体合伙人必须共同遵守合伙协议的规（约）定，否则，违反者将要依照法律、法规和合伙协议的规（约）定承担违约责任。有了内容详细的合伙协议，明确了合伙的根本规则和行为准则，并由全体合伙人严格执行，就能真正做到“日常不分你我，合伙按章办理”，就会使合伙的基础更加牢固。实务中，一些合伙人不重视或者忽视合伙协议的作用，往往直接使用登记部门提供或者从网上下载的范本签订合伙协议，内容或者条款大众化，没有反映出自身特点和特殊要求，一旦合伙人之间发生争议或者纠纷，将在合伙协议中找不到能解决该争议或者纠纷的内容或者条件，需要引起创业者及其创业伙伴的警惕。

2. 协议的主要条款

无论个人合伙还是合伙企业，合伙协议都有主要条款。按照《民法通则》第

31 条的规定,个人合伙应当就出资数额、盈余分配、债务承担、入伙、退伙、合伙终止等事项订立合伙协议。该条罗列了六项内容,是法律对个人合伙协议主要条款所作的规定。按照《合伙企业法》第 18 条的规定,合伙协议应当载明下列事项:(1)合伙企业的名称和主要经营场所的地点;(2)合伙目的和合伙经营范围;(3)合伙人的姓名或者名称、住所;(4)合伙人的出资方式、数额和缴付期限;(5)利润分配、亏损分担方式;(6)合伙事务的执行;(7)入伙与退伙;(8)争议解决办法;(9)合伙企业的解散与清算;(10)违约责任。该条虽然只罗列了十项基本内容,但是具体内容却达到了十八项,是法律对普通合伙企业的合伙协议主要条款所作的规定。《合伙企业法》第 63 条要求有限合伙企业的合伙协议还应当载明下列事项:(1)普通合伙人和有限合伙人的姓名或者名称、住所;(2)执行事务合伙人应具备的条件和选择程序;(3)执行事务合伙人权限与违约处理办法;(4)执行事务合伙人的除名条件和更换程序;(5)有限合伙人入伙、退伙的条件、程序以及相关责任;(6)有限合伙人和普通合伙人相互转变程序。该条就有限合伙企业的合伙协议作了特别规定。通过对比可发现,与个人合伙协议主要条款相比,无论普通合伙企业还是有限合伙企业,合伙协议主要条款的数量要多,内容要详细,更有利于定分止争,个人合伙可参照普通合伙企业要求设定合伙协议主要条款。在此需要指出,虽然《合伙企业法》使用了"应当载明",但是合伙协议未"载明"某个或者某几个事项,并不会导致合伙协议的无效,而是应当按照法律规定来加以判定。比如合伙协议未载明亏损分担方式,则可按照《合伙企业法》第 33 条的规定,由合伙人协商决定,若协商不成,则按照实缴出比例分担,无法确定出资比例的,则平均分担。另外,无论是个人合伙还是合伙企业,合伙期限不是法律所规定的合伙协议应当载明事项,但合伙期限可以作为合伙人的退伙事由或者合伙的解散事由,所以建议合伙协议最好明确规定合伙期限,而对商业秘密、运营活动、财务信息、技术信息、经营信息等保密事项,合伙人也可根据自身利益作出约定。

《证券投资基金法》第 92 条、第 93 条和《私募投资基金监督管理暂行办法》第 20 条对合伙型私募基金的合伙协议内容特别规定如下:(1)基金份额持有人、基金管理人、基金托管人的权利、义务;(2)基金的运作方式;(3)基金的出资方式、数额和认缴期限;(4)基金的投资范围、投资策略和投资限制;(5)基金收益分配原则、执行方式;(6)基金承担的有关费用;(7)基金信息提供的内容、方式;(8)基金份额的认购、赎回或者转让的程序和方式;(9)基金合同变更、解除和终止的事由、程序;(10)基金财产清算方式;(11)承担无限连带责任的基金份额持有人和其他基金份额持有人的姓名或者名称、住所;(12)承担无限连带责任的基金份额持有人的除名条件和更换程序;(13)基金份额持有人增加、退出的条件、程序以及相关责任;(14)承担无限连带责任的基金份额持有人和其他基金份额持有人的转换程序;(15)当事人约定的其他事项。可见,与其他业务范围的合伙企业相比,合伙型私募基金的合伙协议内容更多更详细。

3. 遵循基本原则

《合伙企业法》第5条规定:订立合伙协议应当遵循自愿、平等、公平、诚实信用原则。这是《合伙企业法》规定的订立合伙企业的合伙协议必须遵循的四个基本原则。当然,这并不意味着订立合伙企业的合伙协议只遵循自愿、平等、公平、诚实信用四项基本原则,作为一种民事法律行为,订立合伙协议还应当遵循《民法总则》等规定的公序良俗原则。

虽然《民法通则》在个人合伙一节中未对订立个人合伙协议所要遵循的基本原则作出明确规定,但是个人合伙协议作为一种民事法律行为,必然应当遵循《民法总则》《民法通则》《合同法》所规定的基本原则。因此,订立个人合伙协议仍应当遵循自愿、平等、公平、诚实信用和公序良俗五项基本原则。

自愿原则要求合伙人独立、自由、自主地决定是否参加合伙、订立合伙协议,不受任何单位或者个人(包括合伙人)的非法干预。平等原则要求合伙人享有民事权利和承担民事义务的资格是平等的,任何一个合伙人不得将自己的意志强加给其他合伙人。公平原则要求合伙人在合伙协议的订立、履行等过程中要根据公平观念确定各自的权利与义务的内容。诚实信用原则要求合伙人在订立合伙协议时要诚实,不得有欺诈行为,在履行合伙协议时要守信用,自觉履行。公序良俗原则要求合伙人在合伙协议的订立、履行等过程中要遵守公共秩序,符合善良风俗,不得违反国家的公共秩序和社会的一般道德。

4. 须经一致同意

《合伙企业法》第19条第1款规定:合伙协议经全体合伙人签名、盖章后生效。既然要经全体合伙人签名、盖章,那就意味着合伙协议须经全体合伙人一致同意,否则,不同意的合伙人是不会在合伙协议上签名、盖章的。

《民法通则》及其司法解释未明确规定个人合伙协议须经全体合伙人一致同意,但该通则第31条要求合伙人就合伙事项应当“订立书面协议”,如果有合伙人不同意合伙协议的条款,那这个合伙人自然就不会去“订立书面协议”。因此,《民法通则》第31条隐含了要求个人合伙协议须经全体合伙人一致同意的含义。

合伙协议作为一种民事法律行为,当然在订立后允许合伙人对已有条款进行修改,或者将原来没有的事项补充增加为合伙协议的主要条款,但按《合伙企业法》第19条第2款“修改或者补充合伙协议,应当经全体合伙人一致同意;但是合伙协议另有约定的除外”的规定,前提条件必须是经过合体合伙人一致同意,除非合伙协议另有约定。合伙协议未约定或者约定不明确的事项,由合伙人协商决定对其进行修改或者将其补充增加为合伙协议的主要条款,若协商不成的,只能依照有关法律、行政法规的规定处理。

合伙企业设立后,允许被认定为无(或者限制)民事行为能力的普通合伙人转变为有限合伙人,或者允许无(或者限制)民事行为能力的继承人因继承而取得有限合伙。依照《合伙企业法》第19条第2款的规定,修改或者补充合伙协议应当经全体合伙人一致同意,但是合伙协议另有约定的除外,可依照《民法总则》《民法通则》《合同法》《合伙企业法》的有关规定和民法原理,只有具有完全民事行为能力的公民(自然人)才能同意修改或者补充合伙协议,无(或者限制)民事行为能力是不能同意修改或者补充合伙协议的。这将可能会使修改或者补充合伙协议成为难题或者陷入困境,需要合伙人在订立合伙协议时利用《合伙企业法》第19条第2款的“除外”规定,事先尽可能在合伙协议中明确约(规)定,修改或者补充合伙协议无须经无(或者限制)民事行为能力的有限合伙人的同意,如未有这样约(规)定的,则只能由无(或者限制)民事行为能力的有限合伙人的法定代理人予在代理。当然,其他合伙人依此修改或者补充合伙协议不得损害无(或者限制)民事行为能力的有限合伙人的利益,否则,就因违背公平等原则而被认定为无效。

5. 合伙协议的形式

合伙协议的形式包括书面合伙协议和口头合伙协议。依照《合伙企业法》第14条的规定,书面合伙协议是设立合伙企业应当具备的条件之一。《合伙企业法》第9条规定:申请设立合伙企业,应当向企业登记部门提交登记申请书、合伙协议书、合伙人身份证明等文件。根据《私募投资基金监督管理暂行办法》第7

条、第20条的规定，合伙型私募基金应当制定并签订合伙协议，并由基金管理人在申请登记时将合伙协议报送给基金业协会。因此，合伙企业只存在书面合伙协议，不存在口头合伙协议，因为没有书面合伙协议就无法登记设立合伙企业（含合伙型私募基金）。

依照《民法通则》第31条的规定，个人合伙的合伙人就合伙事项应当“订立书面协议”，即书面合伙协议。然而，由于个人合伙无须登记，所以实务中大量存在口头合伙协议，为此，《最高人民法院关于贯彻执行〈中华人民共和国民法通则〉若干问题的意见（试行）》（以下简称民法通则司法解释）第50条规定：当事人之间没有书面合伙协议，又未经工商行政管理部门核准登记，但具备合伙的其他条件，又有两个以上利害关系人证明有口头合伙协议的，法院可以认定为合伙关系。据此，法律认可个人合伙中存在的口头合伙协议。

6.效力认定标准

无论书面合伙协议还是口头合伙协议，都要根据《民法总则》《民法通则》《合同法》等的规定对其效力作出认定。一般而言，一个有效的合伙协议应当具备以下全部条件：

（1）合伙人具有相应的民事行为能力。这是订立、修改或者补充合伙协议必须具备的最基本条件。自然人合伙人必须具有完全民事行为能力（含视为完全民事行为能力的未成年人），这是法律上的要求，但机关干部等人员会因政策限制而使其不具有订立、修改或者补充合伙协议的相应的民事行为能力；单位（非自然人）合伙人以法律限制的身份订立合伙协议，就会被认定不具有相应的民事行为能力，比如公司以普通合伙人订立合伙协议的，就因违反《公司法》第15条的规定而会被认定无效，党政机关等单位因政策限制而使其不具有订立、修改或者补充合伙协议的相应的民事行为能力。

（2）合伙人意思表示真实。只有完全出自合伙人自愿、符合其真实想法的意思表示，才是真实的意思表示。合伙人只有意思表示真实，才会自愿、主动履行合伙协议的约定，否则，合伙人就会依照《合同法》的有关规定请求法院（或者申请仲裁机关）认定合伙协议无效，或者撤销、变更合伙协议。这是平等原则、自愿原则的具体体现。

（3）协议内容不得违反法律和社会公共利益。这里的法律是指全国人大及其常委会制定的法律和国务院制定的行政法规中的强制性规定,这里的社会公共利益是指我国社会生活的政治基础、社会秩序、法律准则、风俗习惯和道德要求等。合伙协议如果违反法律和社会公共利益,就会被认定为无效。

风险规避

1. 信任不能代替协议约束

正如前文所述,合伙协议是合伙人之间的根本规则。因为书面合伙协议是申请设立合伙企业必须向登记部门提供的材料,所以合伙企业不存在不订立合伙协议的情形。但在个人合伙中,合伙人之间往往关系密切,一些合伙人出于信任或者抹不开面子等原因,不重视或者不愿考虑合伙协议的订立,甚至连一份简单的口头协议都没有。这种用信任代替协议的作法,后患无穷,一旦发生合伙争议或者纠纷,合伙人往往难以协商处理,甚至会出现“朋友式合伙,仇人式散伙”的局面,需要创业者及其创业伙伴加以警惕。因此,为了避免日后出现此类情形,合伙创业时创业者及其创业伙伴要做到“先小人、后君子”,牢牢把握信任不能代替协议约束的风险控制要求,“丑话”说在前面,至少要订立口头合伙协议,事先将利益安排、责任承担、退伙等问题说清楚。

2. 选择签订书面合伙协议

合伙企业不存在不订立书面合伙协议的情形。而在个人合伙中,由于合伙人之间往往关系密切,一些合伙人出于信任或者抹不开面子等原因,认为只要大家口头上把合伙事项说好了就行,根本没有必要去订立书面合伙协议。桃园三结义虽是口头形式,可人家刘备、关羽和张飞始终认可,而个人合伙一旦发生争议或者纠纷,往往会有合伙人“翻脸不认账”,不承认有口头协议(约定),致使争议或者纠纷因“无据”可查、可循而难以得到解决,进而可能会影响合伙经营的正常开展。因此,为了避免日后出现“翻脸不认账”的情形,确保合伙经营能够正常开展,合伙人在合伙创业时也要做到“先小人、后君子”,选择签订书面合伙协议,白纸黑字立下“字据”,事先将合伙经营中可能会遇到的事项或者问题及其解决方法明确加以规定,以便日后“有据”可查、可循。

3. 事先细化合伙协议内容

《民法通则》第 31 条只是就个人合伙协议主要内容作了基本规定,《合伙企业法》第 18 条和第 63 条只是就合伙企业的合伙协议主要内容作了基本规定,《私募投资基金监督管理暂行办法》第 20 条只是就合伙型私募基金的合伙协议主要内容作了基本规定。若合伙人按照这些基本规定书面或者口头罗列合伙协议内容,虽确保了合伙协议内容的全面性,但却过于原则,无法解决一些实际问题。比如前文所说的无(或者限制)民事行为能力的有限合伙人对修改或者补充合伙协议的表决问题,便是一个合伙协议不事先作出“除外”详细规定就无法解决的问题。实务中,合伙人往往是按照《民法通则》第 31 条、《合伙企业法》第 18 条和第 63 条的规定,书面或者口头罗列合伙协议内容,或者干脆直接使用登记部门提供或者上网下载的范本,致使合伙协议内容过于粗疏,缺乏周密细致的考虑,无法解决一些实际问题,甚至一些个人合伙协议内容根本未按照《民法通则》第 31 条进行罗列,内容更简单,更无法解决一些实际问题。比如,利润分配问题涉及合伙人的切身利益,容易引发争议或者纠纷,如果合伙企业的合伙协议只是约定利润分配方式为支付现金,虽符合《合伙企业法》第 18 条有关“利润分配方式”的基本规定,但却无法解决合伙人在何种条件下可提出分配要求、何时可提出分配要求、能否要求分配全部利润等实际问题,合伙人可能受利益驱动会对这些问题争来争去,不利于他们之间的团结协作,甚至还可能会影响合伙经营的正常开展。因此,合伙创业时合伙人要根据业务范围、各自情况和经营需要,考虑要解决什么问题、能规避什么风险、如何划分事权、可获得什么资源等诸如此类的问题,事先尽可能对合伙事务表决(决定)方式等合伙协议内容进行细化。不仅要指明合伙人能做什么,而且也要指明合伙人不能做什么,尤其要结合合伙人各自特点,明确划分各自职责与权利,充分发挥各自特长,尽可能使形成的合力最大化,力争日后遇到问题“有据”可依。当然,一些问题在合伙创业时是不可能预见到的,尤其是进入新的业务范围时更不可能预见到,所以再详细的合伙协议难免仍无法解决日后遇到的新问题。一旦遇到了新问题,合伙人在协商解决的同时,要及时对合伙协议进行补充完善,为日后解决同类问题定下“规矩”,避免大家就同类问题重复协商浪费时间和精力。另外,合伙协议不可能解决合伙经营过程中的所有问题,一些问题需要通过内部规章制度加以约束,创业者及其创业伙伴要根据合伙需要制定、完善内部规章制度。

4. 勿有欺骗忽悠隐瞒行为

创业者在选择创业伙伴、订立合伙协议时一般不会有强迫、胁迫等过激行为,但欺骗、忽悠、隐瞒等行为在一定程度上还是存在的。比如,任何人均无法排除失败或者损失风险,但实务中有些合伙人为了能吸引或者留住创业伙伴,包括私募基金销售人员或者代理人员为了能尽快将基金销售出去以获取销售业绩,往往会给创业伙伴(包括合格投资者,下同)夸口(忽悠)说咱们这个合伙(或者基金投资)事项是不会有问题或者风险的,不会让你赔钱的,创业伙伴(合格投资人)信以为真,才决定参加合伙或者购买基金,一旦日后发生了风险或者出现了问题,比如赔了钱,一方面创业伙伴可能会以创业者违背诚实信用原则未告知其真实情况,致使其意思表示不真实为由提起诉讼,要求创业者赔偿其损失;另一方面创业伙伴一般会不再相信创业者,由此双方之间可能日后将会产生不愉快、分歧、矛盾甚至争吵,致使创业者与创业伙伴之间有了隔阂或者不团结,进而就会影响合伙经营的正常开展,甚至还可能会使合伙经营不下去,最终走向散伙(解散)。因此,为了避免日后出现赔偿的诉讼风险,确保大家能精诚团结、一致经营好合伙事业,创业者在选择创业伙伴、订立合伙协议时要把事情全部讲清楚讲明白,把能预见到的问题或者风险彻底摆出来,尤其是要告知创业伙伴(合格投资人)参加合伙或者购买基金会有赔钱的风险,让创业伙伴(合格投资人)在完全了解、知悉合伙(或者基金投资)事项的基础上作出是否参加合伙或者购买基金的真实意思表示。

5. 量化权责确保可操作性

这里的权是指权利、责是指责任。如果权利没有被量化,就等于没有权利,比如合伙协议约定执行事务合伙人有重大贡献可给予奖励,但何谓"重大""贡献",奖励多少,均无量化标准,会给执行带来可操作性难题,让权利成为纸上东西,权利者只能"望梅止渴"。如果责任没有被量化,必然会因为无法操作而导致责任规定化为零,比如合伙协议约定合伙人违约的,应向其他合伙人承担违约责任,满足了《合伙企业法》第18条有关"违约责任"的基本规定,但如何界定违约行为、如何计算责任大小,均无量化标准,也会给执行带来可操作性难题,让违约者难以承担违约责任。因此,要在合伙协议中尽可能用数字把权利与责任加以量化,如果无法用数字量化的，则要明确计算方法，对于无法用数字加以量化或者无法明确计算方法的，也要尽可能罗列出具体适用情形，以确保合伙协议内容具有可操作性。

6. 认真阅读协议各项条款

实务中，合伙协议往往由创业者负责提供或者起草。但“人不为己，天诛地灭”，每个人往往都会追求自己利益最大化。因此，无法排除创业者在合伙协议中设计或者安排一些对自己有利的条款的可能性。对创业者提供或者起草的合伙协议，一些创业伙伴往往出于信任或者抹不开面子等原因，不会认真阅读各项条款，就稀里糊涂地把协议签署了。这实际上是创业伙伴对自己权利的极大不负责任，也丧失了与创业者博弈的机会，是要不得的。创业伙伴不论与创业者有多么地熟悉，均要本着“害人之心不可有，防人之心不可无”的态度，抽出一定时间认真阅读合伙协议各项条款，必要时还可聘请律师提供法律支持，并就条款内容与创业者进行充分博弈，不仅要尽可能减少或者消除对创业者有利的条款，而且还要尽可能让对己有利条款多一些，力争使自己利益能最大化。

7. 不宜选择解除合伙协议

合伙协议是《民法通则》《合伙企业法》等法律规定的特别合同，虽然这些法律没有明确规定合伙人能否解除合伙协议，但是其所规定的“退伙”“解散”“终止”却与《合同法》中的“解除”有相同(似)功能。按照《合同法》第 123 条“其他法律对合同另有规定的，依照其他规定”的规定，一般不宜选择适用《合同法》有关“解除”的规定来解除合伙协议，而应当优先选择适用《民法通则》《合伙企业法》等法律有关“退伙”的规定，让不愿意继续合伙经营的合伙人退伙，以便让合伙经营能够继续存在，为国家和社会继续创造价值和就业机会。只有退伙导致合伙经营无法继续存在的，才可选择《民法通则》《合伙企业法》等法律有关“解散”“终止”的规定，解散合伙企业或者终止个人合伙。当然，合伙型私募基金的合格投资人在冷静期有权解除基金合同，但该解除不影响其他合格投资人的基金合同。

8. 最好聘请律师起草协议

从前述介绍不难发现，合伙协议的内容具有很强的法律专业性，只有具备一定法律专业知识的人才能起草一份符合法律要求的合伙协议。同时,合伙的实践性也很强,只有直接或者参与处理过合伙纠纷的人,才能了解合伙会在哪些方面容易产生纠纷或者争议,并懂得如何在合伙协议中事先设计(安排)具体条款来加以防范。而既具备一定法律知识又处理过合伙纠纷的最佳人选只能是律师。因此,建议创业者与创业伙伴最好聘请律师起草理想的合伙协议。具体操作上,可共同聘请一个律师,也可分别聘请律师,最好分别聘请律师,毕竟律师拿谁的钱,就要替谁着想或者维护谁的利益。当然,并不是只有起草合伙协议需要聘请律师提供法律支持,实际上,合伙创业的各个环节均有聘请律师提供法律支持之必要,创业者及其创业伙伴要根据自身情况和具体事务考虑是否在各个环节分别聘请律师。为避免重复或者赘述,后面章节不再就聘请律师防控有关风险进行专门论述。

三、合伙的设立

关键内容

根据我国有关法律规定,无论设立个人合伙还是设立合伙企业,都需要具备一定的条件,合伙企业和有字号的个人合伙还会涉及设立登记等事项。

1. 设立条件

根据《民法通则》第30条的规定及民法通则司法解释的相关规定,设立个人合伙应当具备下列条件:一是有两个或者两个以上公民(自然人)为合伙人,没有人数上限限制;二是合伙人具备完全民事行为能力;三是有书面或者口头的合伙协议;四是合伙人提供出资。设立个人合伙必须同时具备上述条件,缺一不可。

根据《合伙企业法》第14条、第61条的规定,设立合伙企业应当具备下列条件:(1)普通合伙企业有两个或者两个以上合伙人,没有人数上限限制,有限合伙企业有两个或者两个以上合伙人,且至少应当有一个普通合伙人,同时人数须在50个以下(法律另有规定的除外),无论何种类别合伙企业,自然人合伙人均应当具有完全民事行为能力,而特殊的普通合伙企业的合伙人还须具有专业知识和专门技能;(2)有书面的合伙协议;(3)有合伙人依法认缴或者实际缴付的出资;

(4)有合伙企业的名称和生产经营场所;(5)法律、行政法规规定的其他条件。设立合伙企业必须同时具备上述条件,缺一不可,只有完全具备了这些条件,才能向登记部门申请设立合伙企业,才有可能获准登记。

需要指出,无论《民法通则》及其司法解释还是《合伙企业法》,均未明确规定发起设立合伙的合伙人能否向其他合伙人收费。不过,收费往往涉及行政审批问题,除非法律有特别规定,一般是不允许的。而目前针对发起设立合伙,法律只允许向购买合伙型私募基金的合格投资者收取一定费用。

2. 名称

合伙名称犹如自然人(个人)姓名一样,是进行民事活动所使用的符合。按照《民法通则》第33条的规定,个人合伙可以起字号,换言之,个人合伙也可以不起字号,但起字号的,必须依法核准登记即办理登记手续。可见,个人合伙的名称只是字号,十分简单。不过,现在起字号的个人合伙按合伙企业要求进行登记,在此情形下,不进行登记有可能会受到处罚。

按照《合伙企业法》第14条的规定,合伙企业必须有名称,并办理登记手续。合伙企业分支机构名称中必须包含合伙企业名称,在此基础上再设定分支机构名称,比如北京某某律师事务所在上海设立分支机构,名称应定为北京某某(上海)律师事务所。合伙企业必须有自己的专用名称,并且只能有一个名称,而且不得含有另一个企业名称。按照《合伙企业法》第7条及《企业名称登记管理规定》第7条、第13条等的规定,合伙企业名称依此由以下四个部分组成:

一是行政区划的名称。如北京、武汉等,是合伙企业所在地县级以上行政区划的名称或者地名,市辖区的名称不能单独作为合伙企业名称的行政区划,但市辖区名称与市行政区划连用,以及省、市、县行政区划连用,经核准后可使用。合伙企业冠以“中国”“中华”“全国”“国家”“国际”等字样的,须报经国务院决定,不过,使用这些名称需具有较大规模,合伙企业很难能达到,个人合伙更难能达到。合伙企业分支机构还须有分支机构所在地行政区划的名称。

二是字号,也叫商号,由两个以上的字组成。如北京法阁咨询管理服务中心(有限合伙)中的“法阁”便是字号。合伙企业分支机构须使用合伙企业的字号。合伙企业有正当理由可以使用本地或者异地地名作字号,但不得使用县以上行政区划名称作字号。合伙企业还可以使用自然人合伙人姓名作字号,比如北京岳成律师事务所就是以律师岳成姓名作字号。

三是行业及经营特点。由登记部门根据合伙经营范围和方式并结合国民经济行业分类标准加以确定,如北京法阁咨询管理服务中心(有限合伙)中的“咨询”便反映了行业及经营特点,名称中有基金便反映了其是私募基金。合伙企业分支机构须使用合伙企业的行业及经营特点。

四是组织形态。合伙企业名称中的组织形态后应当标明“普通合伙”“有限合伙”或者“特殊普通合伙”字样,并不得使用“有限”“有限责任”或者“公司”字样。合伙企业分支机构须使用合伙企业的组织形态。

《企业名称登记管理规定》第9条还规定,合伙企业名称不得含下列内容和文字:一是有损于国家、社会公共利益的;二是可能对公众造成欺骗或者误解的;三是外国国家(地区)名称、国际组织名称;四是政党名称、党政机关名称、群众组织名称、社会团体名称及部队番号;五是汉语拼音字母(外文名称中使用的除外)、数字;六是其他法律、行政法规规定禁止的。

《企业名称登记管理实施办法》第22~24条规定,设立合伙企业可以申请名称预先核准,申请合伙企业名称预先核准,由全体合伙人指定的代表或者委托的代理人向有名称核准管辖权的登记部门提交合伙企业名称预先核准申请书;该申请书应当载明企业的名称(可以载明备选名称)、住所、经营范围、合伙人名称(姓名)、出资额、授权委托意见(指定的代表或者委托的代理人姓名、权限和期限),并由全体合伙人签名盖章,同时粘贴上指定的代表或者委托的代理人身份证复印件;登记部门予以核准的,发给《企业名称预先核准通知书》,予以驳回的,发给《企业名称驳回通知书》。

综上,合伙企业名称的要求很多也很严格,但只有字号是其独有的,其他都是通用的。因此,字号是合伙企业名称的核心部分,属于其无形资产,起好名称的关键在于起好字号。创业者及其创业伙伴一定要按照前述要求起好合伙企业名称,慎重起见建议最好先申请合伙企业名称预先核准,不过,一定要在名称预先核准之日起6个月内完成合伙企业注册登记手续。

3. 住所

个人合伙是否有住所,法律不作强制性要求,但实务中登记部门在核准登记有字号的个人合伙时会给个人合伙登记一个住所。按照《合伙企业法》第14条的规定,合伙企业必须有生产经营场所。这便是合伙企业的住所。合伙企业分支机构也有其登记的住所。合伙企业的住所是其注册地址,或者叫法定地址,是登记事项之一。住所不仅是合伙企业生存的空间所在,也是其进行民事活动和沟通联络传递信息所必需的,否则,就无法进行民事活动和对外联络。《合伙企业登记管理办法》第 8 条规定,经企业登记部门登记的合伙企业主要经营场所只能有一个,并且应当在其企业登记部门登记管辖区域内。《外商投资合伙企业登记管理规定》第 9 条也要求,外商投资合伙企业主要经营场所只能有一个,并且应当在其企业登记部门登记管辖区域内。不过,有些合伙企业实际上可能会有两个或者两个以上经营场所,这时需要在合伙协议中载明主要经营场所的地点并进行登记;有些合伙企业实际上可能存在生产活动、销售活动、管理机构不在一地的情况,但无论何种情况,合伙企业的住所只能为一个,以登记的主要经营场所为其住所。

实务中,登记部门会要求提供能够证明合伙企业住所的合同或者产权证。如果创业者或者创业伙伴有自有房地产,提供产权证不存在问题,但创业者或者创业伙伴往往无自有房地产,合伙创业需要承租房地产。因为合伙企业在登记前不能进行民事活动,所以不能以合伙企业名义承租房地产。一般情况下,可以先以创业者或者创业伙伴的名义承租房地产,以满足合伙企业登记之需要,并作为出资由合伙企业成立后使用,或者在成立后经出租方同意转租给合伙企业。同时,选择住所还要考虑价格、布局、设施、环境等四大因素,既要物美价廉,也要有利于合伙经营的开展。

4. 合伙企业可能涉及前置审批

《合伙企业法》第 9 条规定,合伙企业的经营范围中有属于法律、行政法规规定在登记前须经批准的项目的,该项经营业务应当依法经过批准,并在登记时提交批准文件。《合伙企业登记管理办法》第 12 条规定,合伙企业的经营范围中有属于法律、行政法规或者国务院规定在登记前须经批准的项目的,应当向企业登记部门提交批准文件。《外商投资合伙企业登记管理规定》第 13 条规定,外商投资合伙企业的经营范围中有属于法律、行政法规或者国务院规定在登记前须经批准的行业的,应当向企业登记部门提交批准文件。至于哪些项目、行业涉及前置审批,这些法律未作进一步明确。一般来说,经营范围中需要前置审批的项目、行业主要是涉及行政许可的项目,比如金融保险类特殊行业,需要在申请登记合伙企业之前完成审批,并在申请登记时向登记部门提交批准文件。

5. 有字号合伙须申请登记

依照《民法通则》第33条的规定,个人合伙可以不起字号,但起字号的,必须依法经核准登记,在核准登记的经营范围内从事经营。而按照《合伙企业法》第9~11条的规定,合伙企业必须依法申请登记,领取营业执照,在领取营业执照前,合伙人不得以合伙企业名义从事合伙业务。合伙企业分支机构亦如此。合伙型私募基金也需要依法申请登记。

6. 出资并不一定须实际缴付

由《合伙企业法》第14条"设立合伙企业应当具备下列条件:……(三)有合伙人依法认缴或者实际缴付的出资"的规定可知,合伙人出资并不一定须实际缴付,换言之,可以是认缴,也可以是实际缴付,并将其载入合伙协议中,按合伙协议约定执行。当然,认缴并不等于可以不缴。如果合伙人不按照合伙协议约定的缴付期限缴纳出资,则就违反了合伙协议,按照《合伙企业法》第103条的规定,将要向其他合伙人承担违约责任。按照《私募投资基金监督管理暂行办法》第8条"各类私募基金募集完毕,私募基金管理人应当根据基金业协会的规定,办理基金备案手续"的规定,合伙型私募基金的出资只能是实际缴付。

7. 合伙的成立时间

无字号的个人合伙自合伙协议签订之日起成立。对有字号的个人合伙,是以合伙协议签订之日还是登记部门核准登记之日来确定合伙成立时间,尚无明确法律规定。笔者认为,核准登记不是个人合伙成立的法定条件,有字号的个人合伙仍应以合伙协议签订之日为其成立时间。

按照《合伙企业法》第11条的规定,合伙企业的营业执照签发日期,为合伙企业成立时间,合伙企业分支机构亦如此。

8. 合伙人的民事行为能力

只有自然人合伙人存在民事行为能力问题,单位合伙人不会存在民事行为能力问题。虽然《民法通则》第30条未明确规定公民(自然人)是否须具备民事行为能力，但是只有具有完全民事行为能力的公民（自然人）才能签署“协议”。因此，该条已隐含了要求公民（自然人）须具有完全民事行为能力，所以包括未成年人在内的无（或者限制）民事行为能力的人不能成为个人合伙的合伙人。个人合伙设立后，也不允许存在无（或者限制）民事行为能力的合伙人，若合伙人被认定为无（或者限制）民事行为能力的，应当按当然退伙对待；若自然人合伙人死亡的，无（或者限制）民事行为能力的合伙人继承人也不能成为合伙人，应当向继承人退还被继承的合伙人的财产份额。

《合伙企业法》第 14 条要求设立合伙企业时“合伙人为自然人的，应当具有完全民事行为能力”，所以包括未成年人在内的无（或者限制）民事行为能力的人不能成为合伙企业的合伙人，包括不能成为有限合伙人。当然，按照《合伙企业法》第 48 条、第 50 条、第 79 条和第 80 条的规定，合伙企业设立后，有限合伙人丧失民事行为能力的，其他合伙人不得要求其退伙，而普通合伙人被认定为无（或者限制）民事行为能力的，可成为有限合伙人，若自然人合伙人（包括有限合伙人）死亡的，无（或者限制）民事行为能力的合伙人继承人可成为有限合伙人。

依照《民法总则》第 18 条第 2 款的规定，16 周岁以上的未成年人，以自己的劳动收入为主要生活来源的，视为完全民事行为能力的人。对于此类人员能否成为合伙人，尚无明确法律规定。笔者认为，如果 16 周岁以上的未成年人以合伙经营收入为主要生活来源，或者将自己的劳动收入投入合伙经营中并影响其主要生活来源，那么他就不能成为合伙人，反之就可以。依此，16 周岁以上的未成年人不能以劳务出资而成为合伙人。

9. 特殊的普通合伙企业的特殊要求

按照《合伙企业法》第 55 条、第 107 条的规定，以专业知识和专门技能为客户提供有偿服务的专业服务机构，可以设立为特殊的普通合伙企业；非企业专业服务机构依据有关法律采取合伙制的，其合伙人承担责任的形式可以适用本法关于特殊的普通合伙企业合伙人承担责任的规定。依这两条规定，设立特殊的普通合伙企业的经营范围只能限定在以专业知识和专门技能为客户提供有偿服务，比如律师事务所、会计师事务所就可以申请设立特殊的普通合伙企业（当然也可以不设立特殊的普通合伙企业）。同时，《合伙企业登记管理办法》第 15 条规定，法律、行政法规规定设立特殊的普通合伙企业，需要提交合伙人的职业资格证明的，应当向企业登记部门提交有关证明。《外商投资合伙企业登记管理规定》第 16 条规定,法律、行政法规规定设立特殊的普通合伙企业,需要提交合伙人的职业资格证明的,应当依照相关法律、行政法规规定,向企业登记部门提交有关证明。依这两条规定,设立特殊的普通合伙企业还需要提交合伙人的职业资格证明。另外,《合伙企业法》第 59 条规定,特殊的普通合伙企业应当建立执业风险基金、办理职业保险。个人合伙、一般的普通合伙企业和有限合伙企业并无此方面的强制性要求。

10. 合伙型私募基金

按照《私募投资基金监督管理暂行办法》第 2 条的规定,私募基金是私募投资基金的简称,是指在中华人民共和国境内,以非公开方式向投资者募集资金设立的投资基金。同时,按照《私募投资基金监督管理暂行办法》的有关规定,私募基金的组织形态可以为合伙,且只能为有限合伙。设立私募基金,除应符合《合伙企业法》的规定外,还应当满足《私募投资基金监督管理暂行办法》的要求,比如应当依法有私募基金管理人和私募基金托管人,投资对象包括买卖股票、股权、债券、期货、期权、基金份额及投资合同约定的其他投资标的。私募基金中的创业投资基金就是主要投资于未上市创业企业普通股或者依法可转换为普通股的优先股、可转换债券等权益的股权投资基金。从《私募投资基金监督管理暂行办法》第 12 条等规定来看,设立合伙型私募基金的要求很高,一般由有实力的单位发起,合格投资人也有最低出(投)资额和资产规模的限制。同时,依据《私募投资基金监督管理暂行办法》第 13 条、第 16 条的规定,以合伙企业等非法人形式,通过汇集多数投资者的资金直接或者间接投资于私募基金的,私募基金管理人或者私募基金销售机构应当穿透核查最终投资者是否为合格投资者,并合并计算投资者人数;私募基金管理人或者私募基金销售机构应当采取问卷调查等方式,对投资者的风险识别能力和风险承担能力进行评估,由投资者书面承诺符合合格投资者条件,并应当制作风险揭示书,由投资者签字确认。另外,合格投资者购买私募基金、持有私募基金分别须承担一定费用。因此,设立合伙型私募基金的要求很高,也需要付出一定成本,这对于刚走向社会的大学生等开始创业者和普通创业者及创业伙伴来说是无法满足的,所以合伙型私募基金不作为本书讨论内容,但就其特殊性在有关章节会有所涉及。

风险规避

1. 要选择合法设立方式

设立合伙必然会涉及设立方式的选择。选择的设立方式须合法,否则,就可能会导致合伙设立无效。而要选择合法设立方式,就得先要搞清楚有哪些合法设立方式。一般来说,合法设立方式包括发起设立、非公开募集设立和公开募集设立。所谓发起设立,是指由创业者与其已选创业伙伴提供全部出资的设立方式。所谓非公开募集设立,是指由创业者与其已选创业伙伴提供部分出资,并以非公开形式向特定的创业伙伴募集(找)剩余出资的设立方式。所谓公开募集设立,是指由创业者与其已选创业伙伴提供部分出资,并以公开形式向不特定的创业伙伴募集(找)剩余出资的设立方式。《证券投资基金法》第 91 条、《私募投资基金监督管理暂行办法》第 14 条通过列举对非公开形式作了界定,即未通过报刊、电台、电视、互联网等公众传播媒体或者讲座、报告会、分析会和布告、传单、手机短信、微信、博客和电子邮件等方式向不特定对象宣传推介。反向理解,公开形式就是可通过这些渠道向不特定对象宣传推介。

虽然《民法通则》及其司法解释对个人合伙的设立方式、《合伙企业法》对合伙企业的设立方式,均未作出明确规定,但是从两部法律具体条文的“字里行间”可以推断出,无论是个人合伙还是合伙企业,均不能通过非公开或者公开形式向特定或者不特定的创业伙伴募集(找)出资,因而个人合伙、合伙企业只能是发起设立,要由创业者与其已选创业伙伴提供全部出资。至于创业者选择合适的创业伙伴,则属于找人的过程,而非募集(找)出资,与发起设立并不矛盾。还有,虽然合伙型私募基金采用非公开募集的设立方式,但是其依据是《证券投资基金法》《私募投资基金监督管理暂行办法》的特别规定,而非《合伙企业法》的一般规定,按照“特别法优于一般法”的原则,非公开募集方式设立私募基金并不违背《合伙企业法》的规定。

因此,无论个人合伙还是合伙企业,抑或合伙型私募基金,创业者与其已选创业伙伴均要按照法律规定选择合法设立方式,不得通过报刊、电台、电视、互联网等公众传播媒体或者讲座、报告会、分析会和布告、传单、手机短信、微信、博客和电子邮件等方式向不特定对象宣传推介,否则,就可能会导致合伙设立无效,甚至还有可能会涉嫌刑事犯罪。比如,公安部2019年5月10日在北京召开新闻发布会,通报了私募基金领域突出的四类经济犯罪,排在第二个的就是个别私募机构突破私募基金行业最重要的合格投资者底线,采取公开宣传的方式,从事非法集资犯罪活动。有关犯罪的相关内容,请参见本书第四章“合伙执行与风险控制”之“注意防范刑事风险”的内容。

2. 合理控制合伙人人数

虽然个人合伙、普通合伙企业都没有合伙人人数的上限限制,但是这并表明合伙人人数越多就越好,合伙人人数不是决定合伙企业成功的关键因素,相反人过多往往不容易形成统一意见,会影响合伙的决策、执行及其效率,进而会影响合伙企业的正常运营,甚至还可能会导致合伙创业失败。有限合伙企业,虽然合伙人人数的上限为49人,但是在一定程度上也存在此问题。因此,创业者须将合伙人人数控制在一定范围,一般2~7人最好,当然个人合伙可更少,合伙企业可多一点,所以除非建立了决策机制或者确有必要,创业者切不可“照单全收”,而要综合候选创业伙伴的能力、性格、出资等个体情况、各个合伙人之间的合理搭配和合伙业务规模大小、经营需要等,在候选创业伙伴人数较多时,进行必要的筛选,以合理控制合伙人人数,以便日后合伙人容易形成统一的决策与执行意见,合伙经营稳定后可视情况再考虑增加合伙人人数。当然,合伙型私募基金会依法有决策机制,而且还存在一定的外部监管,其选择合格投资人可不必考虑控制人数问题,以使基金规模能最大化。

3. 慎重成为有限合伙人

个人合伙不存在有限合伙问题,因此,无论创业者还是创业伙伴,在以个人合伙组织形态进行创业时,切不可选择成为有限合伙人,否则,就会因无法得到法律支持而不能达到预期目的。虽然合伙企业存在有限合伙(人),但是对创业者来说,除非法律限制需要,若创业者选择成为有限合伙人,则可能难以提振创业伙伴对合伙的信心,而若将过多创业伙伴选择成为有限合伙人,则意味着创业者所要担负的责任(包括日常经营管理责任和对外承担责任)就会越大。对创业伙伴来说,选择成为有限合伙人,则就不能执行合伙事务,可能会影响其才华或者能力的施展,同时还可能会影响其对合伙事务的日常有效监督。因此,创业者及其创业伙伴要根据自身情况和法律规定，慎重选择成为有限合伙人。当然，合伙型私募基金的合格投资人以“投资”为主，只能成为有限合伙人，而按照《律师法》等法律规定，律师事务所不得设立有限合伙类别。

四、合伙的登记

关键内容

合伙的登记包括设立登记、变更登记、注销登记、分支机构登记、合伙型私募基金备案等内容。

1. 无字号合伙不涉及登记

按照《合伙企业法》第 14 条、《合伙企业登记管理办法》第 6 条的规定，合伙企业名称（含字号）是登记事项之一。按照《民法通则》第 33 条的规定，个人合伙可以起字号，依法经核准登记，在核准登记的经营范围内从事经营。因此，只有无字号的个人合伙才不涉及登记，需要创业者及其创业伙伴设立合伙时注意。

2. 设立登记事项与申请材料

《民法通则》第 33 条只规定个人合伙起字号的，需要核准登记，至于是否有其他登记事项，尚无明确规定。不过，在《合伙企业法》实施之前，个人合伙往往按个体工商户要求进行登记，而在《合伙企业法》实施之后，个人合伙一般按合伙企业要求进行设立登记。合伙企业设立登记是指在向登记部门申请注册成立合伙企业时依法向登记部门申请的登记，由登记部门对有关登记事项进行设立登记。《合伙企业登记管理办法》第 6 条规定，合伙企业的设立登记事项包括：(1) 名称；(2) 主要经营场所；(3) 执行事务合伙人；(4) 经营范围；(5) 合伙企业类型；(6) 合伙人姓名或者名称及住所、承担责任方式、认缴或者实际缴付的出资数额、缴付期限、出资方式和评估方式。合伙协议约定合伙期限的，登记事项还应当包括合伙期限。执行事务合伙人是法人或者其他组织的，登记事项还应当包括法人或者其他组织委派的代表（以下简称委派代表）。按照《合伙企业登记管理办法》第 7 条的规定，合伙企业名称中的组织形式后应当标明“普通合伙”、“有限合伙”或者

“特殊普通合伙”字样,并符合国家有关企业名称登记管理的规定。

设立登记必然会涉及要提交哪些申请材料。鉴于现在有字号的个人合伙登记按合伙企业要求进行设立登记,所以不再另行介绍有字号的个人合伙设立登记所需申请材料。《合伙企业法》第 9 条规定,申请设立合伙企业,应当向企业登记部门提交登记申请书、合伙协议书、合伙人身份证明等文件;合伙企业的经营范围中有属于法律、行政法规规定在登记前须经批准的项目的,该项经营业务应当依法经过批准,并在登记时提交批准文件。《合伙企业登记管理办法》第 11 条进一步明确规定了设立登记所需要提交的申请材料:(1)全体合伙人签署的设立登记申请书;(2)全体合伙人的身份证明;(3)全体合伙人指定代表或者共同委托代理人的委托书;(4)合伙协议;(5)全体合伙人对各合伙人认缴或者实际缴付出资的确认书;(6)主要经营场所证明;(7)国务院工商行政管理部门规定提交的其他文件。法律、行政法规或者国务院规定设立合伙企业须经批准的,还应当提交有关批准文件。该办法第 13 条还规定,全体合伙人决定委托执行事务合伙人的,应当向企业登记部门提交全体合伙人的委托书;执行事务合伙人是法人或者其他组织的,还应当提交其委派代表的委托书和身份证明。该办法第 15 条又规定,法律、行政法规规定设立特殊的普通合伙企业,需要提交合伙人的职业资格证明的,应当向企业登记部门提交有关证明。《企业名称登记管理实施办法》第 25 条规定,已办理合伙企业名称预先核准的,应当提交《企业名称预先核准通知书》。可见,设立登记时需要提交的申请材料很多,创业者及其创业伙伴要根据自身情况,对照前述规定认真准备申请材料,以免缺少材料(内容)或者不符合要求造成大麻烦。

《合伙企业法》第 10 条、《合伙企业登记管理办法》第 16 条规定,对提交的登记申请材料齐全、符合法定形式的,企业登记部门能够当场登记的,应予当场登记,发给营业执照;不能当场登记,企业登记部门应当自受理申请之日起 20 日内,作出是否登记的决定,予以登记的,发给营业执照,不予登记的,应当给予书面答复,并说明理由。现在好多地方试点通过网(线)上提交申请材料,提请创业者及其创业伙伴关注所在地区是否有试点或者试点情况。

3. 合伙型私募基金的业务登记与备案

合伙型私募基金除前述工商登记外,虽然依照《私募投资基金监督管理暂行办法》第 5 条规定,发行私募基金无须行政审批,但是依照该办法第 7 条规定还须办理基金业务的申请登记与备案手续。该办法第 7 条规定,合伙型私募基金应当向中国证券投资基金业协会(以下简称基金业协会)申请登记,并报送以下基本信息:(1)工商登记和营业执照正副本复印件;(2)公司章程或者合伙协议;(3)主要股东或者合伙人名单;(4)高级管理人员的基本信息;(5)基金业协会规定的其他信息。基金业协会应当在私募基金管理人登记材料齐备后的 20 个工作日内,通过网站公告私募基金管理人名单及其基本情况的方式,为私募基金管理人办结登记手续。

《私募投资基金监督管理暂行办法》第 8 条规定,合伙型私募基金募集完毕,私募基金管理人应当根据基金业协会的规定,办理基金备案手续,并报送以下基本信息:(1)主要投资方向及根据主要投资方向注明的基金类别。(2)基金合同或者合伙协议。资金募集过程中向投资者提供基金招募说明书的,应当报送基金招募说明书。同时报送工商登记和营业执照正副本复印件。(3)采取委托管理方式的,应当报送委托管理协议。委托托管机构托管基金财产的,还应当报送托管协议。(4)基金业协会规定的其他信息。基金业协会应当在私募基金备案材料齐备后的 20 个工作日内,通过网站公告私募基金名单及其基本情况的方式,为私募基金办结备案手续。

《私募投资基金监督管理暂行办法》第 9 条规定,基金业协会为私募基金管理人和私募基金办理登记备案不构成对私募基金管理人投资能力、持续合规情况的认可;不作为对基金财产安全的保证。对此,合格投资人一定要注意,谨防因错误理解而不谨慎投资。

4. 合伙企业分支机构的设立登记

《合伙企业法》第 12 条规定,合伙企业设立分支机构,应当向分支机构所在地的企业登记部门申请登记,领取营业执照。《合伙企业登记管理办法》第 26 条规定,分支机构的设立登记事项包括:分支机构的名称、经营场所、经营范围、分支机构负责人的姓名及住所。分支机构的经营范围不得超出合伙企业的经营范围。合伙企业有合伙期限的,分支机构的登记事项还应当包括经营期限,分支机构的经营期限不得超过合伙企业的合伙期限。《合伙企业登记管理办法》第 27 条规定,合伙企业设立分支机构,应当向分支机构所在地的企业登记部门提交下列文件:(1)分支机构设立登记申请书;(2)全体合伙人签署的设立分支机构的决定书;(3)加盖合伙企业印章的合伙企业营业执照复印件;(4)全体合伙人委派执行分支机构事务负责人的委托书及其身份证明;(5)经营场所证明;(6)国务院工商行政管理部门规定提交的其他文件;法律、行政法规或者国务院规定设立合伙企业分支机构须经批准的,还应当提交有关批准文件。《合伙企业登记管理办法》第28条规定,分支机构的经营范围中有属于法律、行政法规或者国务院规定在登记前须经批准的项目的,应当向分支机构所在地的企业登记部门提交批准文件。而《合伙企业登记管理办法》第29条所规定登记部门审查要求,与合伙企业的登记审查要求相同。外商投资合伙企业分支机构登记事项和申请材料与内资合伙企业分支机构的要求基本相同。由前述规定可以看出,无论内资合伙企业还是外商投资合伙企业,其设立分支机构均需办理登记手续,创业者及其创业伙伴切勿忘记。否则,将会受到登记部门的处罚。

5. 变更登记与注销登记

合伙企业变更登记是指在存续期间登记事项发生变更的,依法向登记部门申请变更登记。《合伙企业法》第13条规定,合伙企业登记事项发生变更的,执行合伙事务的合伙人应当自作出变更决定或者发生变更事由之日起十五日内,向企业登记部门申请办理变更登记。这里的"登记事项"就是前述设立登记事项,包括入伙、退伙及合伙协议的修改等。《合伙企业登记管理办法》第三章用专章对变更登记作了规定,涉及三个条文,其中第18条的内容与《合伙企业法》第13条规定相同。该办法第19条明确规定申请变更登记应当提交下列材料:(1)执行事务合伙人或者委派代表签署的变更登记申请书。(2)全体合伙人签署的变更决定书,或者合伙协议约定的人员签署的变更决定书。(3)国务院工商行政管理部门规定提交的其他文件。法律、行政法规或者国务院规定变更事项须经批准的,还应当提交有关批准文件。该办法第20条是有关登记部门如何进行变更登记的规定,与《合伙企业法》第10条、《合伙企业登记管理办法》第16条规定相同。可见,变更登记较之设立登记的登记事项和申请材料要简单得多。

注销登记是指为解散合伙企业向登记部门申请登记。《合伙企业法》第90条规定,清算结束,清算人应当编制清算报告,经全体合伙人签名、盖章后,在十五日内向企业登记部门报送清算报告,申请办理合伙企业注销登记。《合伙企业登记管理办法》第四章用专章对注销登记作了规定,涉及三个条文,其中第21条规定,合伙企业解散,依法由清算人进行清算。清算人应当自被确定之日起十日内,将清算人成员名单向企业登记部门备案。该办法第22条规定,合伙企业依照合伙企业法的规定解散的,清算人应当自清算结束之日起十五日内,向原企业登记部门办理注销登记。该办法第23条规定,合伙企业办理注销登记,应当提交下列文件:(1)清算人签署的注销登记申请书;(2)人民法院的破产裁定,合伙企业依照合伙企业法作出的决定,行政机关责令关闭、合伙企业依法被吊销营业执照或者被撤销的文件;(3)全体合伙人签名、盖章的清算报告;(4)国务院工商行政管理部门规定提交的其他文件。合伙企业办理注销登记时,应当缴回营业执照。

《私募投资基金监督管理暂行办法》第10条规定,私募基金管理人依法解散、被依法撤销、或者被依法宣告破产的,其普通合伙人应当在20个工作日内向基金业协会报告,基金业协会应当及时注销基金管理人登记并通过网站公告。合伙型私募基金还要办理业务注销登记手续。

6. 涉外登记的特殊要求

所谓涉外,是指外国企业或者个人和香港特别行政区、澳门特别行政区、台湾地区的企业或者个人在内地设立合伙企业或者加入内地自然人、法人和其他组织已经设立的合伙企业的情形。如果合伙企业有涉外情形的,还会存在涉外登记的特殊要求,需要创业者及其创业伙伴加以注意并按照特殊要求办理相关手续。

在设立登记方面,依照《外国企业或者个人在中国境内设立合伙企业管理办法》《外商投资合伙企业登记管理规定》的规定,涉外登记除了《合伙企业登记管理办法》第6条所要求的登记事项外,还需要登记合伙人的国家(地区),执行事务合伙人是外国企业、中国法人或者其他组织的,登记事项还应当包括外国企业、中国法人或者其他组织委派的代表。可见,设立合伙企业涉外登记事项较内资合伙企业要复杂一些。除了《合伙企业登记管理办法》第11条要求的申请材料外,涉及登记还需要提交:一是全体合伙人签署的符合外商投资产业政策的说明。二是与外国合伙人有业务往来的金融机构出具的资信证明。三是外国合伙人与境内法律文件送达接受人签署的《法律文件送达授权委托书》。四是如果法律、行政法规或者国务院规定设立外商投资合伙企业须经批准的,还应当提交有关批准文件。五是外国合伙人的主体资格证明或者自然人身份证明和境外住所证明应当经其所在国家主管机构公证认证并经我国驻该国使(领)馆认证。香港特别行政区、澳门特别行政区和台湾地区合伙人的主体资格证明或者自然人身份证明和境外住所证明应当依照现行相关规定办理。六是《法律文件送达授权委托书》应当明确授权境内被授权人代为接受法律文件送达,并载明被授权人姓名或者名称、地址及联系方式。被授权人可以是外国合伙人在中国境内设立的企业、拟设立的外商投资合伙企业(被授权人为拟设立的外商投资合伙企业的,外商投资合伙企业设立后委托生效)或者境内其他有关单位或者个人。可见,设立合伙企业涉外登记所需要提交的申请材料较内资合伙企业要多很多。

在变更登记方面,涉外合伙企业的特殊要求有:一是有关变更申请文书的签名应当经过中国法定公证机构的公证。二是外商投资合伙企业变更主要经营场所在原企业登记部门辖区外的,应当向迁入地企业登记部门申请办理变更登记;迁入地企业登记部门受理的,由原企业登记部门将企业登记档案移送迁入地企业登记部门。三是新任执行事务合伙人是外国企业、中国法人或者其他组织的,还应当提交其委派代表的委托书和自然人身份证明。执行事务合伙人委派代表变更的,应当提交继任代表的委托书和自然人身份证明。四是外商投资合伙企业变更经营范围的,应当提交符合外商投资产业政策的说明。变更后的经营范围有属于法律、行政法规或者国务院规定在登记前须经批准的行业的,合伙企业应当自有关部门批准之日起三十日内,向原企业登记部门申请变更登记。外商投资合伙企业的经营范围中属于法律、行政法规或者国务院规定须经批准的项目被吊销、撤销许可证或者其他批准文件,或者许可证、其他批准文件有效期届满的,合伙企业应当自吊销、撤销许可证、其他批准文件或者许可证、其他批准文件有效期届满之日起三十日内,向原企业登记部门申请变更登记或者注销登记。五是外国合伙人的姓名(名称)、国家(地区)或者境外住所变更证明文件应当经其所在国家主管机构公证认证并经我国驻该国使(领)馆认证。香港特别行政区、澳门特别行政区和台湾地区合伙人的姓名(名称)、地区或者境外住所变更证明文件应当依照现行相关规定办理。六是合伙人增加或者减少对外商投资合伙企业出资的,应当向原企业登记部门提交全体合伙人签署的或者合伙协议约定的人员签署的对该合伙人认缴或者实际缴付出资的确认书。七是外商投资合伙企业的外国合伙人全部退伙,该合伙企业继续存续的,应当依照《合伙企业登记管理办法》规定的程序申请变更登记。八是合伙协议修改未涉及登记事项的,外商投资合伙企业应当将修改后的合伙协议或者修改合伙协议的决议送原企业登记部门备案。九是外国合伙人变更境内法律文件送达接收人的,应当重新签署《法律文件送达授权委托书》,并向原企业登记部门备案。可见,涉外合伙企业的变更登记有很多特殊要求。

在注销登记方面,涉外合伙企业只有清算报告中应当载明已经办理完结税务、海关纳税手续的说明这一项特殊要求。

7. 违反登记规定的责任承担

违反《合伙企业法》《合伙企业登记管理办法》等有关登记规定的,将要承担一定的责任,具体包括以下内容:一是责令改正,对提交虚假文件或者采取其他欺骗手段并取得合伙企业登记、未领取营业执照而以合伙企业或者合伙企业分支机构名义从事合伙业务、合伙企业登记事项发生变更而未办理变更登记、对合伙型私募基金未进行业务登记与备案等情形,可责令改正或者责令限期改正。二是撤销登记,对虚假文件或者采取其他欺骗手段并取得合伙企业登记,情节严重的,可撤销企业登记。三是罚款,对责令改正和撤销登记所适用的情形,可同时或者在一定条件下给予罚款处罚,情形不同,罚款幅度范围不同,且金额大小有很大差别,最低者为2000元,最高者达20万元。四是外商合伙企业登记特有的责任,除了前述责任情形外,外商合伙企业未经登记从事限制类项目的,由企业登记部门和其他主管机关依照《无照经营查处取缔办法》规定处罚。法律、行政法规或者国务院另有规定的,从其规定。五是其他责任,包括刑事责任、监管谈话、出具警示函、公开谴责,比如私募基金管理人、私募基金托管人、私募基金销售机构及其他私募服务机构及其从业人员合伙型私募登记过程中构成犯罪的,将会被追究刑事责任。六是责任承担者,既有合伙企业本身,也有执行合伙事务的合伙人,还有私募基金管理人、私募基金托管人、私募基金销售机构及其他私募服务机构及其从业人员。从这些内容可以看出,违反登记规定的责任承担很严也很重,创业者及创业伙伴一定要按照规定办理登记手续,以免承担责任。

风险规避

1. 个人合伙应当慎重起字号

虽然个人合伙可以起字号,但是必须办理核准登记手续。现在起字号的个人合伙要按合伙企业要求进行登记,个人合伙若起字号后未办理登记手续的,有可能会被认为属于"未领取营业执照而以合伙企业名义从事合伙业务",引发责任承担。同时,合伙企业登记需要提供至少六项申请材料,材料较多,也较为严格,合伙事项发生变化后还需要办理变更登记手续,否则,将会受到处罚。因此,除非确有必要,比如存在有限合伙,建议个人合伙应当慎重起字号,以免引来麻烦或者承担责任。

2. 未领取营业执照不得经营

实务中,一些创业者及创业伙伴由于性子较急或者其他原因,合伙企业或者分支机构的登记手续正在办理中,尚未领取到营业执照,便以合伙企业、合伙企业分支机构对外经营,从事合伙业务,其结果往往是没挣到钱或者只挣了一点,但却招来了5000元以上5万元以下的罚款,得不偿失。个人合伙的字号正在核准中,也不得经营。创业者及创业伙伴一定要有耐心,沉得住气,依法经营。当然,无字号的个人合伙不存在此情形。

3. 谨防未作变更登记铸大错

一些合伙企业的登记事项发生变化后,未及时到登记部门办理变更登记手续,其结果往往是招来登记部门的处罚。甚至执行事务合伙人(含合伙单位委派代表执行合伙事务的情形,下同)变更后很长时间也未到登记部门办理变更登记手续,使合伙企业面临极大风险。执行事务合伙人属于法定登记事项之一,若未办理变更登记手续,已被解除委托的执行事务合伙人从登记公示的角度来说,仍为合伙企业的执行事务合伙人,其签字仍能代表合伙企业。因此,合伙企业的登记事项发生变化后,特别是执行事务合伙人或者分支机构负责人发生变化后,创业者及其创业伙伴切不可粗心大意,要及时办理变更登记手续,以免铸成大错,给合伙企业带来损失。

第二章　合伙权利与风险控制

合伙权利是指合伙人基于出资而对合伙享有的各项权利。合伙人出资的目的就是享有对合伙的各项权利并实现其利益。合伙权利包括财产权、决策权、知情权、追偿权、监督权、诉讼权和执行权，它是合伙制度的重要内容。为避免内容重复，执行权将安排在第四章"合伙执行与风险控制"中进行阐述。学习合伙权利有关内容有助于合伙人了解自己享有的权利和正确行使这些权利，有效维护自身合法权益。

一、财产权

关键内容

财产权包括财产共有权、利润分配权、份额转让权、优先购买权等九项权利，是合伙权利的最重要部分，是行使其他权利的基础或者前提。

1. 财产共有权

所谓共有，是指两个或者两个以上的人（单位）对同一财产享有所有权。它又分为共同共有和按份共有两种类型：前者是指共有人对财产享有平等的所有权，按照《民法通则》第 78 条、《物权法》第 97

条的规定,处分共有财产需要全体共有人同意或者依照约定处理;后者指共有按照各自份额对财产享有所有权,按照《民法通则》第 78 条、《物权法》第 101 条的规定,按份共有人可以自行转让所享有的财产份额,无须其他按份共有人同意。另外还有准共同共有的特殊类型,它是指两个或者两个以上的人(单位)共同享有所有权以外的财产权的共有,处分该财产也需要全体共有人同意或者依照约定处理。

《民法通则》第 32 条规定,合伙人投入的财产,由合伙人统一管理和使用,合伙经营积累的财产,归合伙人共有。该条将合伙经营积累的财产界定为共有,但未明确属于哪种类型的共有,而对合伙人出资所形成财产的性质及其类型均未作界定。《合伙企业法》第 20 条规定,合伙人的出资、以合伙企业名义取得的收益和依法取得的其他财产,均为合伙企业的财产。该条只是明确了合伙财产的范围,但对其中的合伙人出资所形成财产和合伙经营积累财产的性质及其类型均未作出界定。不过,从《合伙企业法》第 21 条"合伙人在合伙企业清算前,不得请求分割合伙企业的财产;但是,本法另有规定的除外。合伙人在合伙企业清算前私自转移或者处分合伙企业财产的,合伙企业不得以此对抗善意第三人"、第 22 条"除合伙协议另有约定外,合伙人向合伙人以外的人转让其在合伙企业中的全部或者部分财产份额时,须经其他合伙人一致同意"和第 31 条"除合伙协议另有约定外,合伙企业的下列事项应当经全体合伙人一致同意:……(三)处分合伙企业的不动产;(四)转让或者处分合伙企业的知识产权和其他财产权利"的规定来看,《合伙企业法》将合伙企业的财产认定为共有财产。

然而,依照《民法通则》第 30 条、《合伙企业法》第 16 条的规定,无论个人合伙还是合伙企业,均可以用货币、实物、劳务、知识产权、土地使用权或者其他财产权利出资,可用以出资的种类较为复杂多样,既有所有权,又有用益物权,还有劳务及其他种类的财产权利。同时,合伙财产不仅包括合伙人出资,而且还包括以合伙名义取得的收益和依法取得的其他财产。因此,很难简单地对合伙财产的性质及其类型作出界定。依据有关法律规定并结合司法实践,合伙财产一般应由各伙人共同共有或者准共同共有。具体情形如下:

一是合伙人所出资的劳务(含技术性劳务)与其人身不可分离,属于个人所有,不能成为合伙财产,但劳务(含技术性劳务)所得收益属于合伙经营积累,应为各合伙人共同共有。

二是合伙人以货币、实物等财产所有权出资,并将产权转移到合伙企业名下的，应为各合伙人共同共有。实务中，除了货币，需要办理产权转移登记手续的其他出资财产，是无法转移登记到无字号的个人合伙名下，因而实际上只能是这些财产的使用权出资。

三是合伙人以用益物权、知识产权的使用权及其他财产权利出资的，该出资应为各合伙人准共同共有。实务中，以需要办理产权转移登记手续的其他财产权利出资的，这些财产权利无法转移登记到无字号的个人合伙名下，因而实际上只能是这些权利的使用权出资。

四是合伙积累的财产为各合伙人共同共有或者准共同共有。

综上所述，除劳务（含技术性劳务）外，合伙人的其他出资、以合伙企业名义取得的收益和依法取得的其他财产均为全体合伙人共同共有或者准共同共有，并相对独立于每个合伙人。合伙经营过程中，创业者及其创业伙伴一定要按照合伙协议约定或者法律规定处分合伙财产，否则，将要承担相应责任。

另外，需要指出，合伙人未缴付的出资，包括因未到缴付期限而未缴付的出资和已到缴付期限应缴而未缴的出资，均不属于财产共有范畴，因为该出资的权利未转移给合伙。

2. 利润分配权

所谓利润分配权，是指合伙人依法享有从合伙中分取（取得）利润的权利，是合伙人财产权利的重要组成部分，也是各合伙人最为关心的事项之一，因为合伙人出资的最终目的往往就是取得利润。私募基金的利润分配方式往往为分红（取得现金或者派发基金）。利润是合伙经营所取得的收益，属于合伙经营积累财产的组成部分，应当允许合伙人进行分配，但未分配前的利润由全体合伙人共有，合伙解散或者退伙时未分配的利润按财产分割的有规定处理。

按照《民法通则》及司法解释的有关规定，个人合伙的盈余分配是合伙协议约定内容之一。个人合伙应当按照约定的盈余分配比例进行利润分配，若没有约定或者约定不明的，可参照民法通则司法解释第 55 条的规定，由合伙人协商决定；协商不成的，如果合伙人实缴出资额相等的，应当考虑多数人意见酌情处理；如果合伙人实缴出资额不等的，可以按实缴出资额占全部实缴出资额比例多的合伙人的意见处理，但要保护其他合伙人的利益。虽然法律没有明确规定，但是依照公平原则，个人合伙不能约定将全部利润分配给部分合伙人。

《合伙企业法》第33条第1款规定,合伙企业的利润分配,按照合伙协议的约定办理;合伙协议未约定或者约定不明确的,由合伙人协商决定;协商不成的,由合伙人按照实缴出资比例分配;无法确定出资比例的,由合伙人平均分配。该条第2款还规定,合伙协议不得约定将全部利润分配给部分合伙人。《合伙企业法》第69条规定,有限合伙企业不得将全部利润分配给部分合伙人;但是合伙协议另有约定的除外。由这些规定可以看出,合伙企业利润分配原则与个人合伙利润分配原则基本一致,由合伙协议对利润分配加以规定并执行;若没有约定或者约定不明的,由合伙人协商决定;协商不成的,按照实缴出资比例分配;无法确定实缴出资比例的,由合伙人平均分配;合伙协议不得约定将全部利润分配给部分合伙人,但有限合伙企业可约定将全部利润分配给部分合伙人。实务中,有限合伙企业多是将全部或者大部分利润在特定期间(阶段性)分配给部分或者个别有限合伙人,以增加吸引有限合伙人前来投资的"筹码"。

综上,无论个人合伙还是合伙企业,由合伙协议约定利润分配(比例)是通用规则,换言之,利润分配可以不根据出资比例进行。至于该约定是在合伙设立时作出,还是合伙经营过程中经修改或者增加而作出,均在所不问。而利润分配是用货币还是实物来支(给)付,尚无明确法律规定。笔者认为,可由合伙人在合伙协议中约定或者由全体合伙人决定。同时,由民法通则司法解释、《合伙企业法》有关"实缴出资比例"的规定可知,合伙人对未缴付的出资(包括因未到缴付期限而未缴付的出资和已到缴付期限应缴而未缴的出资)不享有利润分配权,但合伙人另有约定的除外。

3. 份额转让权

份额转让权是合伙人的一项重要财产权,它既可以确保合伙财产不减少,又可以实现合伙人提前取回财产的需求。份额转让权的前提是享有财产份额。所谓财产份额,法律未作定义,实践中通常指合伙人依照出资数额或者协议约定的分配比例按份享有合伙财产的利益和分担合伙亏损的份额。合伙财产不仅包括货币、债权等正向的财产,而且还包括合伙债务等负向的财产,因而合伙财产份额中已扣除了合伙债务。财产份额代表了合伙人的身份,是一种抽象的权利或者比重,只有在分配利润、退伙、解散时才能表现为具体权利,所以合伙人平时无权要求将财产份额兑现为具体物质或者权利。同时还要指出,出资数额是指合伙人实际出资数额,不包括合伙人因未到缴付期限而未缴付的出资和已到缴付期限应缴而未缴的出资。

份额转让权包括对内份额转让权和对外份额转让权:前者是指合伙人之间转让全部或者部分合伙财产份额;后者是指合伙人向合伙人以外的人转让全部或者部分合伙财产份额。合伙人全部转让合伙财产份额的,会自动失去合伙人资格。合伙企业或者全体合伙人转让合伙财产,不属于份额转让权范畴,而属于财产共有权范畴。

在对内份额转让方面,《合伙企业法》第 22 条第 2 款规定,合伙人之间转让在合伙企业中的全部或者部分财产份额时,应当通知其他合伙人。《合伙企业法》对有限合伙企业的对内份额转让权没有规定。按照《合伙企业法》第 60 条"有限合伙企业及其合伙人适用本章规定;本章未作规定的,适用本法第二章第一节至第五节关于普通合伙企业及其合伙人的规定"的规定,应当依据《合伙企业法》第 22 条第 2 款的规定处理,亦即应当通知其他合伙人。可见,无论何种类别合伙人,对内份额转让并无差别,但《合伙企业法》没有规定何时通知、如何通知及未通知有何后果,可通过合伙协议予以明确。

在对外份额转让方面,《合伙企业法》第 22 条第 1 款规定,除合伙协议另有约定外,合伙人向合伙人以外的人转让其在合伙企业中的全部或者部分财产份额时,须经其他合伙人一致同意。《合伙企业法》第 73 条规定,有限合伙人可以按照合伙协议的约定向合伙人以外的人转让其在有限合伙企业中的财产份额,但应当提前三十日通知其他合伙人。之所以对外份额转让权要有所限制,是因为合伙人之间具有较强的人合关系,通知或者征得同意的目的是让其他合伙人考虑是否行使优先购买权,以便考虑是否要确保原有人合关系保持不变。普通合伙人对外转让全部或者部分财产份额,若合伙协议另有约定的,只按约定执行即可,无须征得其他合伙人的一致同意;若合伙协议没有约定或者约定不明,则需要征得其他合伙人的一致同意。而有限合伙人对外转让全部或者部分财产份额,若合伙协议有约定的,只按约定执行即可,但需提前三十日通知其他合伙人;若合伙协议没有约定或者约定不明,按照《合伙企业法》第 60 条的规定,应当依据《合伙企业法》第 22 条第 1 款的规定处理,亦即仍需要征得其他合伙人的一致同意。由此可见,有限合伙人与普通合伙人在对外转让全部或者部分财产份额上没有实质差别。不过,《合伙企业法》对按合伙协议约定对外转让全部或者部分财产份额,仅规定有限合伙人须提前三十日通知其他合伙人,而没有规定普通合伙人须通知其他合伙人,似有不妥,因为这不利于其他合伙人及时知悉转让情况,进而影响其他合伙人行使优先购买权。

依据《私募投资基金监督管理暂行办法》第 11 条第 2 款“投资者转让基金份额的,受让人应当为合格投资者且基金份额受让后投资者人数应当符合前款规定”的规定,基金持有人也是可以转让所持有的合伙型私募基金。虽然该条未区分对内份额转让还是对外份额转让,但是按照“法无禁止即可为”的原则,基金持有人既可向其他基金持有人转让,也可向未持有基金的合格投资者转让。基金赎回是一种特殊的份额转让。

对个人合伙的财产份额转让权,虽然《民法通则》及其司法解释没有作出规定,但是个人合伙在性质上与合伙企业并无差别。所以仍可由合伙人作出约定,如未约定或者约定不明的,可参照《合伙企业法》第 22 条的规定加以处理。当然,最好通过合伙协议加以明确约定。对于本章中的其他权利,个人合伙的合伙人均可按此理享有,为避免显得啰嗦,本章后面部分不再重复讨论,但若其他权利有特殊性的,会就特殊性另作说明。

另外,2019 年 5 月 24 日,国务院国资委在其网站互动交流栏目中,明确答复国有企业转让有限合伙企业财产份额不适用《企业国有资产交易监督管理办法》(国资委、财政部令第 32 号)的规定,有关国有企业转让有限合伙企业财产份额的监督管理另行规定。不过,这个答复仅具有参考意义,因不是法律文件而不具有法律效力,创业者及其创业伙伴应当以各地具体执行要求为准。

创业者及其创业伙伴要根据各自情况和合伙经营需要,在合伙协议中对合伙人对外份额转让权及其相关要求作出明确约定。不过,基于维护合伙人之间的人合关系考虑,即使在合伙协议中对对外份额转让权作出约定,也要对合伙人转让行为的随意性进行必要限制。

4. 优先购买权

优先购买权仅是针对对外份额转让权而言,是指合伙人对外转让财产份额时,其他合伙人依照法律规定或者依照合伙协议约定所享有的优先购买的权利。合伙人不对外转让财产份额,便就不会引发其他合伙人的优先购买权问题。优先购买权为了保护合伙人之间的人合关系不被破坏而设立,有利于其他合伙人对是否需要新的合伙人作出选择。《合伙企业法》第 23 条规定,合伙人向合伙人以外的人转让其在合伙企业中的财产份额的,在同等条件下,其他合伙人有优先购买权;但是合伙协议另有约定的除外。该条遵循了约定优先的原则。《合伙企业法》没有明确规定有限合伙人对外转让财产份额时其他合伙人能否优先购买,但按照《合伙企业法》第 60 条及第 74 条第 2 款"人民法院强制执行有限合伙人的财产份额时,应当通知全体合伙人,在同等条件下,其他合伙人有优先购买权"的规定,其他合伙人也享有优先购买权。对于其他合伙人既不同意合伙人对外转让财产份额,又不购买该财产份额,如何处理,《合伙企业法》未作出明确规定。不过,合伙协议有约定的,可依约定处理;在合伙协议没有约定或者约定不明的,可参照《合伙企业法》第 42 条第 2 款"人民法院强制执行合伙人的财产份额时,应当通知全体合伙人,其他合伙人有优先购买权;其他合伙人未购买,又不同意将该财产份额转让给他人的,依照本法第五十一条的规定为该合伙人办理退伙结算,或者办理削减该合伙人相应财产份额的结算"的规定,按照退伙或者减资处理。

创业者及其创业伙伴要根据各自情况和合伙经营需要,在合伙协议中对合伙人是否享有优先购买权及其要求作出明确约定,尤其要对其他合伙人既不同意合伙人向合伙人以外的人转让财产份额,又不购买该财产份额的情形,要参照《合伙企业法》第 42 条第 2 款的规定作出明确约定。

5. 份额出质权

份额出质权是指合伙人以其在合伙中所享有的财产份额作为质押物,为自己或者他人债务提供质押担保的情形。合伙企业或者全体合伙人以合伙财产(权利)作为抵押物(质押物),为合伙债务提供抵(质)押担保,不属于份额出质权范畴,而是属于财产共有权范畴。《合伙企业法》第 25 条规定,合伙人以其在合伙企业中的财产份额出质的,须经其他合伙人一致同意;未经其他合伙人一致同意,其行为无效,由此给善意第三人造成损失的,由行为人依法承担赔偿责任。依该条规定,普通合伙人以其在普通合伙企业中的财产份额出质的,必须经其他合伙人一致同意。《合伙企业法》第 72 条规定,有限合伙人可以将其在有限合伙企业中的财产份额出质;但是,合伙协议另有约定的除外。依该条规定,有限合伙人以其在有限合伙企业中的财产份额出质,若合伙协议另有约定,则按约定执行,若没有约定或者约定不明,则可直接出质,无须经其他合伙人同意。同时,既然"在合伙企业中的财产份额出质”,那么自然就不包括未缴付的出资,包括因未到缴付期限而未缴付的出资和已到缴付期限应缴而未缴的出资。建议创业者及其创业伙伴在有限合伙企业中通过尽可能“除外”约定对有限合伙人财产份额出质权作出必要限制,以防范有限合伙人通过行使份额出质权变相转让财产份额。结合《合伙企业法》第72条的规定可推断出,不允许合伙协议对普通合伙人的财产份额出质作出“除外”约定。

对个人合伙的合伙人财产份额出质权,虽然《民法通则》及其司法解释未作规定,但是无字号的个人合伙并无外在形式来反映合伙人财产份额,所以用其出质将难以操作;而有字号的个人合伙已按合伙企业要求进行登记,所以要按照《合伙企业法》的规定加以处理,最好还是通过合伙协议加以明确约定。

6. 报酬获得权

所谓报酬获得权,是指执行合伙事务的合伙人从合伙中获取报酬的权利。按照《合伙企业法》第67条规定,有限合伙企业由普通合伙人执行合伙事务;执行事务合伙人可以要求在合伙协议中确定执行事务的报酬及报酬提取方式。该条仅是有限合伙企业执行合伙事务的合伙人报酬获得权的规定,但具体标准等需要在合伙协议中作出约定。依该条规定,似乎报酬获得权仅是有限合伙企业执行合伙事务的普通合伙人专享的权利,对于普通合伙企业执行合伙事务的合伙人是否享有报酬获得权,《合伙企业法》未作规定。不过,笔者认为,对普通合伙企业执行合伙事务的合伙人给予一定报酬,并不违背公平原则,应当允许合伙人在合伙协议中对此作出约定,这也符合实务中的普遍做法。但报酬应当合理,否则,可能会被认定为变相约定固定收益,从而导致该约定无效。

综上,不论个人合伙还是合伙企业,也不论普通合伙企业还是有限合伙企业,执行合伙事务的合伙人的报酬均需要在合伙协议中作出约定。因此,创业者及其创业伙伴要根据实际需要,事先在合伙协议中对报酬获得权作出明确约定,以便日后操作与处理。

7. 财产分割权

财产分割权包括剩余财产分割权和退伙财产分割权,前者是指在合伙清算有剩余财产的情况下,合伙人享有按照出资比例或者协议约定分配剩余财产的权利;后者是指退伙人享有的要求分割与其财产份额相适应的剩余财产的权利。因此,财产分割权仅在合伙解散或者合伙人退伙时才能行使,且必须有剩余财产,即合伙财产减去合伙债务后的财产部分。

《合伙企业法》第21条规定,合伙人在合伙企业清算前,不得请求分割合伙企业的财产;但是本法另有规定的除外。该条款目的是保持合伙财产的稳定性。《合伙企业法》第51条规定,合伙人退伙,其他合伙人应当与该退伙人按照退伙时的合伙企业财产状况进行结算,退还退伙人的财产份额;退伙时有未了结的合伙企业事务的,待该事务了结后进行结算。《合伙企业法》第52条规定,退伙人在合伙企业中财产份额的退还办法,由合伙协议约定或者由全体合伙人决定,可以退还货币,也可以退还实物。《合伙企业法》第54条规定:"合伙人退伙时,合伙企业财产少于合伙企业债务的,退伙人应当依照本法第三十三条第一款的规定分担亏损。"这些便是合伙企业的退伙财产分割权的规定,特别是《合伙企业法》第54条更明确了退伙财产分割权的前提必须是有剩余财产。还有一种特殊的退伙财产分割状况,即有下列情形之一的,合伙企业应当向合伙人的继承人退还被继承合伙人的财产份额:(1)继承人不愿意成为合伙人;(2)法律规定或者合伙协议约定合伙人必须具有相关资格,而该继承人未取得该资格;(3)合伙协议约定不能成为合伙人的其他情形;(4)普通合伙人的继承人为无民事行为能力人或者限制民事行为能力人,而全体合伙人未能一致同意其成为有限合伙人。至于财产分割办法,则有约定依约定,无约定则由全体合伙人决定。民法通则司法解释第54条对个人合伙的退伙财产分割权也作出了规定,明确退伙时分割的合伙财产包括合伙时投入的财产和合伙期间积累的财产及合伙期间的债权。

《合伙企业法》第89条规定:"合伙企业财产在支付清算费用和职工工资、社会保险费用、法定补偿金以及缴纳所欠税款、清偿债务后的剩余财产,依照本法第三十三条第一款的规定进行分配。"《合伙企业法》第33条第1款规定,合伙企业的利润分配、亏损分担,按照合伙协议的约定办理;合伙协议未约定或者约定不明确的,由合伙人协商决定;协商不成的,由合伙人按照实缴出资比例分配、分担;无法确定出资比例的,由合伙人平均分配、分担。这便是合伙企业的剩余财产分割权的规定。民法通则司法解释第55条规定,个人合伙终止时,对合伙财产的处理,有书面协议的,按协议处理;没有书面协议的,由合伙人协商决定,协商不成的,如果合伙人实缴出资额相等的,应当考虑多数人意见酌情处理;如果合伙人实缴出资额不等的,可以按实缴出资额占全部实缴出资额比例多的合伙人的意见处理,但要保护其他合伙人的利益。这便是个人合伙的剩余财产分割权的规定。可见,合伙企业与个人合伙在剩余财产分割权上内容是基本相同的。

只有民法通则司法解释第54条对退伙财产分割的部分情形的具体办法作出了明确规定,该条要求入伙的原物退伙时原则上应予退还,一次性清退有困难的,可以分批分期清退;退还原物确有困难的,可以折价处理。而《合伙企业法》第52条则把退伙财产分割的具体办法交给了合伙人,由合伙人在合伙协议中约定或者由全体合伙人决定。对于合伙经营积累财产在退伙时的具体分割办法和剩余财产的分割办法,尚无明确法律规定。不过,既然允许合伙企业的合伙人对退伙财产分割的具体办法在合伙协议中约定或者由全体合伙人决定,就应当允许合伙人对所有合伙类型、合伙类别的退伙财产分割和剩余财产分割的具体办法在合伙协议中约定或者由全体合伙人决定。当然,在具体约定或者决定时,可参照民法通则司法解释第54条的规定,原则将入伙时的原物分割给出资其的合伙人。

在此需要指出,合伙人分割财产后仍要对退伙或者注销前的合伙债务承担责任,具体责任范围会因合伙人类别不同而有所不同,即普通合伙人承担无限连带责任,有限合伙人承担有限责任,有关内容将在第三章“合伙责任与风险控制”中予以讨论。

8. 份额继受权

份额继受权包括份额继承权和分额承受权,前者是指作为合伙人的自然人死亡、被依法宣告死亡时,其继承人对被继承人在合伙中的财产份额所享有的继承权;后者是指作为合伙人的法人及其他组织(以下统称单位)终止时,其权利承受人对原单位在合伙中的财产份额所享有的承受权。份额继受权是财产共有权的延伸,它并不为合伙人享有,而是由其继承人或者权利承受人所享有。继承如果承受了财产份额,也就取得了合伙人资格,若其他合伙人不同意的,则按财产分割权的有关要求向继承人或者权利承受人退还财产份额。合伙人所拥有的财产份额是其合法财产权利,自然人合伙人死亡或者被依法宣告死亡后由其继承人依法继承,本应由《继承法》调整或者管理,但合伙有很强的人合属性,合伙人继承人与其他合伙人之间能否达成人合,不是《继承法》所能调整或者管理的,所以《合伙企业法》对此作出了规定。单位份额承受权亦有相同原理。设立份额继承权尤其是份额承受权，一方面要保障继承人的继承权或者权利承受人的承受权，另一方面要尽可能确保合伙财产的稳定性，同时还要兼顾合伙的人合属性，给予其他合伙人、继承人和权利承受人的选择权。

《合伙企业法》第50条规定，合伙人死亡或者被依法宣告死亡的，对该合伙人在合伙企业中的财产份额享有合法继承权的继承人，按照合伙协议的约定或者经全体合伙人一致同意，从继承开始之日起，取得该合伙企业的合伙人资格。但继承人不愿意成为合伙人；法律规定或者合伙协议约定合伙人必须具有相关资格，而该继承人未取得该资格；合伙协议约定不能成为合伙人的其他情形；以及普通合伙人的继承人为无民事行为能力人或者限制民事行为能力人而全体合伙人未能一致同意其成为有限合伙人的除外。可见，无论继承人是否有民事行为能力，均可以成为合伙企业的合伙人。不过，合伙人最好能事先作出约定（虽然听起来有些晦气，但是没有人能确保不发生意外，还是事先作出安排好，以免届时其他合伙人有人不同意而无法让继承人成为合伙人）。但对单位合伙人终止时其权利承受人能否承受其在合伙企业中的财产份额，《合伙企业法》未作出规定。笔者认为，应当允许权利承受人和其他合伙人参照《合伙企业法》第80条的规定予以处理。

《合伙企业法》第80条规定，作为有限合伙人的自然人死亡、被依法宣告死亡或者作为有限合伙人的法人及其他组织终止时，其继承人或者权利承受人可以依法取得该有限合伙人在有限合伙企业中的资格。该条既规定了自然人有限合伙人的份额继承权，又规定了单位有限合伙人的份额承受权，较之普通合伙人的份额继受权要全面详细。

另外，既然是被继承的合伙人"在合伙企业中的财产份额"，那么就自然不包括被继承的合伙人未缴付的出资（包括因未到缴付期限而未缴付的出资和已到缴付期限应缴而未缴的出资）。

9. 清偿顺位权

清偿顺位包括合伙债务清偿顺位和与合伙无关债务清偿顺位，前者是指普通合伙人用自身财产清偿合伙债务的顺位，后者是指合伙人用合伙中的财产份额清偿与合伙无关债务的顺位，因此而享有的权利就是清偿顺位权。虽然普通合伙人对合伙债务承担连带清偿责任，但是按照《合伙企业法》第38条"合伙企业对其债务，应先以其全部财产进行清偿"的规定，得先以合伙企业财产对合伙债务进行清偿,对合伙财产未清偿的合伙债务,才能要求普通合伙人用自身财产连带清偿。这便是合伙债务清偿顺位的规定。之所以要作此规定,是为了避免先用合伙人自身财产清偿合伙债务可能带来的追偿等其他法律问题,尽可能使法律关系或者问题简单化。如果合伙企业财产不易处置或者未能成功处置,能否要求普通合伙人用自身财产连带清偿合伙债务,尚无明确法律规定。笔者认为,《合伙企业法》第38条只是规定用"全部财产进行清偿",而并非是用全部财产处置变现后进行清偿,更何况"以物抵债"也是清偿的一种方式,所以当合伙企业财产不易处置或者未能成功处置时,也不能要求普通合伙人用自身财产连带清偿合伙债务。

《合伙企业法》第42条第1款规定,合伙人的自有财产不足清偿其与合伙企业无关的债务的,该合伙人可以以其从合伙企业中分取的收益用于清偿;债权人也可以依法请求人民法院强制执行该合伙人在合伙企业中的财产份额用于清偿。《合伙企业法》第74条第1款规定,有限合伙人的自有财产不足清偿其与合伙企业无关的债务的,该合伙人可以以其从有限合伙企业中分取的收益用于清偿;债权人也可以依法请求人民法院强制执行该合伙人在有限合伙企业中的财产份额用于清偿。依据这两条规定,无论普通合伙人还是有限合伙人,均不能先用合伙中的收益或者财产份额清偿与合伙企业无关的债务,只有其自有财产不足以清偿时,方可从合伙企业中分取其收益或者以其财产份额用于清偿。这便是与合伙无关债务清偿顺位的规定。之所以要作此规定,是为了确保合伙及合伙财产的稳定性,避免合伙人财产份额变化可能带来的退伙、减资或者追偿等其他法律问题,尽可能使法律关系或者问题简单化。跟合伙企业财产不易处置变现或者未能处置变现时的理由相同,当合伙人财产不易处置变现或者未能处置变现时,不能要求用合伙财产清偿与合伙无关的债务。

个人合伙与合伙企业的"合伙"之基本原理是一致的,所以个人合伙的合伙人也应当享有顺位清偿权。

风险规避

1. 不得约定固定收益

实务中,一些创业者为了吸引创业伙伴参与合伙,会给部分或者全部创业伙伴提供“固定收益”,即合伙协议规定无论合伙是否有盈利,均会给部分或者全部创业伙伴提供一定数额的收益。该固定收益可能是一次性给付(在“出资”时先行给付,或在到期后给付),也可能是分次给付。而有些创业者则会给部分或者全部创业伙伴提供“保底条款”,即合伙协议规定部分或者全部创业伙伴出资后,有利润时按比例分得利润,亏损时不承担亏损,保证到时收回出资的条款。这属于变相的固定收益。不论提供给有限合伙人还是提供给普通合伙人,这两种固定收益均违背了合伙“共享盈利、共负亏损、共担风险”的要求和权利义务平等原则,在法律上是无效的,将不会获得法院支持,甚至还有可能会被法院认定为“名为投资、实为借贷”,最终让合伙目的及出资目的落空,需要创业者及其创业伙伴予以关注并事先加以防范。《私募投资基金监督管理暂行办法》第15条就明确规定,私募基金管理人、私募基金销售机构不得向投资者承诺投资本金不受损失或者承诺最低收益。若所有创业者及其创业伙伴均有固定收益且相同出资额度内的收益均等,是否可行,值得思考。不过,在有限合伙企业中,有限合伙人仅以认缴的出资额为限对合伙债务承担责任,若给其提供固定收益,则等于是让其收回部分或者全部出资而不用在收回范围内承担风险,肯定违背合伙“共享盈利、共负亏损、共担风险”的要求。而在个人合伙和普通合伙企业中,合伙人要对合伙企业债务承担连带责任,提供固定收益且相同出资额度内的收益均等,虽既不会影响合伙人的责任承担,也不会违背权利义务平等原则,但将涉嫌在合伙企业清算前变相分割合伙财产,不符合《合伙企业法》第21条等的规定。因此,所有创业者及其创业伙伴均有固定收益且相同出资额度内的收益均等也不应当允许。当然,不能将固定收益与报酬相混淆,前者是因“出资”而获得,后者是因“劳动”而获得,二者有本质区别。

2. 事先协商分配比例

无论个人合伙还是合伙企业,法律均允许合伙人不按出资比例分配利润,而可通过合伙协议协商确定利润分配比例。同时,有限合伙企业可约定将全部或者大部分利润分配给部分或者个别合伙人。创业者及其创业伙伴要根据合伙类别、自身情况、对合伙的贡献大小、是创业之初还是成熟阶段等因素,事先协商确定利润分配比例以及全部或者大部分利润是否分配部分或者个别合伙人,力争为自己赢得最有利的利润分配比例。当然,自己利润分配比例的最大化就意味着其他合伙人利润分配比例的变小,全部或者大部分利润分配给部分或者个别合伙人就意味着剩余合伙人不能或者少获得利润。因而利润分配比例协商的过程往往就是博弈的过程,创业者及其创业伙伴需要有博弈的心理准备,并提前掌握一定的博弈技巧。由于法律不允许个人合伙、普通合伙企业将全部利润分配给部分合伙人,所以创业者及其创业伙伴不能只给部分合伙人规定利润分配比例,但可以给部分或者个别合伙人的利润分配比例大一些。而有限合伙企业可充分协商与博弈,并通过合伙协议约定,将全部或者大部分利润分配给部分或者个别合伙人。至于利润分配是用货币还是实物来支(给)付,虽尚无明确法律规定,但可由合伙人在合伙协议中约定或者由全体合伙人决定,当然最好事先在合伙协议中能加以规定。另外,利润分配与报酬虽是两个不同概念,但若在利润分配比例中已考虑了"劳动"因素,就不能再给予报酬。最典型的就是以劳务出资,利润分配本身就是针对劳务出资,所以就不能再给予报酬。

3. 谨防私自处置行为

《合伙企业法》第 21 条规定,合伙人在合伙企业清算前私自转移或者处分合伙企业财产的,合伙企业不得以此对抗善意第三人。该法第 37 条规定,合伙企业对合伙人执行合伙事务以及对外代表合伙企业权利的限制,不得对抗善意第三人。该法第 76 条规定,第三人有理由相信有限合伙人为普通合伙人并与其交易的,该有限合伙人对该笔交易承担与普通合伙人同样的责任。这三条是有关私自处置财产行为的规定,表明财产共有的规定和合伙协议对执行事务合伙人处置财产的权利限制仅是合伙人内部规定,只能约束合伙人,无法对外约束(对抗)善意第三人。而善意实际上就是不知道,往往只是内心反映,很难会有证据能够证明第三人是非善意的。因此,事后要否定合伙人(执行事务合伙人)向第三人私自转移或者处分合伙企业财产是很难的,最好是做到事前约定和强化事中监督,谨防合伙人(执行事务合伙人)私自处置财产行为的发生。《民法通则》对个人合伙私自处置财产行为未作规定,但个人合伙与合伙企业并无本质区别,所以有关合伙企业处置财产行为的要求也适用于个人合伙。

4. 书面通知转让事项

无论是有限合伙人还是普通合伙人,对内份额转让权均需要通知其他合伙人，但《合伙企业法》没有规定何时通知、如何通知及未通知有何后果。因此，应当事先在合伙协议中对对内份额转让权的有关事项作出规定，并严格按照协议规定及时履行通知义务，建议通过书面方式进行通知，内容至少包括受让人、转让份额数、转让时间、转让价格，并留在其他合伙人签收的回执。由于普通合伙人及个人合伙对外份额转让需要其他合伙人一致同意，所以一般不需要通知，除非合伙协议另有规定，当然，若合伙协议约定对外份额转让的，别忘了约定须通知其他合伙人。《合伙企业法》仅规定有限合伙人按照合伙协议的约定对外转让财产份额时才需提前三十日通知其他合伙人，但对于如何通知并未作出规定。因此，应当按照法律规定或者合伙协议约定及时履行通知义务，建议通过书面方式进行通知，内容至少包括受让人、转让份额数、转让时间、转让价格，并留在其他合伙人签收的回执。

5. 协议约定优先购买

依照《合伙企业法》第 23 条的规定，合伙人对外转让财产份额，其他合伙人是否享有优先购买权，遵循约定优先原则，可由合伙协议作出约定。换言之，只有合伙人协商一致，才可在合伙协议中排除其他合伙人享有优先购买权。但该排除将不利于合伙人之间原有人合关系的保持不变。因此，建议在合伙协议中要明确约定其他合伙人就合伙人对外转让的财产份额享有优先购买权，对外转让财产份额的合伙人需要发出征求是否行使优先购买权的通知。同时在合伙协议中还要在征求是否行使优先购买权的通知中明确以下内容：一是可以将征求是否行使优先购买权的通知内容融入对外份额转让通知中，也可以单独发出征求是否行使优先购买权的通知；二是潜在的受让人是谁；三是拟转让的份额是多少；四是转让单价、总价是多少；五是转让总价的支付方式；六是转让总价的支付期限；七是限定其他合伙人答（回）复的时间及不答（回）复就视为放弃优先购买权；八是其他合伙人既未购买又不同意对外转让财产份额的，要为拟外转让财产份额的合伙人办理退伙结算，或者办理削减拟外转让财产份额的合伙人相应财产份额的结算；九是可通过当面、邮件、微信等方式向其他合伙人送达通知，在找不到其他合伙人的情况下，可通过报纸以公告方式送达通知。在通知中明确以上内容的目的是让其他合伙人考虑或者判断是否需要行使优先购买权。需要注意，征求是否行使优先购买权的通知要由对外转让财产份额的合伙人发出，要尽可能直接送达给其他合伙人,切勿由他人转交。因其他合伙人行使优先购买权,导致合伙不符合条件的,则应按合伙解散处理。导致合伙企业类别发生变化的,则应及时办理企业变更登记手续。另外,在合伙人与受让人之间的转让协议中也要明确约定,转让协议自全部其他合伙人均放弃(或者视为放弃)优先购买权之时生效,以免其他合伙人与受让人之间发生购买冲突。

6. 应当合理约定报酬

虽然执行合伙事务的普通合伙人有权从合伙中获取报酬,但是该报酬应当合理,即应当与执行合伙事务的普通合伙人的工作难度、付出劳动等相匹配。具体可参照社会上相同或者相似岗位的报酬确定,要谨防借由报酬来实现或者变相实现提前收回出资的目的。同时,如果在利润分配比例中已经考虑了执行合伙事务的普通合伙人付出劳动的因素,则就不能再给予其报酬。需要指出,《合伙企业法》仅就有限合伙企业的报酬权作了原则性规定,而普通合伙企业尚无此规定。因此,需要通过合伙协议对普通合伙企业、个人合伙的报酬权及其报酬数额、提取方式等相关事项和有限合伙企业的报酬数额、提取方式等相关事项进行明确规定,以便创业者及其创业伙伴日后有“据”可操作。

二、决策权

关键内容

决策权是指合伙人(包括有限合伙人)通过适当方式就合伙有关事项进行表决的权利,它是合伙人所享有的一项重要权利。事项不同,决策的方式、要求等会有所不同。

1. 可约定表决办法事项

《合伙企业法》第30条规定,合伙人对合伙企业有关事项作出决议,按照合伙协议约定的表决办法办理。下列事项可由合伙协议约定表决办法:一是修改或者补充合伙协议;二是对外转让财产份额;三是改变合伙企业的名称;四是改变合伙企业的经营范围、主要经营场所的地点;五是处分合伙企业的不动产;六是转让或者处分合伙企业的知识产权和其他财产权利；七是以合伙企业名义为他人提供担保；八是聘任合伙人以外的人担任合伙企业的经营管理人员；九是合伙人同本合伙企业进行交易；十是入退、退伙；十一是死亡或者被依法宣告死亡合伙人的继承人取得合伙人资格；十二是合伙人类别的转变；十三是优先购买权；十四是其他合伙事项。可见，由合伙协议约定表决方法事项非常广泛。

2. 约定不清时如何处理

所谓约定不清，是指合伙协议对表决方法未约定或者约定不明确。《合伙企业法》第 30 条规定，合伙协议未约定或者约定不明确的，实行合伙人一人一票并经全体合伙人过半数通过的表决办法；本法对合伙企业的表决办法另有规定的，从其规定。依照该条规定，当合伙协议对普通合伙企业的表决方法约定不清时，若《合伙企业法》对表决办法另有规定，则按该规定执行，若未有规定，则由合伙人一人一票进行表决并经全体合伙人过半数通过。对有限合伙企业的表决方法约定不清的，《合伙企业法》未明确规定处理方法，不过，依照《合伙企业法》第 60 条的规定，可依据《合伙企业法》第 30 条的规定处理，亦即有限合伙人也是按一人一票参与表决并经全体合伙人过半数通过。根据《合伙企业法》的有关规定，对前述"可约定表决办法事项"第一项至第十二项事项，在合伙协议对表决方法另有约定或约定不清时，须经合伙人一致同意，其余事项由合伙人一人一票进行表决并经全体合伙人过半数通过。

3. 需一致同意表决事项

所谓需一致同意表决事项，是指由法律直接规定的需要一致同意的表决事项，合伙协议不得对这些事项的表决方法另行作出约定。需一致同意表决事项有：一是初次订立合伙协议；二是普通合伙人以其在合伙企业中的财产份额出质；三是被依法认定为无民事行为能力人或者限制民事行为能力人的普通合伙人转为有限合伙人；四是合伙人因未履行出资义务而被除名；五是合伙人因故意或者重大过失给合伙企业造成损失而被除名；六是合伙人因执行合伙事务时有不正当行为而被除名；七是无民事行为能力人或者限制民事行为能力人的普通合伙人继承人成为有限合伙人；八是合伙人因发生合伙协议约定的事由而被除名。可见，需一致同意表决事项一般是较为重大事项。

风险规避

1. 善用协议促使权利最大

由前文分析可知,可由合伙协议约定表决方法的事项非常广泛。创业者及其创业伙伴要充分利用法律赋予的这项权利,善于运用合伙协议约定促使己方决策权利的最大化。不过,依照《合伙企业法》第 4 条的规定,合伙协议约定需要经过创业者及其创业伙伴的协商一致,而己方权利的最大化又意味着他人权利变小。因此,善于运用合伙协议约定促使己方决策权利的最大化,往往需要创业者及其创业伙伴之间经过一番博弈才能确定下来。当然,博弈常以实力为后盾,适当兼顾资源等其他因素,创业者及其创业伙伴需要根据自身实力并兼顾其他因素进行博弈,切不可一味地"漫天要价"而错失良机。

2. 应当事先明确决策程序

无论合伙协议约定的表决事项还是法律直接规定需一致同意的表决事项,抑或约定不清的处理规定,法律均未对决策程序作出规定,创业者及其创业伙伴需要通过合伙协议或者内部规章制度来事先填补这项空白,使日后有"据"可操作,避免因决策程序不清而发生争议或者矛盾,影响合伙经营的正常开展。决策程序至少应包括动议(如何提出议题)、形式(开会还是其他形式)、方法(怎么才可通过)、公布(如何公布结果)四个环节。在动议上建议明确约定议题由谁提出、向谁提出和提出时间。在形式上建议明确约定决策以开会为主并兼顾其他形式,尤其是要肯认会(传)签一致同意的形式,同时还要明确各种形式的适用情形。在方法上建议明确约定哪些事项需全体合伙人一致同意、哪些事项需经全体合伙人三分之二以上同意、哪些事项需经全体合伙人过半数同意,当然创业者及其创业伙伴可根据自身情况约定其他表决方法。在公布上建议明确约定表决结果由谁公布、何时公布和如何公布。另外,决策程序还要尽可能设计的简便易行,以免影响决策效率。

3. 书面形式保存决策内容

实务中,一些合伙人由于嫌麻烦或其他原因,往往只以口头形式进行表决,不留任何书面材料,即使开会也不作记录并由参会人签章确认。这一方面让人感觉决策不正式,另一方面一旦有合伙人因反悔而不承认决策结果,其他合伙人将无证据材料加以反驳。因此,建议要用书面形式保存决策内容,动议、形式、方法、公布四个环节所涉及的内容均要用书面形式加以保存。至于书面形式,参照《合同法》第 11 条的规定,可以是纸制形式,也可以是电报、电传、传真、电子数据交换和电子邮件等数据电文形式,只要能有形地表现决策内容即可。实际上,电子邮件形式、微信形式既方便又快捷,还不受时间、空间限制,应当优先考虑。对确需以口头形式表决的,也要进行同步录音或录像并保存。在书面材料的保存上,建议可参照《私募投资基金监督管理暂行办法》第 26 条"私募基金管理人、私募基金托管人及私募基金销售机构应当妥善保存私募基金投资决策、交易和投资者适当性管理等方面的记录及其他相关资料,保存期限自基金清算终止之日起不得少于 10 年"的规定,在合伙协议或者内部规章制度中要明确规定由谁保存、如何保存、保存时间和如何查阅,以尽可能防范书面材料丢失的风险。

4. 事先制定应对僵局办法

当实行一人一票的表决机制而同意与反对的人数相同(等)时,比如合伙人为两人,一人同意而另一人反对,或者当实行按合伙人出资额占比高者通过的表决机制而同意与反对的合伙人出资额占比相同(等)时,比如同意与反对的合伙人出资额占比均为 50%,决策就会陷入僵局,所议事项就无法得到执行,可能会影响合伙人之间的关系,甚至还有可能会影响合伙经营。因此,创业者及其创业伙伴一定要事先制定应对僵局办法,比如可在合伙协议中规定当价格决策出现僵局时要交由价格评估公司进行评估并以评估价格为准。当然,不同决策事项应对僵局办法会有所不同,不可能会有"放之四海而皆准"的唯一办法,只能针对可预测的不同僵局情况制定不同应对办法。在此基础上再安排一个兜底条款,就未预测或者难以预测的僵局情况制定一个原则性的处理办法。兜底条款可参照民法通则司法解释第 55 条"没有书面协议,又协商不成的,如果合伙人出资额相等,应当考虑多数人意见酌情处理;合伙人出资额不等的,可以按出资额占全部合伙额多的合伙人的意见处理"的规定,对实行一人一票的表决机制可要求按出资额占全部出资额较多的合伙人意见处理,对实行按合伙人出资额占比高者通过的表决机制可要求按多数合伙人的意见处理。如果经过规定的表决程序或者协商仍不能解决争议或者僵局的,可考虑让持反对意见的合伙人退伙;拒绝退伙的,或者退伙后不符合合伙要求的,那最好的选择恐怕只能是散伙了。

5. 违反决策规定如何救济

《合伙企业法》第 97 条规定,合伙人对本法规定或者合伙协议约定必须经全体合伙人一致同意始得执行的事务擅自处理,给合伙企业或者其他合伙人造成损失的,依法承担赔偿责任。该条仅就违反合伙协议或者法律有关“需一致同意表决事项”的决策规定,明确了通过要求违反者对损失承担赔偿责任的方式进行救济,对于违反其他决策规定如何救济,尚无明确规定。笔者认为,可以参照《合伙企业法》第 97 条的规定,要求违反者对损失承担赔偿责任。不过,建议最好能在合伙协议中对此作出专门规定。如果违反者拒绝承担赔偿责任,可以违反者为被告,向法院提起诉讼来获得法律救济。但要注意须在诉讼时效期间内提起诉讼,赔偿责任的诉讼时效期间为 3 年,自知道或者应当知道违反决策规定之日起计算。在此期间若向违反者提出赔偿要求,则从要求之日起重新计算 3 年的诉讼时效期间。当然,在向违反者提出赔偿要求或者提起诉讼的同时,还可依照《合伙企业法》第 45 条“合伙协议约定合伙期限的,在合伙企业存续期间,有下列情形之一的,合伙人可以退伙:……(三)发生合伙人难以继续参加合伙的事由;(四)其他合伙人严重违反合伙协议约定的义务”的规定,要求违反者退出合伙。实际上,即便没有造成损失,也可以要求违反者退伙。需要指出,前述方法都是事后救济,是不得已而为之,最好的救济还是事前救济和事中救济。要强化合伙经营的日常监督,尽可能从源头上杜绝出现违反决策规定的行为,而一旦发现有违反决策规定的行为,要积极加以制止,尽可能避免损失扩大。另外,建议事先在合伙协议中就未造成损失情况下违反决策规定的救济作出安排。

6. 如何解决行为能力问题

所谓行为能力问题,这里是指成为无(或者限制)民事行为能力的有限合伙人情形,具体包括:一是合伙企业设立后有限合伙人因民事行为能力发生变化而成为无(或者限制)民事行为能力人;二是合伙企业设立后普通合伙人因民事行为能力发生变化而成为无(或者限制)民事行为能力的有限合伙人;三是无(或者限制)民事行为能力的继承人因继承而成为有限合伙人。对于成为无(或者限制)民事行为能力的有限合伙人,能否参与决策,《合伙企业法》未作规定。按照《民法通则》《民法总则》等法律的有关规定,无(或者限制)民事行为能力人只能进行与其年龄、智力相适应的民事活动,而合伙决策属于重大事项,是与无(或者限制)民事行为能力的有限合伙人年龄、智力不相适应的民事活动,所以其不能参与合伙决策。这将会使决策成为难题或者陷入困境,尤其是一人一票表决的情况下。对此,有两个解决途径:一是由合伙协议事先明确约(规)定,无(或者限制)民事行为能力的有限合伙人不参与合伙决策;二是在法律不允许或者合伙协议未作约(规)定的情况下,由其法定代理人代理其参与合伙决策。当然,无论何种途径,均不能损害无(或者限制)民事行为能力的有限合伙人利益。需要统一指出,对于成为无(或者限制)民事行为能力的有限合伙人所享有的其他五项权利,只能由其法定代理人代理,不允许通过合伙协议加以排除或者限制,阐述其他五项权利时不再予以重复。

三、知情权

关键内容

知情权是指合伙人作为出资人对合伙经营业绩、财务状况、人员聘用等享有知道实情的权利,是合伙权利的重要内容之一。知情权对合伙人尤其是不参与合伙执行的合伙人很重要,它是合伙人行使其他权利的前提,不知情又如何能很好地进行决策呢?

1. 定期报告有关事项权利

定期报告是合伙人了解合伙经营有关事项的重要手段或者渠道之一。《合伙企业法》第 28 条第 1 款规定,由一个或者数个合伙人执行合伙事务的,执行事务合伙人应当定期向其他合伙人报告事务执行情况以及合伙企业的经营和财务状况。《私募投资基金监督管理暂行办法》第 24 条规定,私募基金管理人、私募基金托管人应当按照合同约定,如实向投资者披露基金投资、资产负债、投资收益分配、基金承担的费用和业绩报酬、可能存在的利益冲突情况以及可能影响投资者合法权益的其他重大信息,不得隐瞒或者提供虚假信息。这两条便是有关合伙人有权要求定期报告合伙经营有关事项的规定,不难发现合伙型私募基金对定期报告有关事项的要求更多一些。不过,《合伙企业法》所要求的报告事项不够详细,同时也没有明确规定操作细节,需要创业者及创业伙伴通过合伙协议予以明确,以有效控制风险。

2. 查阅财务账簿资料权利

查阅财务账簿资料也是合伙人了解合伙经营有关事项的重要手段或者渠道之一。所谓查阅,是指在财务账簿资料存放场所阅读。所谓财务账簿资料,是指记载合伙资产存量、营业支出与收入以及核算盈亏的账册、凭证或者材料,能够全面、系统地反映合伙经营活动的全貌。《合伙企业法》第 28 条第 2 款规定,合伙人为了解合伙企业的经营状况和财务状况,有权查阅合伙企业会计账簿等财务资料。《合伙企业法》第 68 条第 2 款规定,有限合伙人的下列行为,不视为执行合伙事务:……(4)获取经审计的有限合伙企业财务会计报告;(5)对涉及自身利益的情况,查阅有限合伙企业财务会计账簿等财务资料。至于财务账簿资料的范围,《合伙企业法》没有予以界定,不过,凡是与"财务"有关的账簿或者资料,均属于应当查阅范畴。当然,个人合伙的财务账簿资料会少一些。同时,这两条也没有明确规定查阅理由。因此,创业者及创业伙伴要通过合伙协议或者内部规章制度事先对财务账簿资料的范围及查阅理由进行界定。当然,对查阅财务账簿资料的频次要有一定限制,以免频次过高而影响合伙经营。实务中,凡有下列一种或者数种情况的,均可成为查阅财务账簿资料的理由:

一是合伙(企业)与合伙人、经营管理人员及所拥有的企业存在交易关系。

二是有事实证明或者他人举报合伙人、经营管理人员挪用、侵占合伙财产。

三是合伙应收账款严重超出同行业平均水平,或者呆账、死账超过同行业平均水平。

四是合伙的费用、成本显著高于同行业平均水平。

五是合伙财务数据出现严重错误或者重大矛盾。

六是有证据足以怀疑合伙财务弄虚作假。

七是合伙突然发生严重亏损或者累计严重亏损。

八是执行事务合伙人、经营管理人员的报酬过高。

九是有违反财务制度和会计准则的其他行为。

3. 要求审计财务会计权利

对《合伙企业法》第68条第2款“有限合伙人的下列行为，不视为执行合伙事务：……（四）获取经审计的有限合伙企业财务会计报告”的规定作反向理解，至少有限合伙人可以要求对有限合伙企业的财务会计情况进行审计。而依照《私募投资基金监督管理暂行办法》第25条第2款“私募基金管理人应当于每个会计年度结束后的4个月内，向基金业协会报送经会计师事务所审计的年度财务报告和所管理私募基金年度投资运作基本情况”的规定，合伙型私募基金的年度财务会计情况必须进行审计。这是针对有限合伙人（合格投资者）不参与合伙经营所作的特别规定。当然，个人合伙与普通合伙企业也可通过合伙协议或者内部规章制度对财务会计情况的审计予以明确。不过，必须指出审计虽然很专业也很中立，但是却要花钱，创业者及其创业伙伴可要审慎予以考虑。

4. 要求告知原有状况权利

《合伙企业法》第43条第2款规定，订立入伙协议时，原合伙人应当向新合伙人如实告知原合伙企业的经营状况和财务状况。依该条规定，普通合伙企业新入伙的普通合伙人有权要求原合伙人如实告知企业原有状况。虽然该条在普通合伙企业一章中，但是有限合伙企业一章中对此并无特别规定，按照《合伙企业法》第60条的规定，有限合伙企业新入伙的普通合伙人或者有限合伙人也有权要求原合伙人如实告知企业原有状况。至于原合伙人是一人、数人还是全体，是否包括有限合伙人，《合伙企业法》均未作出明确规定。不过，有限合伙人、非执行事务合伙人不参与合伙经营，不一定掌握合伙经营的全部情况，让其告知则强人所难，加之告知有遗漏还要承担责任，所以原合伙人应当界定为参与合伙经营的普通合伙人。当然，让参与合伙经营的每一个普通合伙人均要告知新合伙人一次，既不现实又会浪费时间，建议参与合伙经营的普通合伙人委托一人汇总所有原有状况并完成告知义务。建议最好通过入伙结算的方式告知入伙的新合伙人。

风险规避

1. 事先要界定知情权

《合伙企业法》等法律所规定的知情权相关内容比较粗放也比较原则,既不利于理解掌握,也不利于实务操作。一些执行事务合伙人可能会借口无明确规定恶意拒绝其他合伙人行使知情权,次数较多将会使其他合伙人对执行事务合伙人产生不信任。相反,其他合伙人可能也会有人借知情权之名不正当行使知情权,次数较多将会使执行事务合伙人对其他合伙人产生不信任。这些做法均会影响合伙人之间的关系,甚至还有可能会影响合伙经营的正常开展。如果新合伙人认为原合伙人恶意拒绝其行使知情权,则有可能会放弃入伙,如果原合伙人认为新合伙人不正当行使知情权,则有可能会拒绝让新合伙人入伙。因此,建议创业者及创业伙伴要事先通过合伙协议或者内部规章制度对知情权的范围、程序、时间、理由、要求等作出明确界定,比如明确规定其他合伙人在何种情况(条件)下、在什么时间内、以什么方式有权查阅财务账簿资料,发生重大亏损后应执行事务合伙人应在多长时间内将情况告知其他合伙人,应在什么时间内对财务会计情况进行审计,等等。从而为日后操作或者执行提供依据,防止因理解不一而产生矛盾或者纠纷。

2. 及时告知相关情况

对向其他合伙人告知合伙经营的相关情况,一些执行事务合伙人可能因担心招来其他事而不想告知,或者可能嫌麻烦而不愿告知,或者可能因忙于合伙事务而怠于告知,或者可能因其他原因而不去告知。参与合伙经营的普通合伙人基于同样理由往往也不会将合伙原有状况告知新合伙人。如果合伙经营的相关情况对其他合伙人有利或者至少无害,或者原有状况的相关情况对新合伙人有利或者至少无害,他们自然不会计较。而一旦合伙经营或者原有状况的相关情况对他们不利,比如出现经营损失,他们日后获知后往往要埋怨或者非议。未告知的次数或者不利情况较多,将会使其他合伙人对执行事务合伙人、新合伙人对参与合伙经营的普通合伙人产生不信任,影响合伙人之间的关系,甚至还有可能会影响合伙经营的正常开展。因此,要按照法律、合伙协议或者内部规章制度的规定,执行事务合伙人及时将合伙经营的相关情况如实告知其他合伙人，参与合伙经营的普通合伙人将原有状况的相关情况如实告知新合伙人，即便对没有规定的内容，也要及时予以告知。

3. 建立违规惩罚机制

如果其他合伙人或者新合伙人没有按照法律、合伙协议或者内部规章制度的规定行使知情权，执行事务合伙人或者参与合伙经营的普通合伙人一般会直接拒绝他们要求，不会侵害合伙的合法利益，自然就不涉及违规，更谈不上惩罚。如果其他合伙人或者新合伙人借知情权之名不正当行使知情权，比如将合伙商业秘密提供给他人使用，就属于违规，就有可能会侵害合伙的合法利益。若不加以惩罚，就会有人效仿，将会有更多合伙的合法利益遭到侵害。对执行事务合伙人或者参与合伙经营的普通合伙人没有按照规定保障其他合伙人或者新合伙人的知情权，比如不提供或者未在规定时限内提供财务账簿资料供查阅，若不加以惩罚，将有失公平，也会使知情权形同虚设，变得毫无意义。因此，建议创业者及创业伙伴在明确界定行使知情权的范围、程序、时间、理由、要求等的基础上，相对应地建立违规惩罚机制，并及时通过诉讼等措施追究违规者责任，让违规者因违规而付出代价，最终形成没人或者少有人敢于违规的良好合伙环境。

4. 主动行使知情权利

其他合伙人对合伙经营的相关情况或者新合伙人对合伙原有状况的相关情况，如果只寄希望于执行事务合伙人或者参与合伙经营的普通合伙人来告知，那将是对自己权利的漠视。只有主动行使自己权利，方有可能带动别人重视。否则，自己都不重视自己权利，别人又怎么会重视呢？因此，其他合伙人或者新合伙人要主动行使知情权利，了解合伙经营或者原有状况的相关情况，以带动执行事务合伙人或者参与合伙经营的普通合伙人重视其权利，并能及时告知合伙经营或者原有状况的相关情况。当然，主动行使知情权利不得超出法律、合伙协议或者内部规章制度所规定的范围。

四、追偿权

关键内容

追偿权是指合伙人要求相关合伙人或者其他人员承担损失赔偿或者返还财产的权利,是合伙人维护自身合法权益的重要手段。

1.追偿超比例清偿数额

《合伙企业法》第40条规定:"合伙人由于承担无限连带责任,清偿数额超过本法第三十三条第一款规定的其亏损分担比例的,有权向其他合伙人追偿。"这便是追偿超比例清偿数额的规定,被追偿对象为涉事的普通合伙人。因为只有普通合伙人才对合伙(企业)债务承担无限连带责任,有限合伙人仅以其认缴的出资额为限对合伙企业债务承担责任,权利享有者为其他普通合伙人。需要指出,普通合伙人行使此项权利的前提必须是实际对外承担责任且超出了其分担比例,如果仅是债权人要求普通合伙人承担的责任超出了其分担比例,该普通合伙人并未向债权人实际承担责任,则其不得行使此项权利。同时,该项规定仅能约束各个普通合伙人,对合伙(企业)的债权人不具有约束力,普通合伙人不得以此拒绝债权人要求其承担分担比例之外的责任。

2.合伙人过错责任追偿

合伙人过错责任追偿,是指合伙人因过错给合伙(企业)或者其他合伙人造成损失,其他合伙人或者合伙企业追偿其赔偿责任的权利。其他合伙人或者合伙企业追偿有过错合伙人赔偿责任的情形主要有:一是合伙企业登记事项发生变更,执行合伙事务的合伙人未按期申请办理变更登记,应当赔偿由此给合伙企业或者其他合伙人造成的损失。二是执行合伙事务合伙人将应当归合伙(企业)的利益据为己有,应当赔偿给合伙(企业)或者其他合伙人造成损失。三是执行合伙事务合伙人采取其他手段侵占合伙(企业)财产,应当赔偿给合伙(企业)或者其他合伙人造成损失。四是合伙人对法律规定或者合伙协议约定必须经全体合伙人一致同意始得执行的事务擅自处理,给合伙(企业)或者其他合伙人造成损失,依法承担赔偿责任。五是不具有事务执行权的合伙人擅自执行合伙事务，给合伙（企业）或者其他合伙人造成损失，依法承担赔偿责任。六是合伙人违反法律规定或者合伙协议的约定，从事与本合伙（企业）相竞争的业务，给合伙（企业）或者其他合伙人造成损失，依法承担赔偿责任。七是合伙人违反法律规定或者合伙协议的约定，与本合伙（企业）进行交易，给合伙（企业）或者其他合伙人造成损失，依法承担赔偿责任。八是特殊的普通合伙企业的合伙人执业活动中因故意或者重大过失造成的合伙企业债务，以合伙企业财产对外承担责任后，该合伙人应当按照合伙协议的约定对给合伙企业造成的损失承担赔偿责任。可见，合伙人过错责任追偿的情形较多，除第八种情形遭受损失者只能为合伙企业，其他七种情形遭受损失者既可以为合伙（企业）也可以为合伙人。因此，创业者及其创业伙伴要予以关注，要依法依约谨慎行事，以免因过错而被其他合伙人或者合伙企业追偿，同时也要对有过错者及时进行追偿。

3. 从业者过错责任追偿

从业者过错责任追偿，是指合伙所聘用的经营管理人员或者其他从业人员因过错给合伙（企业）或者合伙人造成损失，合伙人或者合伙企业追偿其赔偿责任的权利。合伙人或者合伙企业追偿有过错从业者赔偿责任的情形主要有：一是被聘任的合伙（企业）的经营管理人员超越合伙（企业）授权范围履行职务，给合伙（企业）造成损失，依法承担赔偿责任。二是被聘任的合伙（企业）的经营管理人员在履行职务过程中因故意或者重大过失给合伙（企业）造成损失，依法承担赔偿责任。三是合伙（企业）从业人员（包括经营管理人员）利用职务上的便利，将应当归合伙企业的利益据为己有，给合伙（企业）或者合伙人造成损失，依法承担赔偿责任。四是合伙（企业）从业人员（包括经营管理人员）利用职务上的便利，采取其他手段侵占合伙企业财产，给合伙（企业）或者合伙人造成损失，依法承担赔偿责任。此项权利有利于合伙人或者合伙企业强化对经营管理人员或者其他从业人员的监督，以促使从业者谨慎履行职责。需要指出，前两种情形遭受损失者只能为合伙（企业），后两种情形遭受损失者既可以为合伙（企业）也可以为合伙人。

4. 被占权益退还请求权

所谓权益，是指财产所有权和相关利益或者收益。《合伙企业法》第 96 条规定,合伙人执行合伙事务或者合伙企业从业人员利用职务上的便利,将应当归合伙企业的利益据为己有的,或者采取其他手段侵占合伙企业财产的,应当将该利益和财产退还合伙企业。该法第 99 条规定,合伙人违反本法规定或者合伙协议的约定,从事与本合伙企业相竞争的业务或者与本合伙企业进行交易的,该收益归合伙企业所有。这两条便是被占权益退还请求权的规定,被追偿对象为涉事的合伙人和从业人员,权利享有者为其他合伙人(包括有限合伙人)和合伙企业。需要特别指出,遭受损失者只能为合伙(企业),而《合伙企业法》第 99 条所限制的是违反规定或者约定的交易或者业务,若有关交易或者业务不违反规定或者约定,或者经其他合伙人同意,则不能要求涉事的合伙人退还。

5. 退伙造成损失追偿权

《合伙企业法》第 47 条规定,普通合伙人违反本法第 45 条、第 46 条的规定退伙的,应当赔偿由此给合伙企业造成的损失。《合伙企业法》第 45 条、第 46 条是有关普通合伙人主动退伙的规定。《合伙企业法》对有限合伙人退伙未作特别规定,按照该法第 60 条的规定,有限合伙人主动退伙也适用该法第 47 条的规定。因此,合伙人违反主动退伙规定退伙并给合伙企业造成损失的,应当承担赔偿责任。需要指出,遭受损失者只能为合伙企业。另外,合伙人当然退伙和特殊退伙(被除名)的,是否应当赔偿由此给合伙企业造成的损失,尚无明确规定。笔者认为,创业者及其创业伙伴可以参照《合伙企业法》第 47 条的规定,通过合伙协议对此予以明确。对于个人合伙的合伙人退伙,民法通则司法解释第 52 条明确规定:“因其退伙给其他合伙造成损失的,应当考虑退伙的原因、理由以及双方当事人的过错等情况,确定其应当承担的赔偿责任。”该条考虑到个人合伙的特殊性,将遭受损失者确定为其他合伙人而非合伙,似有与合伙企业的规定不同,但因合伙企业退伙引发的赔偿责任是由执行合伙事务的合伙人以合伙企业名义要求退伙人承担,并最终由其他合伙人享有,所以二者规定的最终目的都是保护其他合伙人合法权益。

6. 清算人过错责任追偿

清算人过错责任追偿,是指清算人因过错给合伙(企业)或者其他合伙人造成损失、侵占合伙财产或者牟取非法收入,合伙人或者合伙企业要求其承担责任的权利。合伙人或者合伙企业追偿有过错清算人赔偿责任的情形主要有:一是清算人未依照法律规定向企业登记机关报送清算报告,由此产生的费用和损失,由清算人承担和赔偿。二是清算人向企业登记机关报送清算报告隐瞒重要事实,由此产生的费用和损失,由清算人承担和赔偿。三是清算人向企业登记机关报送清算报告有重大遗漏,由此产生的费用和损失,由清算人承担和赔偿。四是清算人执行清算事务,牟取非法收入,应当将该收入退还合伙企业。五是清算人执行清算事务,侵占合伙企业财产,应当将侵占的财产退还合伙企业。六是清算人执行清算事务,牟取非法收入,给合伙企业或者其他合伙人造成损失的,依法承担赔偿责任。七是清算人执行清算事务,侵占合伙企业财产,给合伙企业或者其他合伙人造成损失的,依法承担赔偿责任。此项权利有利于合伙人或者合伙企业强化对清算人的监督,以促使其谨慎履行职责。需要指出,前五种情形遭受损失者只能为合伙(企业),后两种情形遭受损失者既可以为合伙(企业)也可以为合伙人。

风险规避

1. 事先明确损失认定标准

一般来说,前述六项追偿权中的比例、过错或者被占财产等容易认定,但在损失范围与数额的认定上往往容易引发争议:就损失范围而言,除了直接损失,是否还包括间接损失、预期收益等可获得利益和因主张追偿权利而付出的费用;就损失数额而言,如果直接有具体数额或者通过评估、监测等能间接确定具体数额,要求过错者按该具体数额赔偿即可,可一些损失既没有直接的具体数额,也难以通过评估、监测等间接确定具体数额,比如合伙人侵占合伙(企业)财产给合伙(企业)或者其他合伙人造成损失,就属此类情形。而法官在处理此类争议时往往会自由裁量,又会给损失范围与数额的认定增加不确定性。因此,为了避免在损失范围与数额的认定上发生争议,限制法官行使自由裁定权,建议创业者及其创业伙伴通过合伙协议或者内部规章制度事先明确损失认定标准:要明确规定损失范围既包括直接损失,也包括间接损失、预期收益等可获得利益,还包括因主张追偿权利而付出的费用;就损失数额而言,要尽可能量化到具体数额,如果难以量化到具体数额,则应当就相关损失分别明确规定计算方法。

2. 慎重受托执行合伙事务

依照《合伙企业法》第26条第2款的规定,合伙人可以受托执行合伙事务,对外代表合伙企业。《民法通则》第34条第2款规定,合伙人可以推举负责人,即个人合伙的合伙人可以受托执行合伙事务。然而,受托是责任而非权利,需要认真履行职责。如果在某项合伙事务上未履职或者履职不到位,会被认为有过错,需要赔偿由此所造成的损失。因此,创业者及其创业伙伴要根据自身能力慎重受托执行合伙事务,要做力所能及的事务,如果“没有金刚钻”,就“别揽瓷器活”。确需受托执行合伙事务的,最好在合伙协议或者内部规章制度中设计(安排)免责条款,明确规定若出现哪些执行合伙事务情形,即使造成了损失,执行合伙事务合伙人也不承担赔偿责任。至于免责的具体情形,则因执行合伙事务合伙人的能力不同而会有所不同,不可能有“放之四海而皆准”的统一标准和范围。

3. 切勿擅自处理合伙事务

依照《合伙企业法》第97条的规定,执行事务合伙人只是按照法律规定、合伙协议约定或者全体合伙人决定来执行合伙事务,其所享有的是对合伙事务的执行权,而非处理(决定)权。因此,执行事务合伙人对合伙事务没有单独(自行)的处理(决定)权,即便其熟悉某项合伙事务,在没有法律规定、合伙协议约定或者全体合伙人决定的情况下,也不能擅自处理(决定)合伙事务。而非执行事务合伙人连对合伙事务的执行权都没有,更不能擅自处理(决定)合伙事务。

4. 避免超过诉讼时效期间

追偿权要受诉讼时效期间的限制。按照《民法总则》第188条的规定,追偿权作为一项民事权利,其诉讼时效期间为3年,从享有此权利的权利人知道或者应当知道其合伙权益受到损害之日起计算。如果在此期间未向承担义务的合伙人或者其他人主张此项权利的,则该权利就会成为自然权利,有关该权利的诉讼请求就会丧失胜诉权,法律不再予以强制保护,只能靠个人的信用道德约束。当然,按照《民法总则》第195条的规定,追偿权的诉讼时效会因一定事由而中断,从中断、有关程序终结时起,诉讼时效期间重新计算。实际上是从中断、有关程序终结时起诉讼时效期间又延长了3年,因为可以多次让诉讼时效中断,所以诉讼时效期间可以多次延长。引起诉讼时效中断的事由主要有:一是权利人向义务人提出履行请求;二是义务人同意履行义务;三是权利人提起诉讼或者申请仲裁。创业者及其创业伙伴要密切关注追偿权的诉讼时效问题,一定要在3年诉讼时效期间内向承担义务的合伙人主张权利或者提起诉讼(仲裁),以确保追偿权的诉讼时效不存在问题,能够得到法院支持。

五、监督权

关键内容

监督权,是指非执行的普通合伙人和有限合伙人对执行事务合伙人执行合伙事务进行监督的权利,执行事务合伙人还可对其他执行事务合伙人进行监督,全体合伙人对包括经营管理人员在内的从业人员的监督也属于监督权范畴。它是一项较为重要的合伙权利。

1. 非执行合伙人监督权

《合伙企业法》第27条第2款规定,不执行合伙事务的合伙人有权监督执行事务合伙人执行合伙事务的情况。这条便是非执行合伙人监督权的规定,权利享有者为非执行合伙人,是监督者;义务承担者为执行事务合伙人,是被监督者。若执行事务合伙人有多人,某个执行事务合伙人就未执行的合伙事务,属于非执行合伙人,其对其他执行事务合伙人执行情况的监督,也属于非执行合伙人监督权范畴。这个执行事务合伙人对其他执行事务合伙人的执行情况,若提出意见,则应按该项监督权处理;若提出建议,则应按“对经营管理提出建议”处理;若提出了异议,则应按“执行合伙人异议权利”处理。对于该项监督权的时间、内容、条件、要求等,法律未作明确规定,需要创业者及创业伙伴通过合伙协议或者内部规章制度予以明确,以便日后不会产生争议。

《民法通则》第34条第1款规定,个人合伙的经营活动,由合伙人共同决定,合伙人有执行和监督的权利。该条并未明确有监督权利的合伙人是否执行合伙事务。不过,自己不可能监督自己执行合伙事务。因此,就个人合伙的某一项合伙事务而言,也应是非执行合伙人监督执行合伙人。

2. 执行合伙人异议权利

《合伙企业法》第29条第1款规定,合伙人分别执行合伙事务的,执行事务合伙人可以对其他合伙人执行的事务提出异议;提出异议时,应当暂停该项事务的执行。该条便是执行合伙人异议权利的规定,权利享有者为执行事务合伙人,义务承担者为其他执行事务合伙人。提出异议后,应由全体合伙人对异议所涉及合伙事务进行协商并予以表决;如果协商不成或者发生争议的,按照合伙协议约定的表决办法进行表决;在合伙协议未约定或者约定不明确的情况下,则按照合伙人一人一票并经全体合伙人过半数通过的表决办法进行表决。对于非执行事务合伙人能否对执行事务合伙人执行的事务提出异议,《合伙企业法》未作规定。不过,创业者及其创业伙伴可以借助合伙协议,明确规定异议权利为"非执行合伙人监督权"中的一项内容,以强化非执行合伙人的监督效果。

3. 合伙人的委托撤销权

《合伙企业法》第29条第2款规定,受委托执行合伙事务的合伙人不按照合伙协议或者全体合伙人的决定执行事务的,其他合伙人可以决定撤销该委托。该条便是合伙执行委托撤销权的规定。权利享有者为其他合伙人,义务承担者为受委托执行合伙事务的合伙人,亦即执行合伙人。该权利似乎与监督权无关,可行使该权利的前提为执行合伙人不按照合伙协议或者全体合伙人的决定执行事务,可只有其他合伙人进行监督才能发现执行合伙人不按照合伙协议或者全体合伙人的决定执行事务,所以该项权利仍反映的是监督权问题。如果其他合伙人对是否撤销委托发生争议,则按照合伙协议约定的表决办法进行表决,在合伙协议未约定或者约定不明确的情况下,则按照合伙人一人一票并经全体合伙人过半数通过的表决办法进行表决。该项监督权利较前两项监督权利要严厉,与前两监督权利结合适用,监督效果将会更佳。

4. 对经营管理提出建议

《合伙企业法》第68条第2款第2项规定,有限合伙人对合伙企业的经营管理提出建议的,不视为其执行合伙事务。反向理解该项规定,不执行合伙事务的有限合伙人有权就合伙企业的经营管理向执行事务合伙人提出建议。不过,只有对执行事务的普通合伙人执行合伙事务情况进行了监督,才有可能会对合伙企业的经营管理提出建议。因此,该项权利与监督有关,它实际上是非执行合伙人监督权的延伸。非执行合伙事务的普通合伙人和个人合伙的合伙人是否享有此项权利,《合伙企业法》、《民法通则》及其司法解释均未作明确规定。

5. 对从业人员进行监督

这里的从业人员既包括经营管理人员,也包括财务会计人员等其他从业人员。《合伙企业法》虽然就合伙人对从业人员的监督没有作出明确规定,但是相关条文中已含有监督的意思。比如该法第35条要求被聘任的经营管理人员应当在合伙企业授权范围内履行职务,可不监督又怎能判断或者发现其是否超越授权?第96条要求从业人员将被占利益或者财产退还给合伙企业,可不监督又怎能判断或者发现其侵占合伙企业利益或者财产?因此,包括执行事务合伙人在内的全体合伙人要加强对经营管理人员、财务会计人员等从业人员的监督,切实维护自身合伙权利。

风险规避

1. 明确细化监督内容

《合伙企业法》《民法通则》及其司法解释均未明确规定不执行合伙事务的普通合伙人和个人合伙的合伙人能否对经营管理提出建议,容易引发争议,需要通过合伙协议或者内部规章制度加以明确规定,以便为不执行合伙事务的普通合伙人行使此项权利创设依据。而无论非执行合伙人监督权还是执行合伙人异议权利、合伙执行委托撤销权,《合伙企业法》、《民法通则》及其司法解释均未明确规定权利行使的时间、内容、条件、要求等,也容易引发争议,亦需要通过合伙协议或者内部规章制度加以明确细化。尤其是要将异议权利明确为"非执行合伙人监督权"的一项内容,以便为权利人日后行使监督权利提供操作依据。同时,建议将四项监督权利结合起来综合运用,以求取得更大监督效果。

2. 监督需要抓住重点

合伙事务往往涉及方方面面,若要监督每一个领域、每一件事务,一般是不现实的,所以监督需要抓住重点。无论合伙还是其他组织形态,人、财、物均是重点领域。因此,监督就需要抓住人、财、物这三个重点领域。就人而言,主要对执行事务合伙人、经营管理人员和财务会计人员实施监督。关键是监督执行事务合伙人的确定(要与第一章中“寻找合适的创业伙伴”结合起来)和经营管理人员、财务会计人员的选聘(要与第七章中相关人员的聘用结合起来)。让最信赖、最可靠的人担任执行事务合伙人、经营管理人员和财务会计人员。就财而言,主要对资金和其他财务实施监督,关键是监督资金(财务)的流出。就物而言,主要对非现金财产实施监督,关键是监督非现金财产的转让。当然,如果有能力可监督更多方面。而监督时切不可将人、财、物相互割裂,比如确定(选聘)最信赖、最可靠的人的最终目的就是让自己在财、物上的利益免受损害;而监督财、物又反过来可印证所确定(选聘)的人是否还值得信赖、是否还可靠。如果认为执行事务合伙人和财务会计人员已发生变化,难以再信赖、再依靠的,则要坚决予以更换。

3. 坚决制止不当行为

对监督过程中发现的各类不当行为(不局限于人、财、物方面),合伙人切不可碍于情面而放任不管,相反要坚决加以制止。制止方式包括但不限提出异议、撤销委托、人员解聘、提起诉讼,如果涉嫌刑事犯罪,还应当向公安机关举报,依法追究不当行为者的刑事责任。比如执行事务合伙人、经营管理人员和财务会计人员利用职务上的便利将合伙财物非法占为己有,数额较大或者巨大的,就应当向公安机关举报,依法追究他们的职务侵占罪(有关职务侵占罪内容请参见第四章“合伙执行与风险控制”之“注意防范刑事风险”的内容)。

六、诉讼权

关键内容

诉讼权是指合伙人基于合伙人身份而享有的、借助司法机关、以自己的名义通过诉讼方式维护自己利益的一种权利,也是合伙权利的重要组成部分。诉讼权包括提起诉讼(含申请仲裁,下同),一般是在相关责任人不主动承担责任的情形下才会行使。提起诉讼的合伙人被称为原告(含申请人,下同),被起诉(含申请,下同)的合伙人被称为被告(含被申请人,下同)。

因权利或者利益被侵害或者因责任承担等原因以合伙名义起诉或被起诉,均属合伙所享的诉讼权,而非这里的合伙人所享有的诉讼权。有关以合伙名义提起诉讼或者被起诉的诉讼主体的确定,请参见第一章中"合伙诉讼主体的确定"的内容。

1. 违反合伙协议起诉权

虽然《合伙企业法》、《民法通则》及其司法解释对违反合伙协议起诉权均未作规定,但是合伙协议作为合同仍将适用《合同法》的规定。按照《合同法》第8条"依法成立的合同,对当事人具有法律约束力"的规定,合伙协议一经签署(同意)便对全体合伙人(包括有限合伙人)具有法律约束力,如果有合伙人违反合伙协议的约定,按照《合同法》第107条"当事人一方不履行合同义务或者履行合同义务不符合约定的,应当承担继续履行、采取补救措施或者赔偿损失等违约责任",《合伙企业法》第103条第1款"合伙人违反合伙协议的,应当依法承担违约责任"的规定,则要承担违约责任。在其不主动承担违约责任的情形下,守约的合伙人便可将其诉至法院,请求法院依法判决其承担违约责任。当然,诉讼便意味着双方"翻脸",将会对日后合伙经营产生影响,所以,建议在法院提起诉讼或者向仲裁机关申请仲裁前,双方先心平气和地坐下来协商,或者通过第三方来调解,以妥善解决有关问题。

2. 协议履行争议起诉权

《合伙企业法》第103条第2款规定,合伙人履行合伙协议发生争议的,合伙人可以通过协商或者调解解决;不愿通过协商、调解解决或者协商、调解不成的,可以按照合伙协议约定的仲裁条款或者事后达成的书面仲裁协议,向仲裁机构申请仲裁;合伙协议中未订立仲裁条款,事后又没有达成书面仲裁协议的,可以向法院起诉。这便是协议履行争议起诉权的规定。实际上,凡对合伙权利的认定或者行使有异议,或者对合伙责任的认定或者履行有异议,均属于履行合伙协议发生争议,如果《合伙企业法》未作特别规定,均可依此项权利维护自身合法权益。不过,建议合伙人行使此项权利前,先尽可能心平气和地坐下来协商,或者通过第三方来调解,寻求解决方法。毕竟大家以后还要在一起合伙经营,只有不愿意谈或者谈不成的,方可向法院提起诉讼或者向仲裁机关申请仲裁。

3. 不服除名决议起诉权

《合伙企业法》第49条第3款规定,被除名人对除名决议有异议的,可以自接到除名通知之日起三十日内,向人民法院起诉。这便是不服除名决议起诉权的规定,权利享有者是被除名的合伙人,包括普通合伙人和有限合伙人,至于被起诉对象,《合伙企业法》未作规定,笔者认为,应当为参与除名决议的其他合伙人。行使此项权利需要注意以下几点:一是该项权利的行使不适用诉讼时效期间的规定,有单独的时间要求,即只能在接到除名通知之日起三十日内;二是这里的三十日不会因当事人协商等原因而会中断或者延长,三十日一过而未提起诉讼的,被除名的合伙人便丧失此项权利;三是这里的三十日是按天计算,而非按工作日计算,如果第三十日为节假日的,则以节假日后第一日为第三十日,比如第三十日为2019年10月1日,则以2019年10月8日为第三十日;四是通知只能为书面通知,而非口头通知,至于书面通知形式,可以为纸制,也可以为数据电文(包括电报、电传、传真、电子数据交换和电子邮件);五是只能向法院提起诉讼,而不能向仲裁机构申请仲裁。

4. 利益受到侵害起诉权

依照《合伙企业法》第68条第2款第6项的规定,有限合伙人在有限合伙企业中的利益受到侵害时,可向有责任的合伙人主张权利或者提起诉讼。这便是权利利益受损起诉权的规定。从字面理解,行使此项权利目的是维护自身在合伙企业中的利益,须向法院提起诉讼,而非向仲裁机构申请仲裁。虽然此项权利是针对有限合伙人不参与合伙经营所作的特别规定,但是笔者认为仍可适用于不参与合伙经营的普通合伙人,不过最好通过合伙协议或者内部规章制度加以明确。

5. 怠于行使权利起诉权

《合伙企业法》第68条第2款第7项规定,有限合伙人在执行事务合伙人怠于行使权利时,有权督促其行使权利或者为了本企业的利益以自己的名义提起诉讼。这便是怠于行使权利起诉权的规定。同样从字面理解,行使此项权利是为了本企业的利益,须向法院提起诉讼,而非向仲裁机构申请仲裁,并且是以有限合伙人名义而非合伙企业名义提起诉讼。虽然此项权利是针对有限合伙人不参与合伙经营所作的特别规定，但是笔者认为仍可适用于不参与合伙经营的普通合伙人，不过最好通过合伙协议或者内部规章制度加以明确。

6. 诉讼参加人有关要求

合伙人因提起诉讼或者被起诉而参加诉讼，须符合《民事诉讼法》的有关规定。按照《民事诉讼法》第53条、第54条和民诉法司法解释第75～77条的规定，作为原告一方的合伙人或者作为被告一方的合伙人的人数在10人（含）以下，合伙人可以直接参与诉讼；但如果任何一方人数在10人以上，则需要该方全体或者部分合伙人推选代表人参加诉讼；对推选不出代表的一方合伙人，可由法院提出人选并与该方全体或者部分合伙人协商；协商不成的，则由法院在该方合伙人中指定。同时，按照《民事诉讼法》第58条的规定，每一个参加诉讼的合伙人或者代表人还可委托1～2人作为诉讼代理人，诉讼代理人应从“律师、基层法律服务工作者”、近亲属、“所在社区或者有关社会团体推荐的公民”中选择。不过，建议选择律师或者其他懂法律的人担任诉讼代理人。

风险规避

1. 确定利己管辖法院

按照《民事诉讼法》的规定，我国民事诉讼一般要遵循原告就被告原则，即原告要向被告住所地法院提起诉讼，除非法律另有规定或者当事人依法作出特别约定。如果原告到被告住所地法院提起诉讼，一方面既会增加诉讼成本（如交通费、住宿费等），也会给诉讼带来诸多不便（如不便于与法官及时进行当面沟通交流）；另一方面还可能会面临地方保护主义问题（虽然我国法治进步很大，但实务中或多或少还存在地方保护主义）。因此，创业者及创业伙伴要充分利用《民事诉讼法》第34条“合同或者其他财产权益纠纷的当事人可以书面协议选择被告住所地、合同履行地、合同签订地、原告住所地、标的物所在地等与争议有实际联系的地点的人民法院管辖，但不得违反本法级别管辖和专属管辖的规定”的要求，通过合伙协议约定或者其他约定，确定利己管辖法院。当然，利己就意味着不利于他人,所以确定利己管辖法院往往是一个博弈过程,经过各方妥协最终只能是相对利己。

2. 及时行使诉讼权利

不服除名决议起诉权的行使时间只有三十日,必须在这三十日内提起诉讼,否则,被除名的合伙人将会丧失此项权利。因此,被除名的合伙人在接到书面的除名通知后须及时(最好立即)向法院提起诉讼,请求法院撤销除名决议。对于其他诉讼权,虽然《合伙企业法》未规定行使时间,但是笔者认为应以这些诉讼权所对应的实体权利的诉讼时效期间为准。有关诉讼时效期间的内容,请参见追偿权中"避免超过诉讼时效期间"的内容,在此不再赘述。即便诉讼时效期间为 3 年,远远长于三十日,且会因中断而延长,笔者还是建议权利人要及时行使诉讼权利,早诉讼早判决早执行早受偿,以免"夜长梦多",虽打赢了官司但却无法从责任人或者侵权人那里获得受偿。

3. 诉讼参加人要选准

不仅要及时行使诉讼权利,而且诉讼参加人要选准,否则,就有可能会被法院驳回起诉或者驳回诉讼请求。一般来说,原告只能是与争议或者侵害事实(项)有直接利害关系的合伙人,包括普通合伙人与有限合伙人。合伙企业的权利或者利益受到侵害的,只有法律有明确规定时,合伙人方可行使起诉权,比如怠于行使权利起诉权。被告应为侵权人或者责任承担者,包括普通合伙人、有限合伙人和其他人员。如果原告超过 10 人,一方面要将所有人列为原告,另一方面要选出代表人出庭参加诉讼;如果被告超过 10 人,则要由被告协商确定或者法院指定代表人出庭参加诉讼,原告无权确定或者代为确定代表人。另外,原告或者被告若不了解或者不甚了解法律,还可以委托符合法律规定的 1 ~ 2 名相关人员担任诉讼代理人。

第三章　合伙责任与风险控制

合伙人是合伙的投资者、设立者、决策者和受益者，但合伙人必须先履行出资责任，才能享有权利，由出资也引发出合伙人的其他责任。合伙责任还包括合伙从业人员的责任。学习讨论合伙责任，对于正确处理合伙人与合伙人、合伙人与合伙、合伙人与合伙债权人、从业人员与合伙或者从业人员与合伙人之间的关系大有益处。

一、出资责任

关键内容

出资责任，是指合伙人负有按照合伙协议缴纳出资的责任，它不仅适合于设立合伙时的出资，也适合于合伙设立后新合伙人入伙时的出资。

1. 出资方式

出资方式，是指合伙人向合伙履行出资义务所采取的方式，即合伙人以何种方式向合伙出资。根据《民法通则》第 30 条和民法通则司法解释的有关规定，个人合伙可以用资金、实物、技术、劳务等出资。根据《合伙企业法》第 16 条第 1 款的规定，合伙人可以用货币、实物、知识产权、土地使用权或者其他财产权利出资,也可以用劳务出资,但根据该法第 64 条第 2 款的规定,有限合伙人不得用劳务出资。合伙人出资方式是合伙人出资责任的一项重要内容,关系到合伙人与合伙人之间的利益,不仅要符合法律规定,而且还应当由全体合伙人协商一致,并在合伙协议中加以明确规定。依照《合伙企业法》第 17 条第 1 款的规定,合伙人一旦就出资方式达成一致,就应当按照合伙协议约定的出资方式履行出资义务;否则,将承担违约责任。

2. 缴付期限

缴付期限,是指出资的缴纳期限,它是合伙人出资责任的重要内容,关系到合伙能否持续、成长和壮大。根据《合伙企业法》第 18 条的规定,无论普通合伙人还是有限合伙人,均应在合伙协议中明确其出资的缴付期限。依照《合伙企业法》第 17 条第 1 款的规定,合伙人一旦就出资的缴付期限达成一致,就应当按照合伙协议约定的缴付期限履行出资义务;否则,将要承担违约责任。笔者认为,还要在逾期期间对合伙人应缴未缴额度内的权利进行必要限制。当然,设定的缴付期限不宜过远(长);否则,将不利于合伙经营迅速打开局面。如果一次性缴纳出资有困难的,可以设定分期缴纳,但分期次数不宜过多,一般以两三期(次)为最佳。

3. 可出资的非货币财产种类

实务中,普遍接受用货币来出资,因为货币是一般等价物,既不需要评估,也无须办理产权转移登记手续,只要将资金转入指定账户即可完成出资义务。况且,有了货币资金就可以买到非货币财产。然而,货币资金毕竟是有限的,而合伙出资往往也需要多元化,所以,《合伙企业法》第 16 条第 1 款除规定可以用货币出资外,还规定可以用实物、知识产权、土地使用权或者其他财产权利等非货币财产来出资。当然,私募基金的合格投资人只能以货币资金认购基金。一般来说,实物包括动产和不动产,其中,不动产是指不能移动或者移动后将改变其使用价值、性质的财产,主要有各类建筑物;动产是指移动后将不改变其使用价值、性质的财产,主要有机器设备、运输工具、原材料等;知识产权包括专利权、专有技术、商标权等。

不过,由于实务情况比较复杂,法律不可能穷尽罗列可出资的非货币财产种类,所以《合伙企业法》第 16 条第 1 款仅罗列了实物、知识产权、土地使用权三个非货币财产种类，至于可出资的其他财产权利还有哪些，留给合伙人自行掌握与判断。笔者认为，凡是能为合伙（企业）带来实际用处或者使用价值的非货币财产，均可用来出资，比如将房屋提供给合伙使用，就是为合伙（企业）带来了实际用处或者使用价值，因而可用房屋使用权来出资。依此，股权、债权也是可以用来出资的。

4. 有限合伙人不得以劳务出资

《合伙企业法》第 16 条第 1 款规定，合伙人可以用劳务出资，即可以通过向合伙企业提供劳动来出资。这也是《民法通则》第 30 条所规定的“共同劳动”，是合伙人劳务出资的一般规定，而《合伙企业法》第 64 条第 2 款又对有限合伙人用劳务出资作了禁止性规定，即有限合伙人不得以劳务出资。这与有限合伙人不参与合伙企业经营是相匹配的，也就是说，既然有限合伙人不参与合伙企业经营，自然就不可能向合伙企业提供劳动，而不向合伙企业提供劳务，那自然就不能用劳务出资了。

5. 出资的价值确定

货币出资一般以人民币出资，如果以外币出资，往往需要兑换或者折算成人民币，但因为存在汇率变化问题，应当由外币出资者自行兑换成人民币，若折算成人民币的，应当取得其他合伙人的认可。货币出资直接以其金额确定价值即可，无须评估作价或者协商确定，但非货币出资没有具体金额，无法直接确定价值，需要评估作价或者协商确定。为此，《合伙企业法》第 16 条第 2 款、第 3 款规定，合伙人以实物、知识产权、土地使用权或者其他财产权利出资，需要评估作价的，可以由全体合伙人协商确定，也可以由全体合伙人委托法定评估机构评估，合伙人以劳务出资的，其评估办法由全体合伙人协商确定，并在合伙协议中载明。对于用股权、债权出资的，如何确定价值，法律未有明确规定，笔者认为，应当依据《合伙企业法》第 16 条第 2 款的规定进行判断。

6. 出资的转移

对于设立合伙企业，合伙人需要将出资转移到合伙企业名下，但对于设立无字号的个人合伙，往往无法办理出资的转移手续。因此，此处所说的出资转移，仅指合伙企业设立时及设立后新合伙人入伙时的出资转移。

出资方式不同,转移方式、要求会有所不同。货币出资只需将资金转入指定账户便可完成出资的转移;而非货币出资的情况比较复杂,为此,《合伙企业法》第17 条第 2 款仅原则性规定,以非货币财产出资的,依照法律、行政法规的规定,需要办理财产权转移手续的,应当依法办理。一般来说,动产出资往往只需交付便可完成产权转移手续,若有产权登记的,比如汽车等交通工具,还需要办理产权转移登记手续。不动产、知识产权中的商标权和专利权、股权往往有产权登记,因而以其出资一般需要办理产权转移登记手续;债权出资在性质上属于债权转让,依法应当通知债务人。

《民法通则》及其司法解释、《合伙企业法》对劳务(技能)出资的转移均未作规定。实际上,劳务(技能)存在于人体之内的一种潜能,与出资人的人身不可分离,出资人无法将劳务(技能)转移给合伙(企业)。只有付出劳务(或者提供劳动)后,劳务(技能)才会转化为现实的东西,即劳务(技能)成果,合伙(企业)对劳务(技能)出资所享(拥)有的便是劳务(技能)成果,而非劳务(技能)本身。因此,一定要监督劳务(技能)出资者按照合伙协议约定向合伙(企业)付出劳务(或者提供劳动)。

《外商投资合伙企业登记管理规定》第 14 条规定,外国合伙人用其从中国境内依法获得的人民币出资的,应当提交外汇管理部门出具的境内人民币利润或者其他人民币合法收益再投资的资本项目外汇业务核准件等相关证明文件。依此规定,外国合伙人以境内依法获得的人民币出资还需要办理相关证明文件。

依照《合伙企业法》第 20 条的规定,合伙人出资将会成为合伙财产,且合伙人参与合伙经营期间不允许其取回出资,加之合伙经营风险往往很大,出资有可能赔进去,甚至血本无归。因此,建议合伙人最好不要借钱借物出资,以免无法偿还而使自己背负债务,从而影响生活。

7. 合伙出资结构没有比例限制

所谓合伙出资结构比例,就是每种出资方式占全部出资额的比重。无论《民法通则》及其司法解释还是《合伙企业法》,均只明确了合伙人的出资方式有哪些,但未规定合伙出资结构是否有比例限制。按照"法无禁止即可为"的原则,合伙出资结构应当没有比例限制。实际上,原《公司法》仅就货币出资比例明确规定"全体股东的货币出资金额不得低于有限责任公司注册资本的百分之三十”，对其他出资方式是否有比例限制，并未作出规定。而原《公司法》有关货币出资比例的限制性规定与国家鼓励创业、刺激经济的精神不符，所以2013年修订《公司法》时便将货币出资比例的内容删除。可见，出资结构没有比例限制已成为公司等组织形态的趋势和常态，相信未来国家也不可能对合伙出资结构比例作出限制性规定。当然，合伙人根据自身情况，通过合伙协议对合伙出资结构比例作出限制性规定，并不违背法律规定，是应当允许的。

8. 出资不实的后果

出资不实包括未履行出资和未全面履行出资两种情形。《合伙企业法》第65条规定，有限合伙人应当按照合伙协议的约定按期足额缴纳出资；未按期足额缴纳的，应当承担补缴义务，并对其他合伙人承担违约责任。这仅是有限合伙人未全面履行出资义务后果的规定。该条并未明确未全面履行出资义务的对外责任。如果形式（表面）上有限合伙人已按期足额缴纳出资，但非货币财产的作价额显著高于其实际价值的，有何后果，《合伙企业法》未作规定。笔者认为，可以参照《最高人民法院关于适用〈中华人民共和国公司法〉若干问题的规定（三）》（以下简称公司法司法解释三）第9条的规定，认定该有限合伙人未全面履行出资义务。同时，参照公司法司法解释三第13条的规定，由有限合伙人在未出资本金及利息范围内，承担补缴义务（属于出资责任范畴），对合伙债权人承担补充赔偿责任（属于对外责任范畴），对其他合伙人承担违约责任（属于对内责任范畴）。对有限合伙人未履行出资义务即在规定期限内未缴纳一分钱的后果，《合伙企业法》也没有作出规定。不过，出资义务是合伙协议规定的内容，有限合伙人未履行出资义务也就表明其违反了合伙协议，按照《合伙协议法》第103条第1款的规定，其应当承担违约责任。同样，可参照公司法司法解释三第13条的规定，由有限合伙人在认缴出资本金及利息范围内承担补缴义务（属于出资责任范畴），并对合伙债权人承担补充赔偿责任（属于对外责任范畴）。同时，还要对合伙人不实出资范围内的权利进行必要限制，比如无权要求利润分配（但约定不按出资比例分配利润的除外）。

普通合伙人出资不实也包括未履行出资和未全面履行出资两种情形，有何后果，无论《民法通则》及其司法解释还是《合伙企业法》，均未作出规定。不过，出资义务是合伙协议规定的内容,普通合伙人出资不实也就表明其违反了合伙协议,按照《合伙协议法》第 103 条第 1 款的规定,普通合伙人应当承担违约责任(属于对内责任范畴)。个人合伙的合伙人亦如此。同时,可以依照有限合伙人出资不实的处理,由普通合伙人承担补缴义务(属于出资责任范畴)。同时,还要对合伙人不实出资范围内的权利进行必要限制,比如无权要求利润分配(但约定不按出资比例分配利润的除外)。由于普通合伙人对合伙债务承担无限连带责任,即使其出资不实(包括非货币财产的作价额显著高于其实际价值),也不影响其对外责任的承担,所以无须另行专门规定。

为避免内容重复,本书在此对出资不实的对外责任、对内责任一并阐述,本章后面不再赘述。另外,补缴义务、赔偿责任或者违约责任是否受时效限制,《合伙企业法》未作规定,笔者认为,可以参照公司法司法解释三第 19 条第 1 款“公司股东未履行或者未全面履行出资义务或者抽逃出资,公司或者其他股东请示其向公司全面履行出资义务或者返还出资,被告股东以诉讼时效为由进行抗辩的,人民法院不予支持”的规定,认定补缴义务、赔偿责任或者违约责任不受时效限制。

9. 隐名出资的责任承担

所谓隐名出资,是指依据书面或者口头协议委托他人代为出资。代为出资的他人是名义合伙人,被称为显名合伙人,包括显名普通合伙人和显名有限合伙人。与显名合伙人相对应者是实际合伙人,被称为隐名合伙人,包括隐名普通合伙人和隐名有限合伙人。《民法通则》及其司法解释、《合伙企业法》对合伙的隐名出资均未作规定,但实务中无法排除此类情况。在隐名出资情形下,出资责任在形式上要由显名合伙人承担,但最终由隐名合伙人承担,如果出资不实的,其他合伙人只能追究显名合伙人的责任,显名合伙人承担责任后有权要求隐名合伙人最终承担该责任。隐名出资的责任承担还包括以下三个方面的内容:一是隐名合伙人是否向显名合伙人承担责任;二是隐名合伙人是否向合伙债权人承担责任;三是显名合伙人是否向合伙债权人承担责任。所谓合伙债权人,就是对合伙享有债权的人。后两项属于合伙的对外责任。由于显名合伙人是对外公示上的出资人,基于公示的公信力,显名普通合伙人应当对合伙债权人承担无限连带责任,显名有限合伙人在出资不实范围内对合伙债权人承担责任。当然,显名合伙人仅是代为出资,其对合伙债权人承担责任后有权要求隐名合伙人最终承担该责任。如果合伙债权人知悉隐名合伙人后,能否有权直接要求其承担责任?笔者认为,基于公示的公信力和维护合伙人关系的稳定,合伙债权人也不能要求隐名合伙人承担责任。同理,对内责任亦应如此,同时,隐名合伙人不能直接享有和行使合伙权利,如果隐名合伙人想变更成为登记上的出资人(合伙人),须按对外转让合伙份额的有关规定履行有关手续。

风险规避

1. 优先考虑出资能为合伙带来实际用处

虽然合伙的各类出资构成没有比例限制,但是没有一定的货币出资,就会使合伙缺少现金流,往往会影响合伙经营的正常运转。当然,货币出资的具体额度或者比例不宜作统一要求,而应由全体合伙人根据合伙经营的实际情况协商确定。即便全部出资均为货币,也不会有什么坏处,甚至还可以到厂家专门定制。因此,货币出资无疑会给合伙带来实际用处,即对合伙有用。创业者及其创业伙伴手中的货币毕竟是有限的,因而非货币出资不可避免。然而,非货币出资并非必然就对合伙有用,所以不能不加区分地全盘接受或者来者不拒,而应有所选择。笔者认为,选择标准应是对合伙有用,凡是对合伙有用的出资,就要优先考虑;反之,最好不要考虑。当然,出资所处合伙阶段不同、地域不同,对合伙有用的判断标准也会有所不同。比如,创设合伙时往往需要一定现金流和办公场地,就不适宜优先考虑债权出资,因为债权往往不会给合伙带来现金流,更不能当办公场地使用。而合伙有了一定积累后,新合伙人入伙时以债权出资,就可以给合伙带来壮大规模的实际用处。例如,知识产权有很强的地域性,在海南非常知名的商标,在上海可能就没有什么知名度,用该商标出资在上海设立合伙就是没有实际用处。所以判断知识产权出资的有用性时还需要考虑地域性。这里之所以说"优先考虑"而非"必须考虑",乃是因为实务中可供选择的出资往往是有限的。

2. 通过出资比例设定使决策权相对集中

所谓出资比例,是指每个合伙人出资额占合伙全部出资额的比重。合伙人出资比例不同于合伙出资结构比例,因为虽然二者计算的分母均为全部出资额,但是前者是以每个合伙人出资额为分子来计算比例,而后者以每种出资方式的额度为分子来计算比例。实务中,合伙人出资比例是合伙人运用合伙协议约定促使其决策权利最大化的最重要依据,一般会约定持同意意见的合伙人出资比例达到或者超过50%、60%或者更高时,就通过了所表决事项。如此一来,出资比例大的合伙人所享有的决策权就大,反映出决策权相对集中。这有利于合伙人能快速通过表决事项,可有效避免内耗。因此,若合伙人为两人的,建议出资比例最好是70%和30%或者80%和20%,若合伙人为三人的,建议出资比例最好是70%、20%、10%或者60%、20%/30%、20%/10%,若合伙人为三人以上的,则建议其中一个合伙人的出资比例要大于绝大多数其他合伙人出资比例的合计数。一般来说,合伙中的核心合伙人付出的时间、精力均最多,承担的责任也最多,所以其应当拥有较大的决策权,因而其出资比例应当最大。需要指出,在创设合伙时合伙人之间基本不存在矛盾,此时确定合伙人出资比例当然就不易产生争议或者纠纷,所以建议最好在创设合伙时就确定或者设计好合伙人的出资比例。

3. 委托专门机构对非货币财产进行评估

虽然按照《合伙企业法》第16条第2款的规定,合伙人出资的非货币财产需要评估作价的,既可由全体合伙人协商确定,也可由全体合伙人委托法定评估机构进行评估。但是合伙人毕竟不是专业评估人员,他们往往并不具备评估所需要的专业知识与技能,因而其所作出的评估价格难免会有偏颇,最终将会使非货币财产的评估价格与实际价值之间有较大差异。同时,合伙人往往希望自己出资的非货币财产评估作价高一些,别人出资的非货币财产评估作价低一些。这会增大合伙人就非货币财产评估作价的协商难度。专业的事情还是要由专业的人去做,专业的做法才会让人信服。因此,建议委托专门机构对合伙人出资的非货币财产进行评估,并按该评估价格确定合伙人的出资作价。当然,评估需要交纳一定评估费,合伙人要事先明确评估费由谁来承担。需要注意的是,国家对劳务(技能)并无统一的评估标准,社会上也没有专门机构对劳务(技能)进行评估。因而只能由全体合伙人协商确定评估办法,这增加了劳务(技能)评估作价的难度,建议创业者及其创业伙伴最好不要选择接受劳务(技能)出资,但确有必要的除外。

对于设立无字号的个人合伙,出资的非货币财产只能登记或者归于合伙人名下,所以往往无须办理出资的转移手续。因此,对设立无字号的个人合伙,建议仅以合伙人出资的非货币财产的使用价值(有用性)进行评估作价。比如,合伙人用房屋出资的,建议按房屋出租价格评估作价,并将房屋提供合伙经营使用。

如果专门机构对非货币财产的评估价格过高,将会损害其他合伙人、合伙债权人的利益。专门机构是否要承担责任,《合伙企业法》未作规定。笔者认为,若专门机构有过错的,可以参照《公司法》第 207 条第 3 款的规定,由专门机构在评估不实的金额范围内承担赔偿责任。

4. 关注部分非货币财产转移之特殊因素

只有合伙企业需要办理非货币财产出资转移手续。动产仅需交付即可完成转移,房产等不动产仅需要办理产权转移登记手续即可完成转移。可部分非货币财产出资的转移并非如此简单,而是存在特殊因素,需要加以关注,主要包括:第一,股权出资,需要遵循股权转让的有关规定,由出资的合伙人与合伙企业履行股权转让的法律手续,如果拟出资的股权属于法律限制转让的,则不能接受该股权出资。比如,《公司法》第 141 条规定,发起人持有的股份公司股权,自股份公司成立之日起一年内不得转让,若发起人在股份公司成立之日起一年内用该股权出资设立合伙企业,则因该股权转让受到限制而无法办理转移登记手续,所以不能接受该股权出资。第二,债权出资,需要遵循债权转让的有关规定,由出资的合伙人与合伙企业履行债权转让的法律手续,并通知债务人,如果拟出资的债权属于法律限制转让的,则不能接受该债权出资。比如,按照《合同法》第 79 条第 1 款第 2 项的规定,当事人约定不得转让的债权、当事人约定不得转让的债权或者法律规定不得转让的债权,是不能转让的,比如抚养费请求权等以特定身份为基础的债权,和以劳动保险金债权等公法上的债权,依法律规定不能转让。若债权人用这些不得转让的债权出资设立合伙企业,则该债权转让受到限制而无法转让(移),所以不能接受该类债权出资。第三,知识产权出资,是将知识产权的专有权或者使用权作价投入的合伙(企业)中。一般来说,知识产权的专有权出资转移后将由合伙企业独家所有,不会有争议,但知识产权的使用权在同一时间可由多人使用,因而合伙人将其出资转移给合伙企业使用的同时,仍能自己使用或者许可他人使用。因此,用知识产权的使用权出资时要考虑是否约定排他条款,即出资后是否还允许合伙人在一定范围内自己使用或者许可他人使用。若需约定排他条款的,则须明确合伙企业享有知识产权使用权的范围,并要求合伙人在这个范围内既不得自己使用也不得许可他人使用,否则,知识产权的使用权出资将会失去实际意义。

5. 事先明确办理产权转移手续相关事项

除了劳务与技能外,其他非货币出资往往需要办理产权转移手续。一般来说,在办理产权转移手续上至少需要事先明确以下"八个清晰"事项,以免日后产生不必要的争议或者纠纷:一是内容清晰,要明确出资的非货币财产包括哪些内容,是所有权还是专有权、使用权,抑或其他内容,最好详尽列出清单;二是要件清晰,要明确出资的非货币财产转移需要提交哪些材料要件;三是时间清晰,要明确规定出资的非货币财产办理产权转移(或者过户)手续的期限,即应当在多长时间内办结产权转移(或者过户)手续;四是人员清晰,要明确由谁负责办理产权转移(或者过户)手续,最好由出资人负责;五是费用清晰,要明确办理产权转移(或者过户)手续所需要的税费由谁承担,最好由出资人承担;六是程序清晰,要明确规定出资的非货币财产办理产权转移(或者过户)手续需要哪些步骤及其先后顺序,比如实物交付手续应在何时何地与何人办理,如涉及办理产权过户登记手续的,则应在实物交付手续之前还是之后办理;七是权利清晰,要明确出资的非货币财产的权利是清晰的,没有权利负担,比如出资的机器设备设有抵押权的,就属于有权利负担,因而该出资的机器设备的权利不清晰的,非货币财产转移之特殊因素实际上就是权利负担;八是责任清晰,要明确违约责任的计算方法、支付时间、支付方式。当然,最好能在合伙协议或者其他书面材料中明确规定前述"八个清晰"事项,并要明确规定违反"八个清晰"事项所应承担的责任。

6. 紧盯其他合伙人是否已履行出资义务

合伙人实际履行出资义务是合伙经营和承担责任的物质基础,否则,合伙可能就无法持续下去。一般来说,大多数合伙人均会自觉履行出资义务,但总会有少部分合伙人基于种种原因而不会(愿)自觉履行出资义务,往往需要别人督促后才会履行出资义务。因此,合伙人在自觉履行出资义务的同时,要紧盯其他合伙人是否已履行合伙协议约定的出资义务,如果未履行,则要予以督促,必要时还要通过诉讼方式要求其履行出资义务。当然,判断其他合伙人是否已履行合伙协议约定的出资义务,首先得合伙协议对出资义务有明确而详尽的约定。因此,要事先在合伙协议中对出资的方式、评估、期限、交付、登记及办理产权转移手续的期间等事项予以详尽的约定，以免日后其他合伙人狡辩或者大家有分歧。另外，可考虑在合伙协议中约定，若合伙人未履行或者未全面履行出资义务，则在其未出资额度范围内不享有合伙权利；若合伙人未履行出资义务达到一定期限的，则按自动失去合伙人资格处理；若合伙人未全面履行出资义务达到一定期限的，则在其未出资额度范围内视为减少对合伙的出资。

7. 严防执行事务合伙人的抽逃出资行为

所谓抽逃出资，是指合伙人将出资暗中撤回的欺诈性违法行为。抽逃出资只能发生在合伙设立以后，合伙设立以前不能认定合伙人抽逃出资，最多只能认定其出资违约，所以抽逃出资不同于合伙人出资不实。抽逃出资的情形有直接撤回出资、通过虚构债权债务关系将出资转出、通过关联交易间接撤回出资等。其中直接撤回出资又可分为永久撤回出资不再返还和临时撤回出资使用后返还两种情形，而通过虚构债权债务关系将出资转出、通过关联交易间接撤回出资等情形的最终结果是永久撤回出资不再返还，实际上就是变相地直接撤回出资。执行事务合伙人直接负责合伙经营(事务)，客观上具有抽逃出资的便利条件，尤其具有临时撤回出资使用后便返还的便利条件。虽然抽逃出资最终不会影响执行事务合伙人对合伙债务承担连带责任，但是永久撤回出资不再返还将会使合伙财产减少，让其他合伙人在合伙解散时会少分得财产。或者在合伙财产不足清偿合伙债务时，会多承担债务，直接影响其他合伙人的财产分割权和清偿顺位权。而临时撤回出资使用后便返还将可能会影响合伙的经营与收益，最终可能会影响其他合伙人的利润分配权。因此，其他合伙人要本着“害人之心不可有，防人之心不可无”的态度，充分运用监督权的相关规定，严防执行事务合伙人的抽逃出资行为，尤其是严防其临时撤回出资使用后便返还的情形。而对发现的抽逃出资行为，除要求合伙人返还抽逃的出资外，还要就所造成的损失追究其赔偿责任。

8. 隐名合伙人需防范自身利益遭受损害

隐名出资登记记载在显名合伙人名下，由显名合伙人对外享有和行使该出资权利。这与其他合伙人并无区别，显名合伙人的个人债权人可请求法院强制执行登记在显名合伙人名下的合伙出资。而显名合伙人与隐名合伙人之间的约定，对双方之外的第三人不具有法律约束力,给显名合伙人恶意向第三人处分出资权利提供了便利。因此,隐名出资对于隐名合伙人而言,无疑具有极大的法律风险和商业风险,主要表现为:

一是可能丧失对财产份额的相应出资权益。

二是可能丧失对合伙的相应管理权。

三是可能丧失对隐名出资的控制权,从而导致显名合伙人通过质押或者转让财产份额而套现自利。

四是可能面临显名合伙人的配偶主张隐名出资及其收益为夫妻共同财产而要求分割等。

五是可能被显名合伙人的个人债权人请求法院强制执行。

这些风险均会使隐名合伙人自身利益遭受损害,隐名合伙人不得不加以防范。具体防范措施建议如下:

一是隐名合伙人要选择可靠的、值得信赖、无经济纠纷的人作为显名合伙人,从源头上尽可能防范风险。

二是隐名合伙人必须与显名合伙人签订完善的《出资代持协议》等协议,作为确认双方权利义务的重要依据和基础,并可成为保护隐名合伙人合法权益的有力证据。建议明确以下内容:(1)隐名合伙人为合伙的实际出资人,显名合伙人只是代为持有出资;(2)隐名合伙人可随时要求显名合伙人将出资变更或者变更登记至自己或者指定的第三方名下;(3)若合伙不能设立、办理退伙或者合伙解散,则隐名合伙人有权要求显名合伙人返还出资款及其相关利益;(4)显名合伙人因持有出资所享有的利益,如分配的利润,应限期支付给隐名合伙人;(5)未经隐名合伙人同意,显名合伙人不得将所持有的财产份额转让给第三人,否则,将要承担违约责任,并明确违约责任如何计算;(6)显名合伙人每一次行使合伙权利前,均应事先取得隐名合伙人的同意(最好是书面同意),否则,须向隐名合伙人承担违约责任(对违约责任要进行量化),并同时对所造成的损失承担赔偿责任。

三是由显名合伙人配偶在该协议上签字予以认可,或者通过另行出具确认书的形式加以认可,让其配偶知悉和确认隐名出资的事实,以便有效减少日后争议发生的可能性。

四是如果有可能,还要邀请其他合伙人在该协议上以签名方式加以见证,以使其他合伙人知悉显名合伙人代持出资的事实,为日后隐名合伙人顺利“转正”创造积极的条件。

五是如果合伙需要聘请经营管理人员,隐名合伙人可以自己或者选派可信任的其他人(非显名合伙人)作为经营管理人员,实时参与合伙经营,以强化对显名合伙人的实时监督。

六是隐名合伙人要采取查账等其他措施,强化对显名合伙人行使合伙权利的监督。

七是隐名合伙人一旦发现显名合伙人在行使合伙权利上已经有或者可能会有恶意行为,要立即加以制止。一方面要向显名合伙人提出严正交涉,另一方面要向受让合伙财产份额或者接受合伙财产份额质押的第三人发出正式函件,表明显名合伙人并非合伙财产份额的合法权利人,其转让或者质押行为具有瑕疵,尽可能促使第三人终止合伙财产份额的转让或者质押行为。若第三人不终止或者怠于终止的,则要立即向法院提起确认之诉,请求法院确认合伙财产份额为隐名合伙人所有,并同时采取财产保全措施,查封显名合伙人名下的合伙财产份额。

八是对法院因显名合伙人的个人债务而强制执行登记在其名下合伙财产份额的,隐名合伙人要及时通过执行异议、执行异议之诉来维护自身合法权益。

九是对显名合伙人在行使合伙权利上的恶意行为,隐名合伙人要及时追究其违约责任,如果造成损失的,还要追究其赔偿责任。

对显名合伙人在行使合伙权利上的重大过失行为,隐名合伙人一方面要通过加强监督、及时制止来加以防范,另一方面要及时追究其违约责任,如果造成损失的,还要追究其赔偿责任。而对显名合伙人在行使合伙权利上的一般过失行为,隐名合伙人就不能追究其违约责任和赔偿责任;否则,有失公平。

9. 谨防行为人冒用他人名义向合伙出资

所谓行为人冒用他人名义向合伙出资,是指在他人不知情的情况下,行为人以他人名义出资设立合伙。这里的“行为人”可称为冒用者,“他人”可称为被冒名者。冒名与隐名的最大区别在于:一是在冒名中他人不知其名被用,而在隐名中他人知其名被用;二是在冒名中他人不会主动配合,而在隐名中他人会主动配合。对行为人冒用他人名义向合伙出资所引发的责任,由冒名者承担还是由被冒名者承担,《民法通则》及其司法解释、《合伙企业法》均未作规定。笔者认为,可以参照公司法司法解释三第28条的规定:“冒用他人名义出资并将该他人作为股东在公司登记机关登记的,冒名登记行为人应当承担相应责任;公司、其他股东或者公司债权人以未履行出资义务为由,请求被冒名登记为股东的承担补足出资责任或者对公司债务不能清偿部分的赔偿责任的,人民法院不予支持",应由冒名者承担,而非由被冒名者承担。然而,冒名者往往不会认账,而其他合伙人往往又难有证据能证明其冒用他人名义向合伙出资,致使与该出资有关的责任可能要由其他合伙人承担,加重其他合伙人的责任。因此,其他合伙人应当严格审核出资人的身份信息,确保提供出资的行为人与合伙中记载的合伙人为同一人,从源头上谨防冒名出资行为的发生,而对于"漏网之鱼",一经发现,要通过退伙程序坚决予以清理,因为冒名者品德有问题,所以不适宜将其"转正"为合伙人。

二、对外责任

关键内容

对外责任就是对合伙人、合伙企业、合伙企业从业人员以外其他人或者单位所应承担的责任,责任主体主要涉及合伙人、合伙企业,包括以下九个方面的关键内容。

1. 合伙财产先行清偿合伙债务

《合伙企业法》第38条规定,合伙企业对其债务,应先以其全部财产进行清偿。这是对合伙企业财产先行清偿合伙企业债务的规定。对个人合伙是否也须用合伙财产先行清偿合伙债务,《民法通则》及其司法解释尚无明确规定。不过,个人合伙与合伙企业之"合伙"的基本原理是一致的,所以笔者认为,个人合伙也须用合伙财产先行清偿合伙债务。依此,合伙债权人只能先要求用合伙财产来清偿合伙债务,而不能先要求普通合伙人用自身财产连带清偿合伙债务,只有对合伙财产未清偿的合伙债务,才能要求普通合伙人用自身财产连带清偿。对于合伙财产不易处置或者未成功处置,合伙债权人能否要求普通合伙人用自身财产连带清偿合伙债务,尚无明确规定。笔者认为,以物抵债也是清偿债务的方式之一。如果合伙财产不易处置或者未成功处置,完全可用合伙财产抵债的方式来清偿合伙债务。因此,即便合伙财产不易处置或者未成功处置,合伙债权人也不能要求普通合伙人用自身财产连带清偿合伙债务,而应当用合伙财产抵债的方式来清偿合伙债务。当然,以物抵债将会给合伙债权人带来麻烦或者损失,但这是债权人与合伙交易的应有风险,不应转嫁给普通合伙人承担,否则,将有悖于公平原则,也可能会影响创业者及其创业伙伴合伙创业的热情。

2. 普通合伙人的无限连带责任

《合伙企业法》第2条第2款、第3款和第39条规定,合伙企业不能清偿到期债务的,普通合伙人承担无限连带责任;该法第83条规定,有限合伙人转变为普通合伙人的,对其作为有限合伙人期间,有限合伙企业发生的债务承担无限连带责任;该法第84条规定,普通合伙人转变为有限合伙人的,对其作为普通合伙人期间,合伙企业发生的债务承担无限连带责任;该法第91条规定,合伙企业注销后,原普通合伙人对合伙企业存续期间的债务仍应承担无限连带责任;该法第92条第2款规定,合伙企业依法被宣告破产的,普通合伙人对合伙企业债务仍应承担无限连带责任。《民法通则》第35条规定,合伙人对合伙的债务承担连带责任。民法通则司法解释第47条、第48条规定,全体合伙人对合伙经营的亏损额,对外应当负连带责任。这些条文是有关普通合伙人的无限连带责任的规定。结合“合伙财产先行清偿合伙债务”的分析,普通合伙人承担无限连带责任只针对合伙财产未能清偿的合伙债务。需要指出,普通合伙人对合伙债务的无限连带责任,不以合伙是否存续(在)为前提。因而只要合伙债务存在,普通合伙人就需要对合伙债务承担无限连带责任。当然,如果合伙债务过诉讼时效,即不在诉讼时效期间内,就会变为自然债务。普通合伙人可拒绝承担连带清偿责任,而合伙债权人通过诉讼等方式也无法强制要求普通合伙人连带清偿,若普通合伙人连带清偿后又将无权以自然债务为由要求合伙债权人返(退)还。

《合伙企业法》第57条规定,一个合伙人或者数个合伙人在执业活动中,因故意或者重大过失造成合伙企业债务的,应当承担无限责任或者无限连带责任,其他合伙人以其在合伙企业中的财产份额为限承担责任;合伙人在执业活动中非因故意或者重大过失造成的合伙企业债务以及合伙企业的其他债务,由全体合伙人承担无限连带责任。这是法律对特殊的普通合伙企业的普通合伙人的无限连带责任所作的特别规定,即特殊的普通合伙企业的普通合伙人对合伙企业债务有条件地承担无限连带责任。

3. 有限合伙人承担责任有限额

《合伙企业法》第 2 条第 3 款规定,有限合伙人以其认缴的出资额为限对合伙企业债务承担责任。这便是有限合伙人承担责任有限额的规定,亦即有限合伙人以其认缴的出资额为限对外承担责任,合伙债权人无权要求其用其他财产对合伙债务承担责任,包括有限责任和连带责任。这项规则实现了企业管理权和出资权的分离,给愿意投资设立合伙企业但又不愿意用自己其他财产对合伙债务承担连带责任的人,提供了一个新的投资渠道。

需要指出的是,认定有限合伙人对合伙债务承担责任的限额,以认缴的出资额为标准,而非实际出资额。如果有限合伙人未按照合伙协议的约定,按期足额缴纳出资,《合伙企业法》第 65 条仅规定了对内责任,明确"应当承担补缴义务,并对其他合伙人承担违约责任",而未明确对外是否要向合伙债权人承担责任。笔者认为,有限合伙人的责任与股东的责任相似,完全可以参照公司法司法解释三第 13 条第 2 款"公司债权人请求未履行或者未全面履行出资义务的股东在未出资本息范围内对公司债务不能清偿的部分承担补充赔偿责任的,人民法院应予支持"和第 19 条第 2 款"公司债权人的债权未过诉讼时效期间,其依照本规定第 13 条第 2 款、第 14 条第 2 款的规定请求未履行或者未全面履行出资义务,或者抽逃出资的股东承担赔偿责任,被告股东以出资义务或者返还出资义务超过诉讼时效期间为由进行抗辩的,人民法院不予支持"的规定。应由有限合伙人在未出资本息范围内,对合伙债务不能清偿的部分承担补充赔偿责任,且不受诉讼时效期间的限制。可见,有限合伙人对外责任不仅不会因其未履行或者未全面履行出资义务而免除或者减轻,而且还会因承担未出资利息而加重其责任,实际承担的责任数额将会突破《合伙企业法》第 2 条第 3 款规定的责任限额,即要大于认缴的出资数额。创业者及其创业伙伴需要注意,并按照合伙协议的约定按期足额缴纳出资。

可能会有人提出,普通合伙人未履行或者未全面履行出资义务的,是否也存在加重责任问题。回答当然是否定的,因为普通合伙人对外责任,并不以出资为限额,无论其是否按照合伙协议的约定,按期足额缴纳出资,均要对合伙债务承担无限连带责任。

4. 合伙人债务与合伙相互隔离

《合伙企业法》第41条规定，合伙人发生与合伙企业无关的债务，相关债权人不得以其债权抵销其对合伙企业的债务，也不得代位行使合伙人在合伙企业中的权利。这是合伙企业的合伙人债务与合伙相互隔离的规定，其中“合伙人发生与合伙企业无关的债务”，实际上就是合伙人债务，系合伙人自身债务。合伙人在合伙企业中的权利实际上就是合伙人的合伙权利，这里主要涉及利润分配权、份额转让权和财产分割权。合伙人债务与合伙相互隔离体现在两个方面：一是合伙人自身债务与合伙企业债务相互隔离，合伙人相关债权人不得以其对合伙人的债权来抵销其对合伙企业的债务。二是合伙人自身债务与合伙权利相互隔离，合伙人相关债权人不得代位行使合伙人的合伙权利，来清偿合伙人债务，合伙人也不得行使其合伙权利来清偿其债务。对个人合伙的合伙人自身债务与合伙是否也应相互隔离，《民法通则》及其司法解释尚无明确规定。不过，个人合伙与合伙企业之“合伙”的基本原理是一致的，所以，笔者认为，个人合伙的合伙人自身债务与合伙也应相互隔离。

合伙人自身债务与合伙企业债务相互隔离是绝对的，不会因任何事由而改变，但合伙人自身债务与合伙权利相互隔离不是绝对的，而是有条件的。即只有在合伙人的自有财产足以清偿其与合伙企业无关债务的前提下，合伙人自身债务与合伙权利才能相互隔离。如果合伙人的自有财产不足清偿其与合伙企业无关债务的，合伙人债务与合伙权利不能相互隔离，依照《合伙企业法》第42条、第74条的规定，该合伙人可以以其从合伙企业中分取的收益来清偿其自身债务，债权人也可以依法请求法院强制执行该合伙人在合伙企业中的财产份额来清偿合伙人自身债务。可见，该规则约束（适用）对象既包括合伙人也包括合伙人的相关债权人。对于合伙人的自有财产不易处置或者未成功处置，是否属于“不足清偿其与合伙企业无关债务”，尚无明确规定。笔者认为，如同“合伙财产先行清偿合伙债务”中的分析一样，以物抵债也是清偿债务的方式之一。如果合伙人的自有财产不易处置或者未成功处置，完全可用该财产抵债的方式来清偿债务。因此，合伙人的相关债权人不得以“合伙人的自有财产不易处置或者未成功处置”为由，请求法院强制执行该合伙人在合伙中的财产份额来清偿合伙人自身债务。

5. 合伙人债务清偿要求及后果

合伙人用从合伙(企业)中分取的利益或者法院强制执行合伙人在合伙(企业)中的财产份额清偿合伙人自身债务的要求如下:

一是依照《合伙企业法》第 42 条、第 74 条的规定,对于用从合伙(企业)中分取的收益清偿合伙人自身债务,应由合伙人实施,而合伙人从合伙(企业)中分取收益实际上就是合伙人提前单方分配合伙利润,所以还须符合合伙协议的约定。对于合伙协议没有约定或者虽有约定,但其他合伙人拒绝合伙人提前单方分配合伙利润,该如何处理,尚无明确规定。笔者认为,应由债权人依法请求法院强制执行,因为合伙利润(收益)包含于财产份额。对于用在合伙(企业)中的财产份额清偿合伙人自身债务,应由债权人依法请求法院强制执行,而法院强制执行合伙人在合伙(企业)中的财产份额,实际上就是转让合伙人的财产份额,所以还应当通知全体合伙人。在同等条件下其他合伙人享有优先购买权。

二是合伙人从合伙(企业)中分取利益的前提应是合伙有利润,如果合伙(企业)没有利润,则合伙人就无权要求从合伙(企业)中分取利益。法院强制执行合伙人在合伙(企业)中财产份额的前提应是合伙(企业)财产减去合伙(企业)债务有剩余,并依此计算应强制执行的财产份额,如果不减去合伙(企业)债务,就等于变相将该合伙人自身债务转嫁给其他合伙人,对其他合伙人是不公平的。如果剩余为零或者负数,法院强制执行合伙人在合伙(企业)中财产份额就等于变相将该合伙人自身债务转嫁给其他合伙人,对其他合伙人也是不公平的。

合伙人用从合伙(企业)中分取的利益清偿合伙人自身债务,有何后果,我国法律未作规定。笔者认为,由于合伙人从合伙(企业)中分取收益,就是提前单方分配了合伙利润,所以后续全体合伙人分配合伙利润时,该合伙人在提前单方分配合伙利润额度范围内不得参与分配。法院强制执行合伙人在合伙(企业)中的财产份额,清偿合伙人自身债务,实际上就是通过法院强制执行手段,转让合伙人的财产份额。所以应按份额转让权的有关要求执行,如果其他合伙人既不购买也不同意将该财产份额转让给他人的,则应为该合伙人办理退伙结算,或者办理削减该合伙人相应财产份额的结算(办理结算实际上就涉及财产分割权)。同时,依据《合伙企业法》第 48 条第 1 款第 5 项的规定,当合伙人在合伙(企业)中的全部财产份额被法院强制执行的,合伙人应按当然退伙处理。但笔者认为,合伙人的全部财产份额因法院强制执行，而被成功转让给他人或者办理了退伙结算手续，合伙人自然就会失去合伙人资格，况且合伙人正常转让全部财产份额也未被列为当然退伙情形，所以《合伙企业法》第48条第1款第5项的规定似有不妥之处。

6. 新合伙人对以前债务仍担责

《合伙企业法》第44条第2款规定，新合伙人对入伙前合伙企业的债务承担无限连带责任；该法第77条规定，新入伙的有限合伙人对入伙前有限合伙企业的债务，以其认缴的出资额为限承担责任。这两条便是合伙企业的新合伙人对入伙前合伙债务仍要承担责任的规定，即新的普通合伙人对入伙前的合伙债务仍承担无限连带责任，新的有限合伙人对入伙前的合伙债务仍以认缴的出资额为限承担责任。个人合伙的新合伙人是否也应对入伙前合伙债务承担无限连带责任，《民法通则》及其司法解释尚无明确规定。不过，个人合伙与合伙企业之"合伙"的基本原理是一致的，所以，笔者认为，个人合伙的新合伙人也应对入伙前合伙债务承担无限连带责任。在某种意义上，该规则对新合伙人（尤其是新普通合伙人）是不利的。因此，新合伙人对入伙要慎重，确有必要入伙的，要尽可能地调查核实合伙债务情况，若无合伙债务或者合伙债务较轻的，方可考虑入伙，以免入伙后就得承担对外责任，使入伙失去意义。

7. 合伙人对退伙前债务仍担责

《合伙企业法》第53条第1款规定，退伙人对基于其退伙前的原因发生的合伙企业债务，承担无限连带责任；该法第81条规定，有限合伙人退伙后，对基于其退伙前的原因发生的有限合伙企业债务，以其退伙时从有限合伙企业中取回的财产承担责任。这两条是合伙企业的合伙人对退伙前合伙债务仍要承担责任的规定。即普通合伙人对退伙前的合伙债务仍承担无限连带责任，有限合伙人对退伙前的合伙债务仍以其退伙时从有限合伙企业中取回的财产为限承担责任。民法通则司法解释第53条规定，无论是否已分担合伙债务，个人合伙的退伙人均要对其参加合伙期间的全部债务负连带责任。可见，合伙人对退伙前合伙债务承担责任仍遵循了普通合伙人承担无限连带责任、有限合伙人承担有限责任的原则。

8. 特殊的普通合伙企业有例外

由于特殊的普通合伙企业有特殊性，所以《合伙企业法》就其合伙人对外责任作了例外规定,亦即特殊的普通合伙企业普通合伙人并不完全按照一般普通合伙企业合伙人的要求对外承担责任。特殊的普通合伙企业普通合伙人对外责任主要包括:

一是依《合伙企业法》第 57 条第 1 款的规定,对一个合伙人或者数个合伙人在执业活动中,因故意或者重大过失造成合伙企业债务的,由涉事合伙人对外承担无限责任或者无限连带责任,其他合伙人以其在合伙企业中的财产份额为限对外承担有限责任。这是特殊的普通合伙企业普通合伙人对外责任的主要例外情形。需要注意的是,适用该条规定的前提是涉事合伙人有故意或者重大过失的执业活动。至于何谓"故意""重大过失",《合伙企业法》未作规定。一般来说,故意是指涉事合伙人预见到自己的执业活动会造成合伙企业债务而希望或者放任该后果发生的一种主观心理状态;重大过失是指涉事合伙人能够预见而又没有预见自己的执业活动会造成合伙企业债务,或者虽已经预见自己的执业活动可能会造成合伙企业债务但轻信不会发生而未采取防范措施的一种主观心理状态。由于"故意""重大过失"是一种主观心理状态,往往需要通过涉事合伙人的外在行为来判断。

二是依《合伙企业法》第 57 条第 2 款的规定,对合伙人在执业活动中,非因故意或者重大过失造成的合伙企业债务,以及合伙企业的其他债务,由全体合伙人承担无限连带责任。这与一般普通合伙企业普通合伙人的对外责任没有区别。正是基于这一点,才未将特殊的普通合伙企业归为独立的类别。

三是依《合伙企业法》第 58 条的规定,对涉事合伙人执业活动中因故意或者重大过失造成的合伙企业债务,仍须用合伙企业财产先对外承担责任,用合伙企业财产对外承担责任后,涉事合伙人应当按照合伙协议的约定,对给合伙企业造成的损失承担赔偿责任。也就是说,即便是前述第一种情形,合伙债权人仍须遵循"合伙财产先行清偿合伙债务"规则,但涉事合伙人要赔偿合伙企业由此所受到的损失。

四是依《合伙企业法》第 59 条的规定,特殊的普通合伙企业应当建立执业风险基金、办理职业保险。执业风险基金用于偿付合伙人执业活动造成的债务。这也体现出特殊的普通合伙企业普通合伙人对外责任的特殊性。依此,无论合伙人是否因故意或者重大过失造成合伙企业债务,均应当用风险基金、职业保险对外承担责任,不足部分才以合伙企业的财产对外承担。

9. 应当优先承担民事赔偿责任

《合伙企业法》第 106 条规定,违反本法规定,应当承担民事赔偿责任和缴纳罚款、罚金,其财产不足以同时支付的,先承担民事赔偿责任。这是应当优先承担民事赔偿责任的规定。

这里的民事赔偿责任,是指违反《合伙企业法》的规定或者违反合伙协议的约定,对包括合伙企业在内的其他主体所承担的赔偿损失责任,是民事责任;罚款是指违反法律、行政法规的规定,由具有行政处罚权的行政机关,对违反者作出的剥夺其一定数额金钱的行政处罚,是行政责任;罚金是指违反国家刑事法律构成犯罪,由法院强制犯罪分子向国家缴纳一定数额金钱,对罪犯进行经济制裁的一种刑事处罚,是刑事责任。同时,这里的"其"即主体,结合《合伙企业法》第 5 章相关条文理解,应当包括合伙企业、普通合伙人、有限合伙人、合伙企业从业人员和清算人。适用该条必须满足以下几点:一是某主体在承担民事赔偿责任的同时,又要缴纳罚款、罚金中的一个或者两个,可能会有以下三种情形:(1)承担民事赔偿责任与缴纳罚款并存;(2)承担民事赔偿责任与缴纳罚金并存;(3)承担民事赔偿责任与缴纳罚款、缴纳罚金并存。二是该主体的财产不足以同时承担民事赔偿责任和缴纳罚款、罚金中的一个或者两个。适用该条时,应当先用财产承担民事赔偿责任,如有剩余再缴纳罚款或者罚金。

当民事赔偿的权利人是合伙人、合伙企业、合伙企业从业人员以外其他人或者单位时,民事赔偿责任属于对外责任,当民事赔偿的权利人是合伙人、合伙企业、合伙企业从业人员时,民事赔偿责任属于对内责任。

风险规避

1. 莫依内部约定拒担责任

实务中,有些合伙企业的普通合伙人及个人合伙的合伙人,往往会约定各自按照出资比例或者其他固定比例对合伙债务承担责任。这种内部约定属于对内责任范畴,只对前述合伙人有效,只能约束前述合伙人,不能约束前述合伙人以外的其他人(单位),包括合伙债权人,即这种内部约定与对外责任无关。因此,前述合伙人切勿混淆对外责任与对内责任,莫依这种内部约定,拒绝对合伙债务承担无限连带责任。否则,可能因承担迟延利息而会加重责任。而有限合伙人仅以其认缴出资额为限,对合伙债务承担有限责任,不会牵连自己其他财产,所以有限合伙人不涉及此项风险控制问题。

2. 明确如何单方分配利润

如前文所述,依照《合伙企业法》第 42 条、第 74 条的规定,合伙人用从合伙(企业)中分取的收益清偿其自身债务,实际上就是合伙人提前单方分配合伙利润,须有合伙协议的约定。否则,在被其他合伙人拒绝的情况下,只能由合伙人的债权人依法请求法院强制执行。然而,法院强制执行须以诉讼为前提,程序复杂,时间又长,不利于合伙人以其享有的合伙利润快速清偿自身债务。因此,要在合伙协议或者内部规章制度中对《合伙企业法》第 42 条、第 74 条的规定进一步细化,事先明确合伙人提前单方分配利润的条件、程序、要求等。就条件而言,只能为法律所规定的合伙人自有财产不足清偿自身债务,但如何判断"不足",将会存在困难,而且也无法排除合伙人恶意以"不足"为由申请提前单方分配利润。所以要明确规定合伙人须提供证据材料,证明其自有财产不足清偿自身债务,且明确规定其自有财产不易处置或者未成功处置不属于"不足清偿自身债务",必要时还可通过内外部审计人员对是否"不足"加以审计验证,当然,合伙人之间平时留心关注对方自身债务履行情况,对判断"不足"会有利无害。就程序而言,要明确合伙人申请时间与方式、材料提交时间、其他合伙人决策程序(可与第二章的决策权结合起来)、回复时间与方式等。同时,还应当明确规定后续全体合伙人分配合伙利润时,该合伙人在提前单方分配合伙利润额度范围内不得参与分配。

3. 依法对抗不当清偿要求

这里所称的不当清偿要求,是指与对外责任有关的债务清偿要求不符合法律规定的情形,包括:一是合伙债权人未先要求用合伙财产清偿合伙债务,便直接要求普通合伙人连带清偿合伙债务;二是以合伙财产不易处置或者未成功处置为由,合伙债权人要求普通合伙人连带清偿合伙债务;三是合伙人相关债权人以其对合伙人的债权来抵销其对合伙债务;四是合伙人相关债权人代位行使合伙人的合伙权利来清偿合伙人债务;五是合伙企业债权人要求已履行出资义务的有限合伙人,对合伙企业债务承担连带清偿责任;六是合伙人未先用自有财产清偿其自身债务,即要求提前单方分配合伙利润,以清偿其自身债务;七是合伙人以自有财产不易处置或者未成功处置为由,要求提前单方分配合伙利润以清偿其自身债务;八是法院未先对合伙人自有财产加以执行,便直接执行该合伙人在合伙中的财产份额;九是法院以合伙人自有财产不易处置或者未成功处置为由,执行该合伙人在合伙中的财产份额;十是合伙债权人要求合伙人对退伙后的合伙债务承担责任;十一是对特殊的合伙企业合伙人在执业活动中,因故意或者重大过失造成的合伙债务,合伙债权人要求非涉事合伙人承担无限责任或者无限连带责任。这些不当清偿要求一旦实现,将会影响相关合伙人的利益,甚至还会使相关合伙人的利益受损。因此,相关合伙人要积极运用《合伙企业法》第 38 条等的规定,依法对抗这些不当清偿要求,确保自己利益不受影响或者受损。

4. 及时清理不合格合伙人

这里所称的不合格合伙人,是指合伙人因承担对外责任,而使其全部或者部分不符合法律规定或者合伙要求的情形,包括:一是在合伙中的全部财产份额被法院强制执行的合伙人;二是在合伙中的部分财产份额被法院强制执行的合伙人;三是提前单方分配部分或者全部合伙利润来清偿自身债务的合伙人。对于第一种情形,依据《合伙企业法》第 48 条第 1 款第 5 项的规定,应当按合伙人退伙处理。对于第二种情形,尚无明确规定,笔者认为,参照《合伙企业法》第 42 条第 2 款的规定,在被执行的部分财产份额范围内应当按减少对合伙的出资处理。对于第二种、第三种情形,表明合伙人已丧失偿债能力,会加重其他合伙人实际所承担的连带责任,不符合“共担风险”的合伙要求。所以《合伙企业法》第 48 条第 1 款第 2 项就明确规定个人(自然人)合伙人丧失偿债能力,应当按退伙处理,但对于非个人(自然人)合伙人丧失偿债能力,则没有作出规定,留下了制度漏洞。在此情况下,创业者及创业伙伴可参照《合伙企业法》第 48 条第 1 款第 2 项的规定,通过合伙协议约定该合伙人应当退伙,以创设依据的方式加以弥补。这些不合格合伙人会对合伙及其他合伙人产生不利影响,其他合伙人应当按照法律规定或者合伙协议约定,及时予以清理,或者取消其合伙人资格,或者削减其对合伙的出资额,使其权利与责任相匹配。

5. 关注行为能力问题影响

所谓行为能力问题影响,这里是指合伙人民事行为能力发生变化对其责任方式所带来的影响。《合伙企业法》第 84 条规定,普通合伙人转变为有限合伙人的,对其作为普通合伙人期间合伙企业发生的债务承担无限连带责任。该条并未规定“普通合伙人转变为有限合伙人”的原因,应当包括普通合伙人因民事行为能力发生变化,而转变为有限合伙人的情形。据此,普通合伙人因民事行为能力发生变化而转变为有限合伙人,其对转变前作为普通合伙人期间,合伙债务的责任方式仍为无限连带责任,但由于有限合伙人仅以其出资额为限对合伙债务承担责任,所以其对转变后作为有限合伙人期间合伙债务的责任方式变为有限责任,仅以其出资额为限承担责任。由此可见,普通合伙人因民事行为能力发生变化而成为有限合伙人,并不影响其转变前的责任方式,但会改变转变后的责任方式。虽然有限合伙人因民事行为能力发生变化而转变为无(或者限制)民事行为能力人,但是合伙人类别并未发生变化,所以其民事行为能力转变前后的责任方式不受影响,均以其出资额为限承担有限责任。无(或者限制)民事行为能力的继承人因继承而成为有限合伙人,其责任方式所受影响与合伙人民事行为能力发生变化之责任方式所受影响基本相同,只有一点略有不同,即对被继承人作为普通合伙人期间合伙企业发生的债务,按照《继承法》的规定,继承人仅以遗产为限承担责任。综上所述,只有普通合伙人民事行为能力发生变化,会对责任方式带来一定影响。

6. 有限合伙人勿越权行事

虽然有限合伙人对合伙债务以其认缴出资额为限承担有限责任,但是该责任方式不是绝对的。在一定条件下,要对特定合伙企业债务承担无限连带责任,此时与普通合伙人的责任方式并无差别。《合伙企业法》第 76 条第 1 款规定,第三人有理由相信有限合伙人为普通合伙人并与其交易的,该有限合伙人对该笔交易承担与普通合伙人同样的责任。该条所约束的是有限合伙人越权以合伙企业名义与第三人进行交易。实际上,这是《合同法》中“表见代理”在《合伙企业法》中的延伸,意在保护善意第三人。需要指出的是,第三人适用该条规定要求有限合伙人承担无限连带责任须满足:一是在行为要件上有限合伙人越权以合伙企业名义与第三人进行交易,以自己名义与第三人进行交易,则不适用该条规定;二是在客观要件上第三人要“有理由相信有限合伙人为普通合伙人”并与合伙企业进行交易，误以为有限合伙人为普通合伙人不能成为客观要件；三是在主观要件上第三人须善意且无过失，如果第三人明知有限合伙人的真实类别，仍进行交易，则不适用该条规定。因此，有限合伙人要遵守法律规定，切勿越权以合伙企业名义对外进行交易。否则，其不仅要对越权交易承担无限连带责任，而且依照该条第2款“有限合伙人未经授权以有限合伙企业名义与他人进行交易，给有限合伙企业或者其他合伙人造成损失的，该有限合伙人应当承担赔偿责任”的规定，还要赔偿由此给合伙企业或者其他合伙人造成的损失。

三、对内责任

关键内容

对内责任就是合伙人、合伙企业从业人员对合伙人或者合伙所应承担的责任，责任主体主要涉及合伙人（包括有限合伙人）、合伙企业从业人员，包括七个方面的关键内容。对于这些人员的对内责任，权利享有者要坚决要求其承担，切勿因面子等原因消极对待，否则，后患无穷。

1. 亏损分担规则

由于有限合伙人仅以其认缴的出资额为限承担责任，所以该规定只适用于普通合伙人，包括个人合伙的合伙人。《合伙企业法》第18条规定，亏损分担方式是合伙协议载明的内容之一。《合伙企业法》第33条规定，合伙企业的亏损分担，按照合伙协议的约定办理；未约定或者约定不明确的，由合伙人协商决定；协商不成的，由合伙人按照实缴出资比例分担，无法确定出资比例的，由合伙人平均分担亏损；合伙协议不得约定由部分合伙人承担全部亏损。虽然“有限合伙企业”一章中对有限合伙企业的亏损分担未作规定，但是按照《合伙企业法》第60条“有限合伙企业及其合伙人适用本章规定；本章未作规定的，适用本法第二章第一节至第五节关于普通合伙企业及其合伙人的规定”的内容，应当依据《合伙企业法》第33条的规定处理。可见，无论普通合伙企业还是有限合伙企业，普通合伙人亏损分担依照以下规则来确定：（1）有约定依约定；（2）无约定可协商；（3）协商不成则依实缴出资比例分担;(4)无法确定出资比例则平均分担。需要指出,这四种规则只能选其一,不能同时适用两个及两个以上,且优先适用顺序在前者。笔者认为,在协商不成的情形下按实缴出资比例分担亏损,而非认缴比例分担亏损,将会鼓励合伙人不履行或者不完全履行出资义务。使履行出资义务的合伙人既要多分担亏损,又要对合伙债务多承担责任,对履行出资义务的合伙人不公平,需要通过合伙协议加以改变。

按照民法通则司法解释第47条的规定,全体合伙人对合伙经营的亏损额,对内则应按照协议约定的债务承担比例或者出资比例分担;协议未规定债务承担比例或者出资比例的,可以按照约定的或者实际的盈余分配比例承担。该解释第48条规定,只提供技术性劳务,不提供资金、实物的合伙人,对于合伙经营的亏损额,对内则应当按照协议约定的债务承担比例或者技术性劳务折抵的出资比例承担,协议未规定债务承担比例或者出资比例的,可以按照约定的或者合伙人实际的盈余分配比例承担;没有盈余分配比例的,按照其余合伙人平均投资比例承担。可见,个人合伙的亏损分担规则遵循:(1)有约定依约定;(2)无约定或者无出资比例可按照约定的或者实际盈余分配比例分担。不难发现,与合伙企业的亏损分担规则相比,个人合伙的亏损分担规则相对简单一些,不能完全解决实务中遇到的问题。比如,合伙协议既没有规定债务承担比例或者出资比例,也没有约定或者实际的盈余分配比例,如何分担亏损,将是一个制度漏洞。不过,如果合伙协议对亏损分担规则作出明确约定,便可避免该漏洞的发生。

2. 出资不实责任

如前文所述,出资不实包括未履行出资义务和未全面履行出资义务两种情形。按照《合伙企业法》第65条的规定,有限合伙人未按期足额缴纳出资的,对其他合伙人承担违约责任。未按期足额缴纳出资应理解为在合伙协议约定的期限内只缴纳部分出资,因此,该条是对有限合伙人未全面履行出资义务的责任承担所作规定。同时,依照本章“出资责任”之“出资不实的后果”分析,有限合伙人出资的非货币财产的作价额显著高于其实际价值的,也应认定为未全面履行出资义务。对于未履行出资义务,应理解为在合伙协议约定的期限内未缴纳全部出资,亦即未缴纳任何出资。依照《合伙企业法》第65条的规定,未按期足额缴纳出资的有限合伙人应向其他合伙人承担违约责任。而对于有限合伙人未履行出资义务的责任承担，虽然《合伙企业法》未作明确规定，但是出资义务是合伙协议规定的内容，有限合伙人未履行出资义务也就表明其违反了合伙协议，按照《合伙协议法》第103条的规定，也应当承担违约责任。

对于普通合伙人出资不实的责任承担，无论《民法通则》及其司法解释还是《合伙企业法》均未作出规定。同理，出资义务是合伙协议规定的内容，普通合伙人出资不实表明其违反了合伙协议，按照《合伙协议法》第103条的规定，普通合伙人应当承担违约责任，个人合伙的合伙人亦如此。

3. 其他违约责任

依据《民法通则》第31条、《合伙企业法》第18条和第63条的规定，除了出资方式、数额和缴付期限等与出资有关的事项外，合伙协议还会有其他很多事项（条款）。依照《合伙协议法》第103条“合伙人违反合伙协议的，应当依法承担违约责任”的规定，如果合伙人（包括有限合伙人）违反了合伙协议约定的其他事项（条款），仍要向其他合伙人承担违约责任。个人合伙在性质上与普通合伙企业并无差别，个人合伙的合伙人违反了合伙协议约定的其他事项（条款），也要向其他合伙人承担违约责任。

4. 转让通知责任

按照《合伙企业法》第22条第2款的规定，合伙人之间转让在合伙企业中的全部或者部分财产份额时，应当通知其他合伙人。依该条规定，普通合伙人之间转让在合伙企业中的全部或者部分财产份额需要通知其他合伙人。虽然“有限合伙企业”一章中对合伙人之间转让在合伙企业中的全部或者部分财产份额，是否需要通知其他合伙人未作规定，但是按照《合伙企业法》第60条的规定，有限合伙企业的普通合伙人之间、有限合伙人之间或者普通合伙人与有限合伙人相互之间转让在合伙企业中的全部或者部分财产份额的，需要通知所有的其他合伙人，包括有限合伙人和普通合伙人。

在对外份额转让上，《合伙企业法》第73条仅规定，有限合伙人可以按照合伙协议的约定向合伙人以外的人转让其在有限合伙企业中的财产份额，但应当提前三十日通知其他合伙人。之所以有限合伙人对外转让财产份额要求通知其他合伙人，是因为合伙人之间具有较强的人合关系，通知是让其他合伙人考虑是否行使优先购买权,以便考虑是否要确保原有人合关系保持不变。如果合伙协议没有约定的,则按照《合伙企业法》第60条的规定,依该法第22条的规定处理,即应当经其他合伙人一致同意。对普通合伙人对外转让财产份额是否须通知其他合伙人,《合伙企业法》未作明确规定。不过,通知的目的是让其他合伙人知悉转让情形,普通合伙人对外转让财产份额若已经其他合伙人一致同意的,其他合伙人自然知悉转让情形,所以无通知其他合伙人之必要;但若按合伙协议规定无须经其他合伙人一致同意的,则就有通知之必要,否则,不利于其他合伙人行使优先购买权,需要通过合伙协议加以限制。

同时,《合伙企业法》没有规定何时通知、如何通知及未通知有何后果,可通过合伙协议予以明确。个人合伙在性质上与普通合伙企业并无差别,合伙人转让财产份额也应如此。因此,不论是普通合伙人还是有限合伙人、抑或个人合伙的合伙人,也不论是对外还是对内转让财产份额,均应当按照法律规定或者合伙协议约定履行通知责任(义务),否则,可能会影响转让效力,甚至还有可能引发责任承担。从审慎角度考虑,笔者建议,所有合伙人均要就对外、对内转让财产份额事项向其他合伙人进行通知。

5. 超越职权责任

所谓超越职权责任,是指不按照法律规定或者合伙协议约定行使职权所应承担的责任,是合伙人行使追偿权有关内容的前提与基础。《合伙企业法》第35条第2款规定,被聘任的合伙企业的经营管理人员,超越合伙企业授权范围履行职务,给合伙企业造成损失的,依法承担赔偿责任。这是经营管理人员超越职权的责任规定。《合伙企业法》第76条第2款规定,有限合伙人未经授权以有限合伙企业名义与他人进行交易,给有限合伙企业或者其他合伙人造成损失的,该有限合伙人应当承担赔偿责任。《合伙企业法》第97条规定,合伙人对本法规定或者合伙协议约定必须经全体合伙人一致同意始得执行的事务擅自处理,给合伙企业或者其他合伙人造成损失的,依法承担赔偿责任;《合伙企业法》第98条规定,不具有事务执行权的合伙人擅自执行合伙事务,给合伙企业或者其他合伙人造成损失的,依法承担赔偿责任。这三条是合伙人超越职权的责任规定。个人合伙在性质上与普通合伙企业并无差别,合伙人或者从业者超越职权也应如此。合伙人或者从业者一定要在职责范围内执行合伙事务,切勿超越职权执行合伙事务。

6. 过错赔偿责任

所谓过错赔偿责任，是职责履行过程中因过错给合伙（企业）或者合伙人造成损失所应承担的赔偿责任，是合伙人行使追偿权有关内容的前提与基础。过错赔偿责任的承担者包括合伙人、从业者和清算人。从广义上讲，超越职权责任也属于过错赔偿责任范畴，但因其是超越职责所引发，故单独加以论述。除了超越职权责任中所列明的内容外，第二章"追偿权"中"合伙人过错责任追偿""从业者过错责任追偿""清算人过错责任追偿"所述其他内容均属于这里的过错赔偿责任，为避免重复，不再赘述。个人合伙在性质上与普通合伙企业并无差别，合伙人、从业者和清算人超越职权也应如此。合伙人、从业者或者清算人要谨慎履行职责，以避免履职不当而承担责任。

7. 退伙不免责任

《合伙企业法》第 53 条规定，退伙人对基于其退伙前的原因发生的合伙企业债务，承担无限连带责任。若合伙人对退伙人退伙前的合伙企业债务进行了清偿，按照《合伙企业法》第 40 条"合伙人由于承担无限连带责任，清偿数额超过本法第三十三条第一款规定的其亏损分担比例的，有权向其他合伙人追偿"的规定，清偿债务的合伙人在退伙人亏损分担比例范围内有权向退伙人进行追偿。可见，退伙人并不免除对内责任。《合伙企业法》第 54 条规定，合伙人退伙时，合伙企业财产少于合伙企业债务的，退伙人应当依照本法第 33 条第 1 款的规定分担亏损。依此条规定，退伙时合伙企业财产少于合伙企业债务的，退伙人并不因未分割到合伙财产而免责，仍须在亏损分担比例范围内承担对内责任，且该责任并不因其退伙后合伙企业财产的增加或者合伙企业债务的减少而免除或减轻。以上是有关普通合伙人退伙不免责任的规则。对于有限合伙人退伙，依照《合伙企业法》第 81 条的规定，其对基于退伙前的原因发生的有限合伙企业债务，以退伙时从有限合伙企业中取回的财产承担责任。这里的责任既包括对外责任也包括对内责任，但须以退伙时从有限合伙企业中取回的财产为上限。若有限合伙人退伙时未有取回财产的，则不承担任何责任，包括对内对外责任。个人合伙在性质上与普通合伙企业并无差别，退伙人也应不免责任。

8. 不得承诺保底

《私募投资基金监督管理暂行办法》第15条规定,私募基金管理人、私募基金销售机构不得向投资者承诺投资本金不受损失或者承诺最低收益。依据该条规定,包括合伙型私募基金在内的所有基金的私募基金管理人、私募基金销售机构不得承诺保底,即不得向投资者承诺投资本金不受损失或者承诺最低收益。之所以如此规定,是因为它违背了"共担风险"的合伙原理。虽然《合伙企业法》对此未作规定,但是依据"共担风险"的合伙原理,所有合伙人(包括有限合伙人)均不得向其他合伙人(包括有限合伙人)承诺保底,包括本金不受损失的保底和最低收益的保底。因此,有关保底的承诺均是不合法的,在诉讼中均不会得到法院的认可与支持,创业者及其创业伙伴一定要睁大眼睛依法仔细加以辨别,切勿被他人"甜言蜜语"迷住了眼睛而作出错误投资决策。

风险规避

1. 事先约定亏损分担比例

实务中,若合伙协议事先没有明确约定亏损分担比例,普通合伙人协商亏损分担往往会陷入僵局或者进入旷日持久的争执。同时,无论依《合伙企业法》第18条、第33条的规定还是依民法通则司法解释第47条的规定,普通合伙人的亏损分担均遵循合伙协议约定优先的规则。因此,创业者及其创业伙伴要事先明确约定亏损分担比例,特别在有劳务出资或者技术出资的情况下,更要明确约定劳务或者技术出资的普通合伙人分担亏损的比例。在协商约定亏损分担比例时,可以参照出资情况、利润分配比例、对合伙经营贡献大小,比如可协商约定合伙经营贡献大的普通合伙人分担亏损比例小一些。当然,自己分担亏损比例较小就意味着别人的分担亏损比例较大,因而协商约定亏损分担比例的过程往往是博弈的过程,创业者及其创业伙伴需要有博弈的心理准备,并提前掌握一定的博弈技巧。不过,切不可因"漫天要价"而错失商机。

2. 勿忘细化合伙其他事项

除亏损分担比例外,创业者及其创业伙伴在合伙协议中切勿忘记细化出资不实、转让通知等合伙其他事项。比如，法律只规定出资不实的合伙人应当承担违约责任，却未规定如何量化或者计算违约责任，需要合伙协议加以明确与细化，以便具有可操作性。同时，还应当确保各规定之间相互衔接或者配套。比如：若规定普通合伙人向合伙人以外的人转让其在合伙企业中的财产份额无须经其他合伙人一致同意的，就需要配套规定该普通合伙人应当在转让前多长时间以何种方式通知其他合伙人，以及不通知将要承担什么后果。以促使该普通合伙人及时通知其他合伙人，让其他合伙人能够及时知悉转让情形并考虑是否行使优先购买权。笔者认为，可以参照《合伙企业法》第 73 条，明确规定普通合伙人按照合伙协议的约定向合伙人以外的人转让其在合伙企业中的财产份额，应当提前三十日通知其他合伙人的规定。

3. 办理入伙退伙相关手续

虽然新合伙人对入伙前合伙债务仍要承担责任，但只是对外责任承担，目的是保护合伙债权人的利益。毕竟，新合伙人未参与入伙前的合伙经营，让其承担最终（对内）责任则有失公平。所以可以允许通过入伙协议约定，新合伙人向合伙债权人承担责任后，对内有权要求入伙前的普通合伙人连带承担最终（对内）责任。对此，法律并未禁止性规定，按照“法无禁止即可为”的原则，该约定应当是有效的。因此，新合伙人入伙前应当认真办理相关手续，一方面尽可能调查核实合伙债务情况，另一方面应当要求原合伙人提供合伙债务具体情况，若其拒绝提供或者合伙债务较重的，坚决不予入伙；若无合伙债务或者合伙债务较轻的，可以考虑入伙。但要在入伙协议中明确注明入伙时间，并约定新合伙人对入伙前的合伙债务（包括已提供或者未提供）不承担最终（对内）责任，若新合伙人向合伙债权人承担对外责任后，有权对内要求原普通合伙人连带承担最终（对内）责任，原普通合伙人不得以任何理由拒绝。

对于退伙，退伙人也应当认真办理相关手续，一方面在退伙协议中明确注明退伙时间，另一方面梳理合伙财产、合伙债务，特别要列明退伙的有限合伙人从合伙中取回的财产数额及其明细，以便其对退伙前的合伙债务承担责任。同时，对退伙时未了结的合伙事务，要明确该事务了结后进行结算的具体时间、要求和不结算承担的责任等，避免结算被无端地拖延下去。

四、清算责任

关键内容

清算责任就是清算人对合伙人或者合伙企业所应承担的责任,责任主体主要是清算人。清算责任包括清算报告责任等三个方面的关键内容。对于清算人责任,权利享有者应坚决要求其承担,切勿因面子等原因消极对待。

由于个人合伙解散时并不强制要求进行清算,所以清算责任往往存在于合伙企业。若个人合伙解散时进行清算,可以参照合伙企业清算责任的有关规定认定清算人的责任。

1. 清算报告责任

《合伙企业法》第100条规定,清算人未依照本法规定向企业登记机关报送清算报告,或者报送清算报告隐瞒重要事实,或者有重大遗漏的,由企业登记机关责令改正;由此产生的费用和损失,由清算人承担和赔偿。该条便是清算报告责任的规定。产生该项责任的情形有以下三种:一是清算人未依照《合伙企业法》规定向登记机关报送清算报告;二是清算人已向登记机关报送清算报告却隐瞒重要事实;三是清算人已向登记机关报送清算报告却有重大遗漏。承担该项责任的形式有以下三种:一是清算人承担企业登记机关给予的责令改正的行政责任;二是清算人承担所产生费用的民事责任;三是清算人赔偿所产生损失的民事责任。当然,该项责任承担者为有前述三种情形之一的清算人,并非全部清算人。

2. 滥用职权责任

《合伙企业法》第101条规定,清算人执行清算事务,牟取非法收入或者侵占合伙企业财产的,应当将该收入和侵占的财产退还合伙企业;给合伙企业或者其他合伙人造成损失的,依法承担赔偿责任。该条便是滥用职权责任的规定。产生该项责任的情形有两种:一是清算人执行清算事务并牟取非法收入;二是清算人执行清算事务并侵占合伙企业财产。承担该项责任的形式有三种:一是清算人向合伙企业退还牟取的非法收入;二是清算人向合伙企业退还侵占的财产;三是清算人赔偿对合伙企业或者其他合伙人所造成的损失。这三种责任形式的性质均属民事责任。当然,该项责任承担者为有前述两种情形之一的清算人,并非全部清算人。

3. 损害赔偿责任

《合伙企业法》第102条规定,清算人违反本法规定,隐匿、转移合伙企业财产,对资产负债表或者财产清单作虚假记载,或者在未清偿债务前分配财产,损害债权人利益的,依法承担赔偿责任。该条便是赔偿责任责任的规定。产生该项责任的原因有三种:一是清算人违反《合伙企业法》规定,隐匿合伙企业财产,对资产负债表或者财产清单作虚假记载,损害债权人利益;二是清算人违反《合伙企业法》规定,转移合伙企业财产,对资产负债表或者财产清单作虚假记载,损害债权人利益;三是清算人违反《合伙企业法》规定,在未清偿债务前分配财产,损害债权人利益。这里的债权人仅指合伙企业的债权人,并不包括合伙人的债权人,所承担的是民事赔偿责任。当然,该项责任承担者为有前述三种情形之一的清算人,并非全部清算人。

风险规避

1. 要审慎选择清算人

虽然按照《合伙企业法》第86条的规定,清算人可由全体合伙人担任,也可经全体合伙人过半数同意由一个或者数个合伙人担任,还可经全体合伙人过半数同意委托第三人担任。如果自合伙企业解散事由出现之日起十五日内未确定清算人,合伙人或者其他利害关系人则可申请法院指定清算人。但是合伙企业清算毕竟专业性较强,同时还涉及每个合伙人切身利益,所以合伙人要审慎选择清算人,以确保合伙企业清算能够顺利进行。一般来说,合伙人未超过5人的,可由全体合伙人担任清算人,超过5人的,则经全体合伙人过半数同意由一个或者数个合伙人担任清算人,建议选择既懂财务又负责任的合伙人担任清算人。如果没有合伙人愿意或者没有合适合伙人担任清算人,可考虑经全体合伙人过半数同意委托第三人担任清算人。实务中,律师事务所、会计师事务所具有专业能力与经验,能够胜任清算工作,建议优先考虑委托其担任清算人。当然,委托律师事务所、会计师事务所等第三方担任清算人需要向其支付费用,合伙人要根据合伙企业及自身财务情况慎重考虑。

2. 认真履行清算职责

无论合伙人还是律师事务所、会计师事务所等第三方,也不论他们是自愿、受托还是被指定担任合伙企业的清算人,均要认真履行清算职责,按照《合伙企业法》的规定,向企业登记机关报送符合要求的清算报告,不滥用清算职权,不损害合伙债权人利益,否则,清算人将承担一定的清算责任。

第四章　合伙执行与风险控制

合伙执行就是对合伙事务的执行，包括如何确定合伙事务的执行人员、对执行合伙事务有哪些行为禁止要求及相应监督等。了解与学习合伙执行的内容，对于正确处理合伙人执行人员与合伙人非执行人员、合伙人执行人员与合伙债权人等关系大有益处，也有助于合伙人非执行人员正确监督合伙事务的执行，有效维护自身合法权益。

一、合伙事务执行

关键内容

合伙事务执行是指合伙的经营管理及其相关事务处理，包括合伙人是否必须执行合伙事务、能否聘用非合伙人执行合伙事务等内容。

1. 普通合伙人享有同等权利

《合伙企业法》第26条第1款规定，合伙人对执行合伙事务享有同等的权利。《民法通则》第34条第1款规定，个人合伙的经营活动，由合伙人共同决定，合伙人有执行和监督的权利。依据这两条规定，无论个人合伙还是合伙企业，普通合伙人均对执行合伙事务享有同等权利,亦即普通合伙人均有权执行合伙事务(参与合伙经营)。依照《合伙企业法》第26条第3款规定,如果普通合伙人为法人、其他组织,则应由其委派代表行使该项权利。需要指出,普通合伙人的合伙事务执行权是法定的,无须用任何外在形式来反映或者表现。当然,这只是普通合伙人的权利而非义务,普通合伙人可以不行使该项权利,亦即合伙人可以不参与合伙经营。不过,合伙事务执行(合伙经营)毕竟事关合伙目的的顺利实现,普通合伙人决定不行使该项权利前,一定要另行安排好合伙事务执行(合伙经营)及其相关事宜,以确保合伙的正常运行和合伙目的的顺利实现。

2. 可由部分普通合伙人执行

实际上,对普通合伙人不行使执行合伙事务的权利(不参与合伙经营),《合伙企业法》《民法通则》均已作出了安排。《合伙企业法》第26条第2款规定,按照合伙协议的约定或者经全体合伙人决定,可以委托一个或者数个合伙人对外代表合伙企业,执行合伙事务。《合伙企业法》第27条第1款规定,依照本法第26条第2款规定委托一个或者数个合伙人执行合伙事务的,其他合伙人不再执行合伙事务。依照这两条规定,经全体合伙人协商(合伙协议签订时协商或者签订后临时协商),可以选择部分普通合伙人执行合伙事务(参与合伙经营),所选择执行合伙事务(参与合伙经营)的普通合伙人既可为一人也可为多人。依照《合伙企业法》第26条第3款规定,如果选择执行合伙事务(参与合伙经营)的普通合伙人为法人、其他组织,则应由其委派代表来履行。《民法通则》第34条第2款规定,合伙人可以推举负责人。合伙负责人和其他人员的经营活动,由全体合伙人承担民事责任。依照该条规定,个人合伙也可以选择部分合伙人执行合伙事务(参与合伙经营)。需要指出,全体合伙人委托一个或者数个合伙人对外代表合伙企业并执行合伙事务,只是合伙内部安排,对外不能对抗善意第三人。

3. 非合伙人可执行合伙事务

《合伙企业法》第31条第1款第6项规定,除合伙协议另有约定外,合伙企业的下列事项应当经全体合伙人一致同意:……(六)聘任合伙人以外的人担任合伙企业的经营管理人员。《合伙企业法》第35条第1款规定,被聘任的合伙企业的经营管理人员应当在合伙企业授权范围内履行职务。由这两条规定可以得出,合伙企业可以聘用非合伙人为经营管理人员来执行合伙事务(参与合伙经营),但应当通过授权来明确其执行合伙事务的具体权限。同时,该条规定并未对聘用非合伙人为经营管理人员的人数作出限制,应当允许全体合伙人自由作出决定。对个人合伙的合伙人聘用非合伙人为经营管理人员来执行合伙事务(参与合伙经营)的,《民法通则》及其司法解释未作规定。但个人合伙与合伙企业并无本质区别,所以前述合伙企业有关聘用非合伙人为经营管理人员来执行合伙事务(参与合伙经营)的分析或者要求,同样也适用于个人合伙。如果合伙经营有特别需要,或者全体合伙人基于某种原因不执行合伙事务(不参与合伙经营),可聘用非合伙人为经营管理人员来执行合伙事务(参与合伙经营)。需要指出的是,聘用非合伙人为经营管理人员应当依合伙协议约定来进行,如合伙协议无约定的,应当经全体合伙一致同意,个别合伙人或者部分合伙人无权擅自决定(同意)。

4. 不同事务可由不同人执行

《合伙企业法》第 29 条第 1 款规定,合伙人分别执行合伙事务的,执行事务合伙人可以对其他合伙人执行的事务提出异议。既然"合伙人分别执行合伙事务",就表明合伙企业的不同合伙事务可以委托不同的合伙人来执行。对于合伙企业的不同合伙事务可否聘用不同的非合伙人为经营管理人员来执行,《合伙企业法》未作规定,按照"法无禁止即可为"的原则,合伙企业的不同合伙事务可以聘用不同的非合伙人为经营管理人员来执行,同时这也有利于厘清不同非合伙人的责任。对于个人合伙的不同合伙事务,可否由不同合伙人执行,或者可否聘用不同的非合伙人为经营管理人员来执行,《民法通则》及其司法解释未作规定,但个人合伙与合伙企业并无本质区别,所以前述合伙企业有关不同合伙事务可由不同人执行的分析或者要求,同样也适用于个人合伙。

5. 限制不能对抗善意第三人

《合伙企业法》第 37 条规定,合伙企业对合伙人执行合伙事务及对外代表合伙企业权利的限制,不得对抗善意第三人。依该条规定,有关合伙企业对合伙人执行合伙事务的限制,不能对抗善意第三人。何谓善意第三人,《合伙企业法》未作规定,一般是指不知道也不应当知道合伙企业对合伙人执行合伙事务有限制的第三人。《合伙企业法》在第 35 条只是规定被聘用为经营管理人员的非合伙人应当在合伙企业授权范围内履行职务,如果超越授权范围履行职务,则要承担赔偿责任,但就合伙企业对被聘用为经营管理人员的非合伙人的授权限制能否对抗善意第三人,却未作规定。不过,依《民法总则》第170条"法人或者非法人组织对执行其工作任务的人员职权范围的限制,不得对抗善意相对人"的规定,合伙企业对被聘用为经营管理人员的非合伙人的授权限制不能对抗善意第三人。对个人合伙在这个问题上的处理,《民法通则》及其司法解释未作规定,但个人合伙与合伙企业并无本质区别,所以个人合伙在这个问题上的处理仍应适用前述有关合伙企业的分析或者要求。

6. 有限合伙人不能参与执行

只有有限合伙企业才涉及此项内容,普通合伙企业、个人合伙均不会涉及。《合伙企业法》第68条第1款规定,有限合伙人不执行合伙事务,不得对外代表有限合伙企业。依据该条规定,有限合伙人不能执行合伙事务。不过,该条仅明确有限合伙人不享有执行合伙事务权利,并未禁止其不享有其他合伙权利。为了避免有限合伙人行使其他合伙权利时被认为参与执行合伙事务,使其他合伙人能准确认识有限合伙人行为,《合伙企业法》第68条第2款作出特别规定,明确有限合伙人行使其他合伙权利的以下八种行为,不视为执行合伙事务:(1)参与决定普通合伙人入伙、退伙;(2)对企业的经营管理提出建议;(3)参与选择承办有限合伙企业审计业务的会计师事务所;(4)获取经审计的有限合伙企业财务会计报告;(5)对涉及自身利益的情况,查阅有限合伙企业财务会计账簿等财务资料;(6)在有限合伙企业中的利益受到侵害时,向有责任的合伙人主张权利或者提起诉讼;(7)执行事务合伙人怠于行使权利时,督促其行使权利或者为了本企业的利益以自己的名义提起诉讼;(8)依法为本企业提供担保。当然,有限合伙人行使《合伙企业法》第31条所规定的表决权以及其他条款所规定的权利,也不应视为执行合伙事务。有限合伙人必须准确掌握和行使其所享有的合伙权利,不得执行合伙事务,不得对外代表有限合伙企业,否则,按照《合伙企业法》第98条规定将要承担赔偿责任。其他合伙人也要准确了解与掌握有限合伙人所享有的合伙权利,不得拒绝有限合伙人正常行使相关合伙权利,否则,将要承担违约责任。

7. 收益费用及亏损分配规则

《合伙企业法》第28条第1款规定,合伙人执行人员"执行合伙事务所产生的收益归合伙企业,所产生的费用和亏损由合伙企业承担”。依据该条规定,合伙人执行人员执行合伙事务过程中产生的收益、费用或者亏损,均由合伙企业享有与承担(当然最终由全体合伙人依法享有与承担),合伙人非执行人员既不享有也不承担。《合伙企业法》对被聘用为经营管理人员的非合伙人执行合伙事务过程中产生的收益、费用或者亏损的分配规则,未作出规定。不过,按照“授权”有关原理和《民法总则》、《合同法》有关代理的规定,应当由委托人(合伙企业)享有收益和承担费用或亏损。对个人合伙在这个问题上的处理,《民法通则》及其司法解释未作规定,但个人合伙与合伙企业并无本质区别,所以个人合伙在这个问题上的处理仍应适用前述有关合伙企业的分析或者要求。

8. 擅自执行要承担赔偿责任

《合伙企业法》第 97 条规定,合伙人对本法规定或者合伙协议约定必须经全体合伙人一致同意始得执行的事务擅自处理,给合伙企业或者其他合伙人造成损失的,依法承担赔偿责任。《合伙企业法》第 98 条规定,不具有事务执行权的合伙人擅自执行合伙事务,给合伙企业或者其他合伙人造成损失的,依法承担赔偿责任。依据这两条规定,合伙人不得擅自执行合伙事务,否则,将要承担赔偿责任。其实,反向理解《合伙企业法》第 35 条也可以得出,被聘用为经营管理人员的非合伙人也不得擅自执行合伙事务。因此,合伙人或者被聘用为经营管理人员的非合伙人一定要按照规定的职权执行合伙事务。对个人合伙在这个问题上的处理,《民法通则》及其司法解释未作规定,但个人合伙与合伙企业并无本质区别,所以个人合伙在这个问题上的处理仍应适用前述有关合伙企业的分析或者要求。

9. 不得侵吞合伙利益与财产

《合伙企业法》第 96 条规定,合伙人执行合伙事务,或者合伙企业从业人员利用职务上的便利,将应当归合伙企业的利益据为己有的,或者采取其他手段侵占合伙企业财产的,应当将该利益和财产退还合伙企业;给合伙企业或者其他合伙人造成损失的,依法承担赔偿责任。该条中的合伙企业从业人员,包括前文所述的非合伙人被聘用为经营管理人员。反向理解该条规定,无论是合伙人还是被聘用为经营管理人员的非合伙人,在执行合伙事务过程中均不得侵吞合伙利益与财产,否则,将要承担赔偿责任。因此,合伙人非执行人员或者被聘用为经营管理人员的非合伙人一定要严格区分自己的利益和财产与合伙企业的利益和财产,要按照规定及时上交合伙企业的利益和财产。对个人合伙在这个问题上的处理,《民法通则》及其司法解释未作规定,但个人合伙与合伙企业并无本质区别,所以个人合伙在这个问题上的处理仍应适用前述有关合伙企业的分析或者要求。

10. 执行人员可获得一定报酬

由第二章"财产权"之"报酬获得权"可知,不论个人合伙还是合伙企业,也不论普通合伙企业还是有限合伙企业,合伙人执行人员均享有报酬获得权,具体金额及提取方式应事先协商并明确规定在合伙协议中。对于非合伙人执行人员(经营管理人员)的报酬,《民法通则》及其司法解释、《合伙企业法》均未作规定。不过,非合伙人执行人员(经营管理人员)与合伙(企业)是一种劳动(务)合同关系,按照《劳动合同法》等规定,获得一定报酬是非合伙人执行人员(经营管理人员)的最重要劳动(务)权利,应当事先协商并明确规定在劳动(务)合同中。

风险规避

1. 审慎选择执行人员

这里的执行人员是执行合伙事务的普通合伙人和被聘用为经营管理人员的非合伙人的统称。无论委托普通合伙人为合伙事务执行人员还是聘用非合伙人为经营管理人员,都需要加以审慎选择。一般来说,若普通合伙人人数在10人以下,合伙经营规模较小的,要由全体普通合伙人共同或者分别执行合伙事务,最好不要委托一个或者部分普通合伙人来执行合伙事务,更不要聘用非合伙人为经营管理人员来执行合伙事务。若有下列情形之一的,可考虑委托普通合伙人或者聘用非合伙人为经营管理人员来执行合伙事务:(1)普通合伙人人数在10人以上;(2)合伙经营规模较大;(3)兼具合伙人人数在10人以下且经营规模较大;(4)虽然普通合伙人在10人以下,但均不懂合伙事务或者经营管理。同时,要根据实际经营需要来决定委托一个还是委托几个普通合伙人或者聘用非合伙人为经营管理人员来执行合伙事务。重点考察他们的专业、人品、能力、人脉、理念、性格、作风等方面能否胜任合伙事务执行,切不可勉强为之。

2. 执行人员不宜过多

所以要委托普通合伙人来执行合伙事务，其中一个重要因素就是全体普通合伙人共同或者分别来执行合伙事务，往往难以形成一致意见，不利于合伙经营或者管理，甚至还会严重拖累合伙经营发展。实际上，执行人员过多也如此。因此，无论委托普通合伙人还是聘用非合伙人为执行人员，人数均不宜过多。一般不应超过5人，最多不要超过10人，同时各个执行人员之间最好能形成互补，分别负责不同事务，比如懂得或者擅长市场营销的人负责市场营销，懂得或者擅长风险控制的人负责风险控制，懂得或者擅长财务管理的人负责财务管理……同时，建议执行人员人数为奇数，最好能成立合伙事务执行会议，明确规定具体表决规则，而且还要明确规定如果执行人员对某个执行合伙事务的意见分歧较大时，须提交全体合伙人研究并作出最终决定。

3. 明确规定执行职责

执行人员要严格履行执行职责，否则，将要承担赔偿责任。但要判断他们是否严格履行执行职责，前提是明确规定他们分工负责的范围和所承担的执行职责。因此，全体合伙人之间通过协商确定了执行人员，还需要明确他们各自负责的范围和所承担的执行职责，并通过签订“职责协议书”、“授权书”或者以内部规章制度形式把这些职责确认下来。一方面让这些执行人员了解与掌握所承担的执行职责，清楚自己所扮演的角色，知道自己能做什么、不能做什么，有利于建立规范的管理体系，形成良好的工作氛围，最大限度地实现人力资源的有效配置，做到人尽其才；另一方面提前设立判断标准，可以有效避免出现执行人员推脱执行职责等情形，促使他们充分履行职责并能高效地完成各项合伙事务，同时也便于其他合伙人有据可查并能准确判断执行人员是否严格履行了执行职责，从而杜绝或者减少争议或者纠纷的发生，保障合伙经营的正常开展。

另外，我国法律规定合伙人有权了解合伙事务执行情况。这也是合伙人共同经营的具体体现，执行人员各行其是违背法律规定。因此，合伙人执行人员应当定期将合伙事务执行情况告知其他合伙人，非合伙人执行人员更应当定期将合伙事务执行情况告知合伙人。

4. 切忌强行分配工作

如果执行人员中有人没有能力承担某项、某些合伙事务,或者不愿意接受或者承担某项、某些合伙事务(以下统称未被承担的合伙事务),切忌强行给他们分配工作。因为强行分配往往既会引发内部矛盾,又会因他们无力或者消极执行而使合伙事务的完成打折扣。出现这种情形时,就合伙人执行人员而言,全体合伙人要考虑调整其分工负责范围,或者采取由所有合伙人执行人员轮流接手未被承担的合伙事务。如果所有合伙人执行人员都不愿意,就需要考虑寻找外援,从社会上聘用有能力的非合伙人为经营管理人员来处理未被承担的合伙事务。就非合伙人执行人员而言,一方面全体合伙人要削减其报酬、调整其职责或者解除与其之间的聘用关系,另一方面全体合伙人要与其他非合伙人执行人员协商,由其自愿接手未被承担的合伙事务,当然须另行给予专项报酬。若所有其他非合伙人执行人员均不愿意接手,全体合伙人就需要考虑从社会上另行聘用有能力的非合伙人为经营管理人员来处理未被承担的合伙事务。

5. 强化合同风险管理

合伙事务执行涉及许多方面,但主要是围绕产、供、销三个方面,而这三个方面都是由合同来连接的。正如西方谚语所说:“财富的一半来自合同。”但无论个人合伙还是合伙企业,在合同风险管理上,均普遍存在不签订书面合同、合同签订不规范、合同履行监督不完善等问题,将会影响合伙经济效益的实现。例如,一年有2000万元的销售额,如果10%的合同出现前述问题,也会造成200万元的损失,可能会给合伙经营带来致命打击。因此,应当强化合伙事务执行中合同风险管理。首先,要树立合同意识,明确合同管理机制和人员(或者部门),规定对外一切重大事项及其变动,必须签订书面合同;其次,要强化风险意识,通过培训使合伙执行人员主动防范合同的签订、变更、履行中的风险;再次,要严把合同签订,严格审查合同对方情况,认真推敲非格式合同条款表述,并经由内部法务人员或者外聘律师进行法律审查;最后,要做好履约管理,建立合同内部登记制度,加强合同履行监测,杜绝合伙自身出现违约,及时运用法律手段,维护合伙自身合法权益,尽量减少和避免损失。

6. 判明合伙代表权限

合伙代表是指代表合伙对外执行合伙事务的人，而合伙代表权限是指合伙代表对外执行合伙事务的权限有无及大小。他人与合伙交往（易）时，一定要判明合伙代表对外执行合伙事务的权限有无及大小，避免合伙代表没有或者超越权限而引来（发）不必要的麻烦。一般来说，有限合伙人无权对外执行合伙事务，他人通过营业执照、合伙协议就可以判明合伙代表是否为有限合伙人；对于合伙代表为普通合伙人，他人可根据《合伙企业法》第 37 条的规定："合伙企业对合伙人执行合伙事务以及对外代表合伙企业权利的限制，不得对抗善意第三人。"除了已掌握的合伙代表信息、要求合伙代表提供相关材料外，还应尽可能多求证几个其他合伙人或者执行人员，多方判明合伙代表对外执行合伙事务的权限有无及大小，以使自己满足善意第三人之要求。对于非合伙人执行人员对外执行合伙事务的权限有无及大小，他人通过授权书就可以判明，如果授权书对某个合伙事务的执行不明确，建议就该合伙事务不要与该合伙代表进行交易。

7. 注意防范刑事风险

《合伙企业法》第 105 条规定，违反本法规定，构成犯罪的，依法追究刑事责任。近年来，涉及企业及投资人的刑事犯罪越来越多。一旦涉嫌刑事风险，将面临牢狱之灾。而合伙设立及合伙执行过程中，均可能会涉及刑事风险，需要引起创业者及其创业伙伴的高度重视，合法投资，依法经营，避免因触犯刑法规定而给个人或者合伙带来不可挽回的损失。本书选取与合伙设立及经营有关的刑事犯罪类别，进行简单的讨论和提示（以下内容中涉及的以上、以下或者以内，均包括本数）。

（1）非法吸收公众存款罪

这种刑事风险主要发生在出资融资过程中，变相地以出资作为载体，面向不特定的社会公众筹集资金。这是非法集资犯罪的罪名之一，在合伙型私募基金的筹集中最有可能发生。

所谓非法吸收公众存款罪，根据《刑法》第 176 条的规定，是指违反国家金融管理法规，非法吸收公从存款或者变相吸收公众存款，扰乱金融秩序的行为。其中：非法吸收公众存款是指未经监管部门批准，向社会不特定对象吸收资金，出具凭证,承诺在一定期限内还本付息的活动;变相吸收公众存款是指未经监管部门批准,不以吸收公众存款的名义,向社会不特定对象吸收资金,但承诺履行的义务与吸收公众存款性质相同的活动;公众是指社会上大多数人,既包括个人也包括法人或者其他组织。一般来说,同时具备以下四个条件,将会认定为非法吸收公众存款罪:一是未经有关部门依法批准或者借用合法经营的形式吸收资金;二是通过媒体、推介会、传单、手机短信等途径向社会公开宣传;三是承诺在一定期限内以货币、实物、股权等方式还本付息或者给付回报;四是向社会公众即社会不特定对象吸收资金。

根据最高人民法院《关于审理非法集资刑事案件具体应用法律若干问题的解释》第3条的规定,非法吸收或者变相吸收公众存款,有下列情形之一的,将会被立案侦查:一是金额上,个人实施者涉及数额须在20万元以上,若在100万元以上,则构成数额巨大,单位实施者涉及数额须在100万元以上,若在500万元以上,则构成数额巨大;二是人数上,个人实施者涉及存款人须在30人以上,若在100人以上,则构成有其他严重情节,单位实施者涉及存款人须在150人以上,若在500人以上,则构成有其他严重情节;三是损失上,个人实施者给存款人造成直接经济损失数额须在10万元以上,若在50万元以上,则构成数额巨大,单位实施者给存款人造成直接经济损失数额须在50万元以上,若在250万元以上,则构成数额巨大。

犯非法吸收或者变相吸收公众存款罪,对个人实施者处3年以下有期徒刑或者拘役,并处或者单处2万元以上20万元以下罚金,数额巨大或者有其他严重情节,处3年以上10年以下有期徒刑,并处5万元以上50万元以下罚金;对单位实施者要处罚金,并对单位直接负责的主管人员和其他直接责任人员,依照上述规定处罚。

(2)集资诈骗罪

这种刑事风险主要发生在借贷融资过程中,变相地以出资作为载体或者欺骗手段,骗取他人资金。这是非法集资犯罪的罪名之一。

所谓集资诈骗罪,根据《刑法》第192条的规定,是指以非法占有为目的,违反有关金融法律法规的规定,使用诈骗方法进行非法集资,扰乱国家正常金融秩序,侵犯公私财产所有权,且数额较大的行为。

根据最高人民法院《关于审理非法集资刑事案件具体应用法律若干问题的解

释》第5条的规定，犯集资诈骗罪，个人实施者涉及数额在10万元以上，构成数额较大，在30万元以上，构成数额巨大，在100万元以上，构成数额特别巨大；单位实施者涉及数额在50万元以上，构成数额较大，在150万元以上，构成数额巨大，在500万元以上，构成数额特别巨大。前述数额以实施者实际骗取的数额计算，案发前已归还的数额应予扣除，为实施集资诈骗活动而支付的广告费、中介费、手续费、回扣或者用于行贿、赠与等费用，不予扣除，为实施集资诈骗活动而支付的利息，除本金未归还可予折抵本金以外，计入诈骗数额。

犯集资诈骗罪，若个人实施者涉及数额较大，处5年以下有期徒刑或者拘役，并处2万元以上20万元以下罚金，数额巨大或者有其他严重情节，处5年以上10年以下有期徒刑，并处5万元以上50万元以上罚金，数额特别巨大或者有其他特别严重情节，处10年以上有期徒刑或者无期徒刑，并处5万元以上50万元以下罚金或者没收财产；对单位实施者要处罚金，并对单位直接负责的主管人员和其他直接责任人员，处5年以下有期徒刑或者拘役，可以并处罚金，数额巨大或者有其他严重情节，处5年以上10年以下有期徒刑，并处罚金，数额特别巨大或者有其他特别严重情节，处10年以上有期徒刑或者无期徒刑，并处罚金。

(3)对非国家工作人员行贿罪

这种刑事风险主要发生在合伙参与某些重大活动(如工程招标)等合伙执行过程中。

所谓对非国家工作人员行贿罪，根据《刑法》第164条的规定，是指为谋取不正当利益，给予公司、企业或者其他单位的工作人员以财物，数额较大的行为。为谋取不正当商业利益，给予外国公职人员或者国际公共组织官员以财物的，依照该罪处理。

根据最高人民法院、最高人民检察院《关于办理贪污贿赂刑事案件适用法律若干问题的解释》第11条第3款的规定，犯对非国家工作人员行贿罪，涉及数额在6万元以上，或者涉及金额在2万元以上6万元以下且有向三人以上行贿、将违法所得用于行贿等特定情节，构成数额较大；涉及数额在200万元以上不满1000万元，或者涉及数额在100万元以上200万元以下且有向三人以上行贿、将违法所得用于行贿等特定情节，构成数额巨大。

犯对非国家工作人员行贿罪，若个人实施者涉及数额较大，处3年以下有期徒刑或者拘役，并处罚金，数额巨大，处3年以上10年以下有期徒刑，并处罚金；

对单位实施者要处罚金,并对单位直接负责的主管人员和其他直接责任人员,依照上述规定处罚。在被追诉前主动交待行贿行为的,则可以减轻处罚或者免除处罚。

(4)行贿罪

这种刑事风险与前述“对非国家工作人员行贿罪”的区别是行贿对象不同,该罪的行贿对象为国家工作人员。

所谓行贿罪,根据《刑法》第 389 条的规定,是指为谋取不正当利益,给予国家工作人员以财物的行为。在经济往来中,违反国家规定,给予国家工作人员以财物,数额较大,或者违反国家规定,给予国家工作人员各种名义的回扣、手续费,以行贿论处。因被勒索给予国家工作人员以财物,没有获得不正当利益,不是行贿。国有公司、企业、事业单位、人民团体中从事公务的人员或者前述单位和国家机关委派到非国有单位从事公务的人员,以及其他依照法律从事公务的人员,以国家工作人员论。

根据最高人民法院、最高人民检察院《关于办理贪污贿赂刑事案件适用法律若干问题的解释》第 7 条、第 8 条的规定,行贿涉及数额在 3 万元以上,或者涉及数额在 1 万元以上 3 万元以下且有向三人以上行贿、将违法所得用于行贿等特定情节,便构成该罪;涉及数额在 100 万元以上不满 500 万元,或者涉及数额在 50 万元以上 100 万元以下且有向三人以上行贿、将违法所得用于行贿等特定情节,构成情节严重;为谋取不正当利益,向国家工作人员行贿,造成经济损失数额在 100 万元以上不满 500 万元,构成“使国家利益遭受重大损失”;涉及数额 500 万元以上或者在 250 万元以上不满 500 万元且有向三人以上行贿、将违法所得用于行贿等特定情节,构成情节特别严重;为谋取不正当利益,向国家工作人员行贿,造成经济损失数额在 500 万元以上,构成“使国家利益遭受特别重大损失”。

犯行贿罪,处 5 年以下有期徒刑或者拘役,并处罚金;因行贿谋取不正当利益,情节严重或者使国家利益遭受重大损失,处 5 年以上 10 年以下有期徒刑,并处罚金;情节特别严重或者使国家利益遭受特别重大损失,处 10 年以上有期徒刑或者无期徒刑,并处罚金或者没收财产。在被追诉前主动交待行贿行为,可以从轻或者减轻处罚。其中,犯罪较轻的,对侦破重大案件起关键作用的,或者有重大立功表现的,可以减轻或者免除处罚。

(5)对有影响力的人行贿罪

这种刑事风险与前述“行贿罪”的区别是行贿对象不同,该罪的行贿对象为在职或者离职国家工作人员的近亲属或者其他与其关系密切的人。

所谓对有影响力的人行贿罪,根据《刑法》第390条之一的规定,是指为谋取不正当利益,给予在职或者离职国家工作人员的近亲属或者其他与其关系密切的人以财物的行为。

根据最高人民法院、最高人民检察院《关于办理贪污贿赂刑事案件适用法律若干问题的解释》第10条第2款、第3款的规定,参照行贿罪有关涉及金额、特定情节等来认定是否构成该犯罪、情节严重、情节特别严重、使国家利益遭受特别重大损失等;单位行贿数额在20万元以上,便构成该罪。

犯对有影响力的人行贿罪,处3年以下有期徒刑或者拘役,并处罚金;情节严重或者使国家利益遭受重大损失,处3年以上7年以下有期徒刑,并处罚金;情节特别严重或者使国家利益遭受特别重大损失,处7年以上10年以下有期徒刑,并处罚金。单位犯该罪的,对单位判处罚金,并对直接负责的主管人员和其他直接责任人员处3年以下有期徒刑或者拘役,并处罚金。

(6)对单位行贿罪

这种刑事风险与前述相关“行贿”类犯罪的区别在于,此罪的行贿对象为单位,而非单位的工作人员。

所谓对单位行贿罪,根据《刑法》第391条的规定,是指为谋取不正当利益,给予国家机关、国有公司、企业、事业单位、人民团体以财物的行为。在经济往来中,违反国家规定,给予这些单位各种名义的回扣、手续费,以对单位行贿论处。

根据最高人民检察院《关于人民检察院直接受理立案侦查案件立案标准的规定(试行)》的规定,满足下列情形之一的,应予立案:一是个人行贿数额在10万元以上、单位行贿数额在20万元以上;二是个人行贿数额不满10万元、单位行贿数额在10万元以上不满20万元,且又满足“为谋取非法利益行贿”“向3个以上单位行贿”“向党政(或者司法、行政执法)机关行贿”“致使国家(或者社会利益)遭受重大损失”四个条件之一。

犯对单位行贿罪,处3年以下有期徒刑或者拘役,并处罚金;情节严重或者使国家利益遭受重大损失,处3年以上7年以下有期徒刑,并处罚金。单位犯该罪的,对单位判处罚金,并对直接负责的主管人员和其他直接责任人员,依照上述规定处罚。

(7)隐匿、故意销毁会计凭证、会计账簿、财务会计报告罪

这种刑事风险主要发生在合伙企业中。当然,个人合伙也会涉及会计凭证,可能会涉及此风险。

所谓隐匿、故意销毁会计凭证、会计账簿、财务会计报告罪,根据《刑法》第162条之一的规定,是指隐匿或者故意销毁依法应当保存的会计凭证、会计账簿、财务会计报告,情节严重的行为。

根据最高人民检察院、公安部《关于公安机关管辖的刑事案件立案追诉标准的规定(二)》的规定,满足下列情形之一的,应予立案:一是涉及金额在50万元以上;二是依法应当向司法机关、行政机关、有关主管部门等提供而隐匿、故意销毁或者拒不交出会计凭证、会计账簿、财务会计报告;三是其他情节严重的情形。

犯隐匿、故意销毁会计凭证、会计账簿、财务会计报告罪,处5年以下有期徒刑或者拘役,并处罚金;情节严重或者使国家利益遭受重大损失,处3年以上7年以下有期徒刑,并处或者单处2万元以上20万元以下罚金。单位犯该罪的,对单位判处罚金,并对直接负责的主管人员和其他直接责任人员,依照上述规定处罚。

(8)职务侵占罪

实务中,合伙人或者合伙工作人员贪图利益,侵占合伙财产或者变相侵占合伙财产的情况时有发生,所以《合伙企业法》第96条规定"合伙人执行合伙事务,或者合伙企业从业人员利用职务上的便利,将应当归合伙企业的利益据为己有的,或者采取其他手段侵占合伙企业财产的,应当将该利益和财产退还合伙企业",但如果不退还且数额较大,将会涉嫌职务侵占犯罪。

所谓职务侵占罪,根据《刑法》第271条的规定,是指公司、企业或者其他单位的工作人员,利用职务上的便利,将本单位财物非法占为己有,数额较大的行为。

根据最高人民法院、最高人民检察院《关于办理贪污贿赂刑事案件适用法律若干问题的解释》第11条第1款的规定,犯职务侵占罪,涉及数额在15万元以上100万元以下,或者涉及金额在5万元以上15万元以下且有将违法所得用于行贿等特定情节,构成数额较大;涉及数额在500万元以上不满2500万元,或者涉及数额在250万元以上500万元以下且有将违法所得用于行贿等特定情节,构成数额巨大。

犯职务侵占罪,处5年以下有期徒刑或者拘役;涉及数额巨大,处5年以上有期徒刑,可以并处没收财产。

(9)挪用资金罪

实务中,合伙人或者合伙工作人员不注意区分合伙资金与个人资金,个人合伙更突出,致使个人有可能会使用合伙资金,或者将合伙资金借给他人使用。然而,这种做法有可能会面临挪用资金的刑事风险。

所谓挪用资金罪,根据《刑法》第272条的规定,是指公司、企业或者其他单位的工作人员,利用职务上的便利,挪用单位资金归个人使用或者借贷给他人,数额较大且超过3个月未还、虽未超过3个月但数额较大且进行营利活动、进行非法活动的行为。其中,挪用单位资金归个人使用或者借贷给他人是指公司、企业或者其他单位的非国家工作人员,利用职务上的便利,挪用本单位资金归本人或者其他自然人使用,或者挪用人以个人名义将挪用的资金借给其他自然人和单位的行为;归个人使用包括:一是将本单位资金供个人、亲友或者其他自然人使用,二是以个人名义将本单位资金供其他单位使用,三是个人决定以单位名义将本单位资金供其他单位使用,谋取个人利益。

根据最高人民法院、最高人民检察院《关于办理贪污贿赂刑事案件适用法律若干问题的解释》第11条第2款的规定,犯挪用资金罪,将资金归个人使用,进行非法活动,涉及数额在6万元以上,构成数额较大;涉及数额在600万元以上,或者涉及数额在100万元以上不满200万元且又不退还,构成数额巨大;将资金个人使用,进行营利活动或者超过3个月未还,涉及数额在10万元以上,构成数额较大;涉及数额在1000万元以上,或者涉及数额在200万元以上不满400万元且又不退还,构成数额巨大。

犯挪用资金罪,处3年以下有期徒刑或者拘役,并处罚金;涉及数额巨大,或者虽数额较大但不退还,处3年以上10年以下有期徒刑。

二、行为禁止要求

关键内容

为使经营管理人员能专心从事合伙经营及管理,合伙人一般不会让经营管理人员在聘用期间从事其他经营及活动(包括与合伙经营相同业务及活动)和同所在合伙进行交易,更不会让经营管理人员从事损害所在合伙利益的活动,所以经营管理人员一般不会涉及行为禁止要求。因此,这里的行为禁止要求主要是要求合伙人在合伙期间不得从事哪些行为,以及违反这些行为禁止要求需要承担何种责任。

1. 行为禁止要求涉及四种情形

由《合伙企业法》第32条"合伙人不得自营或者同他人合作经营与本合伙企业相竞争的业务。除合伙协议另有约定或者经全体合伙人一致同意外,合伙人不得同本合伙企业进行交易。合伙人不得从事损害本合伙企业利益的活动"规定可以看出,普通合伙人的行为禁止要求主要涉及以下四种情形:一是自己不得经营与所在合伙企业相竞争的业务;二是自己不得同他人合作经营与所在合伙企业相竞争的业务;三是未经全体合伙人一致同意,自己不得同所在合伙企业进行交易;四是自己不得从事损害所在合伙企业利益的活动。需要指出,行为禁止要求既针对普通合伙人执行人员也针对普通合伙人非执行人员。

对于有限合伙人,由《合伙企业法》第70条"有限合伙人可以同本有限合伙企业进行交易;但是,合伙协议另有约定的除外"和第71条"有限合伙人可以自营或者同他人合作经营与本有限合伙企业相竞争的业务;但是,合伙协议另有约定的除外"的规定来看,似乎有限合伙人的行为禁止要求主要涉及以下三种情形:一是合伙协议约定自己不得经营与所在合伙企业相竞争的业务;二是合伙协议约定自己不得同他人合作经营与所在合伙企业相竞争的业务;三是合伙协议约定自己不得同所在合伙企业进行交易。然而,对于有限合伙人"不得从事损害所在合伙企业利益的活动",虽然《合伙企业法》未作专门规定,但是按照该法第60条"有限合伙企业及其合伙人适用本章规定;本章未作规定的,适用本法第二章第一节至第五节关于普通合伙企业及其合伙人的规定"之规定,有限合伙人也不得从事损害所在合伙企业利益的活动。由此可见,有限合伙人与普通合伙人的行为禁止要求所涉及的范围相同,只是具体内容或者要求有所不同而已。

《私募投资基金监督管理暂行办法》第23规定,私募基金管理人及其从业人员从事私募基金业务,不得有以下行为:(1)将其固有财产或者他人财产混同于基金财产从事投资活动;(2)不公平地对待其管理的不同基金财产;(3)利用基金财产或者职务之便,为本人或者投资者以外的人牟取利益,进行利益输送;(4)侵占、挪用基金财产;(5)泄露因职务便利获取的未公开信息,利用该信息从事或者明示、暗示他人从事相关的交易活动;(6)从事损害基金财产和投资者利益的投资活动;(7)玩忽职守,不按照规定履行职责;(8)从事内幕交易、操纵交易价格及其他不正当交易活动;(9)法律、行政法规和中国证监会规定禁止的其他行为。可见,由于私募基金的特殊性,对执行人员要求更严。

2. 身份不同禁止要求有所不同

对比《合伙企业法》第 32 条第 1 款和第 71 条的规定不难发现,就"自己可否经营与所在合伙企业相竞争的业务""自己可否同他人合作经营与所在合伙企业相竞争的业务"这两种情形而言,对普通合伙人的规定是不得经营,且既不允许通过合伙协议另行约定的方式,也不允许经全体合伙人一致同意的方式,加以改变;而对有限合伙人的原则性规定为可以,且只允许通过合伙协议另行约定的方式,加以改变,不允许通过全体合伙人一致同意的方式加以改变。对比《合伙企业法》第 32 条第 2 款和第 70 条的规定可以发现,就"自己可否同所在合伙企业进行交易"而言,对普通合伙人的规定为不可以,且既允许通过合伙协议另行约定的方式,也允许经全体合伙人一致同意的方式,加以改变;而对有限合伙人的原则性规定为可以,且只允许通过合伙协议另行约定的方式加以改变,不允许通过全体合伙人一致同意的方式加以改变。对"自己可否从事损害所在合伙企业利益的活动",法律对普通合伙人和有限合伙人的规定是一样的,均明确禁止,且不允许以任何方式加以改变。由前述分析可以发现,除了第四种情形外,行为禁止要求之其他三种情形会因合伙人身份不同而有所不同,具体体现在以下方面:一是要求角度不同,对普通合伙人的要求角度均是反向的"不可以",而对有限合伙人的要求角度均是正向的"可以"。二是改变范围不同,对普通合伙人而言改变范围仅限"自己可否同所在合伙企业进行交易"这一种情形的原则性规定,而对有限合伙人而言改变范围为前述第一种至第三种情形的原则性规定。三是采用方式不同,对普通合伙人而言既可采用合伙协议另有约定的方式,也可采用经全体合伙人一致同意的方式,来改变原则性规定;而对有限合伙人而言只允许采用合伙协议另有约定的方式来改变原则性规定,不允许采用经全体合伙人一致同意的方式来改变原则性规定。四是改变时间不同,对普通合伙人而言既允许事先(在合伙协议签订或者修改时)也允许嗣后(在有改变需要时)改变原则性规定;而对有限合伙人而言,只允许事先来改变原则性规定,不允许嗣后改变原则性规定。由此可见,法律对普通合伙人的规定或者要求相对要严。之所以如此安排,是因为普通合伙人往往要执行合伙事务,容易作出对其他合伙人不利的行为,因而需要对其行为作出较严限制,而有限合伙人不执行合伙事务,不容易作出对其他合伙人不利的行为,因而无须对其行为作出较严限制。如果有限合伙人有改变原则性规定的需要,一定要通过签订或者修改合伙协议的方式事先予以安排。

3. 违反行为禁止要求有何后果

《合伙企业法》第99条规定,合伙人违反本法规定或者合伙协议的约定,从事与本合伙企业相竞争的业务或者与本合伙企业进行交易的,该收益归合伙企业所有;给合伙企业或者其他合伙人造成损失的,依法承担赔偿责任。其中"从事与本合伙企业相竞争的业务"应当包括"自己经营与所在合伙企业相竞争的业务"和"自己同他人合作经营与所在合伙企业相竞争的业务"两种情形。由该条规定可知,无论普通合伙人还是有限合伙人,违反前述第一种至第三种情形需要承担的后果有:一是所得收益要归合伙企业所有;二是给合伙企业或者其他合伙人造成损失,依法承担赔偿责任。对于合伙人"从事损害所在合伙企业利益的活动"有何后果,《合伙企业法》未作规定。笔者认为,可依据《侵权责任法》的规定要求违反该情形的合伙人承担赔偿责任。

《私募投资基金监督管理暂行办法》对私募基金管理人违反行为禁止要求的后果作出了明确规定。依该办法第33条的规定,私募基金管理人及其从业人员有法律、行政法规及本办法规定的违反行为禁止要求的,中国证监会及其派出机构可以对其采取责令改正、监管谈话、出具警示函、公开谴责等行政监管措施。依该办法第38条的规定,私募基金管理人其从业人员违反行为禁止要求的,责令改正,给予警告并处3万元以下罚款;对直接负责的主管人员和其他直接责任人员,给予警告并处3万元以下罚款;或者按照《证券法》和《期货交易管理条例》的有关规定处罚;构成犯罪的,依法移交司法机关追究刑事责任。依该办法第39条的规定,私募基金管理人及其从业人员有法律法规和本办法规定的违反行为禁止要求的,情节严重的,中国证监会可以依法对有关责任人员采取市场禁入措施。

4. 个人合伙理应适用此项要求

《民法通则》及其司法解释对个人合伙的行为禁止要求未作出规定。不过,个人合伙与合伙企业并无本质区别，所以个人合伙的合伙人理应适用前述行为禁止要求。然而，个人合伙只有普通合伙人而没有有限合伙人，所以“身份不同禁止要求有所不同”等与有限合伙人相关的内容，并不适用于个人合伙的合伙人。

风险规避

1. 运用协议扩大适用范围

由前述分析可知，《合伙企业法》仅对合伙企业的合伙人的行为禁止要求作出了规定。虽然个人合伙的合伙人理应适用前述四种行为禁止要求，但是这毕竟是学理分析，很难成为法院判案依据。因此，个人合伙的合伙人要善于运用合伙协议，将前述四项行为禁止要求变成对全体合伙人的要求，以便为法院判案提供合同依据。同时，由于法律并未明确规定合伙人“从事损害所在合伙利益活动”的后果，也需要通过合伙协议明确规定应承担赔偿责任及其如何承担责任（尤其是如何计算赔偿金额）。另外，建议合伙人也要善于运用聘用协议，将前述四项行为禁止要求变成对经营管理人员（尤其是兼职经营管理人员）的要求，以便明确认定标准。还有，可考虑运用竞业禁止协议，将行为禁止要求延展到执行人员退伙或者离职后，以保证其退伙或者离职后，仍不能从事与原工作相同或者相似的工作。当然，竞业禁止是有代价的，需要向被禁止的执行人员支付一定费用。需要指出，竞业禁止协议在退伙或者离职后即生效。

2. 严格履行协议法律规定

对于前述四项行为禁止要求，无论是法律的规定还是合伙协议的规定，抑或聘用协议的规定，全体合伙人和经营管理人员均要严格履行，以免承担责任，让自己遭受损失。如果有人违反了前述四项行为禁止要求中的一个或者多个，所有未违反规定的合伙人切莫基于情面等原因不去追究或者从轻追究责任，而是要严格按照规定追究责任，以警示其他的合伙人和经营管理人员，从而反向促使全体合伙人和经营管理人员严格履行前述四项行为禁止要求。

三、执行人员监督

关键内容

所谓执行人员监督,就是对执行人员执行合伙事务的监督,包括由谁监督、监督方式有哪些等内容,是合伙人监督权在合伙事务执行中的具体体现。

1. 合伙人非执行人员监督

合伙人非执行人员包括未执行合伙事务的普通合伙人和有限合伙人。在某个合伙人执行人员不执行某个合伙事务的情形下,该合伙人执行人员也属于合伙人非执行人员范畴。合伙人非执行人员虽不参与合伙事务执行,但依照《合伙企业法》第 27 条第 2 款“不执行合伙事务的合伙人有权监督执行事务合伙人执行合伙事务的情况”及第 60 条的规定,可监督合伙人执行人员的执行情况。而依照《合伙企业法》第 29 条“合伙人分别执行合伙事务的,执行事务合伙人可以对其他合伙人执行的事务提出异议。提出异议时,应当暂停该项事务的执行。如果发生争议,依照本法第三十条规定作出决定”的规定,不执行某个合伙事务的合伙人执行人员也可监督其他合伙人执行人员对该合伙事务的执行情况。依照《民法通则》第 34 条第 1 款“合伙人有执行和监督的权利”的规定,个人合伙的合伙人非执行人员也可监督合伙人执行人员的执行情况。对于非合伙人执行人员(经营管理人员)的监督,《合伙企业法》未作规定,但合伙人作为委托人对其进行监督,是委托的应有之义。

2. 可以采取哪些监督方式

《合伙企业法》第 28 条规定,由一个或者数个合伙人执行合伙事务的,执行事务合伙人应当定期向其他合伙人报告事务执行情况以及合伙企业的经营和财务状况;合伙人为了解合伙企业的经营状况和财务状况,有权查阅合伙企业会计账簿等财务资料。依据该条规定,普通合伙人非执行人员的监督方式有听取报告和查阅资料。其实,普通合伙人非执行人员也可通过决策程序对执行人员执行合伙事务进行监督。由《合伙企业法》第 27 条第 2 款“不执行合伙事务的合伙人有权监督执行事务合伙人执行合伙事务的情况”可知，普通合伙人非执行人员还有权进行日常监督。对于有限合伙人的监督方式，《合伙企业法》未作明确规定，但是依照《合伙企业法》第 60 条的规定，普通合伙人非执行人员的监督方式可以适用于有限合伙人。因此，有限合伙人的监督方式仍然是听取报告、查阅资料、参与决策和日常监督。另外，对《合伙企业法》第 68 条第 2 款“有限合伙人的下列行为，不视为执行合伙事务：……（四）获取经审计的有限合伙企业财务会计报告”的规定作反向理解，有限合伙人还可通过审计进行监督。实际上，普通合伙人也可通过审计进行监督。综上，普通合伙人与有限合伙人的监督方式有：听取报告、查阅资料、参与决策、进行审计和日常监督。《民法通则》及其司法解释对个人合伙的监督方式未作规定，但个人合伙与合伙企业并无本质区别，所以个人合伙的监督方式仍应适用前述有关合伙企业的分析或者要求。

3. 可以解除执行人员职务

如果发现执行人员不按照法律、合伙协议或者聘用协议的规定执行合伙事务，除了追究其相关责任外，还可以解除其执行人员职务。《合伙企业法》第 29 条第 2 款就合伙人执行人员职务的解除进行了明确规定：受委托执行合伙事务的合伙人不按照合伙协议或者全体合伙人的决定执行事务的，其他合伙人可以决定撤销该委托。对于非合伙人执行人员职务的解除，《合伙企业法》未作规定，但是按照“授权”有关原理和《民法总则》、《合同法》有关代理的规定，作为委托人的合伙企业或者个人合伙有权解除其执行人员职务。

4. 执行权与决策权有区别

由《合伙企业法》第 29 条第 2 款“受委托执行合伙事务的合伙人不按照合伙协议或者全体合伙人的决定执行事务的，其他合伙人可以决定撤销该委托”、第 34 条“合伙人按照合伙协议的约定或者经全体合伙人决定，可以增加或者减少对合伙企业的出资”和第 97 条“合伙人对本法规定或者合伙协议约定必须经全体合伙人一致同意始得执行的事务擅自处理，给合伙企业或者其他合伙人造成损失的，依法承担赔偿责任”等规定可知，合伙事务的执行权与决策权是有区别的：执行是对决策结果（内容）的实施和落实。执行人员尤其是非合伙人执行人员切勿混淆执行权与决策权，如果不同时享有决策权，合伙事务执行前一定要按照规定及时履行报批手续。

风险规避

1. 强化执行人员监督

实务中,大多数合伙人在委托或者聘用执行人员后,往往疏于对执行人员进行监督。这是不妥的,易使执行人员尤其是非合伙人执行人员不重视合伙事务的执行,甚至执行人员还有可能会利用执行之便谋取非法或者不当利益。因此,合伙人务必要强化执行人员的监督。既要根据法律、合伙协议或者授权等规定认真做好听取报告、查阅资料、进行审计和参与决策等专门监督,也不能放弃日常监督,可以通过调查了解、外围询问、随机抽查等方法进行日常监督,必要时或者发现问题线索时,还可将日常监督转化为专门监督。同时,要特别处理好监督与执行的关系,切不可因监督而影响合伙事务的执行,更不可借监督而干预执行。由于合伙型私募基金的特殊性,基金持有人往往不可能对私募基金管理人进行专门监督和日常监督,只能依赖于基金业协会、中国证监会及其派出机构的监督、检查。

2. 适时进行动态调整

全体合伙人是在初步了解执行人员的基础上对他们进行分工和赋予执行职责,这种了解难免会有所偏颇或者遗漏,更何况执行人员也会变“坏”,所以嗣后就需要根据监督情况适时调整他们的分工及职责,以使分工及职责更加科学、有效、切实。当然,因合伙型私募基金的特殊性,其持有人往往要通过基金赎回或者转让基金的方式进行自我调整,很难能调整(或者更换)基金管理人。

调整包括被动调整和主动调整:前者是指被迫进行调整,是因极端情况而引发,比较少见,前述“切忌强行分配工作”中所提到的调整就属于被动调整范畴;后者是指主动进行调整,可能会涉及全体执行人员分工及职责的调整,也可能会涉及部分执行人员分工及职责的调整,甚至还可能会涉及解除对执行人员的委托或者聘用,具体要根据实际情况而定。主动调整有两种情形:

一是执行人员未变动情况下的调整,即因现有执行人员中有人不适宜负责

(承担)或者不能胜任某个或者部分领域(职责)而需要对全体或者部分执行人员分工及职责作出调整。合伙人或者其他执行人员通过日常监督发现有的执行人员不适宜负责(承担)某个或者部分领域(职责),可以提出调整;执行人员认为自己不适宜负责(承担)某个或者部分领域(职责),也可以提出调整。

二是执行人员变动情况下的调整,即因执行人员变动而需要对全体或者部分执行人员分工及职责作出调整。执行人员变动包括原有人员退出和增加新的人员,而增加新的人员又包括增加新的合伙人执行人员和增加新的非合伙人执行人员。前述"切忌强行分配工作"中所提到的从社会上聘用有能力的非合伙人为经营管理人员,就属于增加新的非合伙人执行人员,当然也可能会因其他原因而引发增加新的非合伙人执行人员。如果发现某个执行人员不适宜负责(承担)或者不能胜任全部领域(职责)的,就需要考虑解除对执行人员的委托或者聘用,这便是原有人员退出,前述"可以解除执行人员职务"所述情形就属于原有人员退出。而增加新的合伙人执行人员,既会因新入伙的合伙人要求执行合伙事务而引发,也会因合伙人中非执行人员要求执行合伙事务而引发。

调整需由全体合伙人研究决定,但作出决定前执行人员仍应履行原有职责。无论主动调整还是被动调整,均需要立即更新"职责协议书"、"授权书"以及内部规章制度,确保人岗匹配、人责匹配、职责清晰。

第五章　合伙财务与风险控制

合伙财务是反映合伙的收入、支出和利润的工具。合伙财务核算是否准确、合伙财务处理是否妥当、合伙财务信息是否全面等，不仅能清晰地展现合伙资金的动向，而且也事关合伙风险控制与合伙人、合伙债权人等的利益保护。合伙必须要有完善的财务管理，依法开展财务工作，应按照规则向合伙人等提供财务信息，让合伙资金及财产在阳光下运作。否则，既会引发合伙人之间的矛盾，也会让合伙人无法掌握合伙经营状况，进而无法对未来合伙发展作出正确决策，最终导致合伙经营失败。小米公司创始人雷军曾说：很多创业者头脑很聪明，但是却算不清公司账上的钱，最后导致公司关门倒闭。可见，财务及风险控制对创业是多么重要。

一、财务要求

关键内容

所谓财务要求，是指法律对合伙财务有哪些具体规定，包括建立财务会计制度、定期报告财务状况、审计财务会计报告等。只有《合伙企业法》规定了合伙企业的财务要求，《民法通则》及其司法解释对个人合伙的财务要求未作规定，但财务要求有助于合伙人了解合伙经营状况，所以个人合伙的合伙人可参照合伙企业的财务要求开展财务工作。

1. 建立财务会计制度

《合伙企业法》第36条仅规定，合伙企业应当依照法律、行政法规的规定建立企业财务、会计制度。至于合伙企业的财务会计制度应当包括哪些内容，《合伙企业法》未作专门规定，第28条第2款、第68条第2款第5项仅是提及"会计账簿等财务资料"，也未作进一步明确。一般来说，财务会计制度主要包括财务会计核算制度、财务会计监督制度、财务会计工作制度等。财务资料主要包括会计账簿、会计凭证等。对此，财税部门都会有专门规定，且会不断更新或者调整，合伙企业一定要按照最新规定建立财务会计制度。合伙企业可由合伙人负责财务会计工作，也可聘用专门财务会计人员负责财务会计工作，还可将财务会计工作委托给社会服务机构，具体要根据实际情况而定。

2. 定期报告财务状况

《合伙企业法》第28条规定，由一个或者数个合伙人执行合伙事务的，执行事务合伙人应当定期向其他合伙人报告事务执行情况以及合伙企业的经营和财务状况。依据该条规定，合伙人执行人员应当定期向其他合伙人报告财务状况。这是财务公开要求之一。但该条未明确财务状况包括哪些内容，需要通过合伙协议或者内部规章制度加以明确。虽然《合伙企业法》对非合伙人执行人员（经营管理人员）定期报告财务状况未作规定，但是按照《合同法》第401条"受托人应当按照委托人的要求，报告委托事务的处理情况"的规定，非合伙人执行人员（经营管理人员）定期报告财务状况是委托的应有之义。对于定期的具体时间，《合伙企业法》未作规定，可通过合伙协议、聘用合同加以明确。

《私募投资基金监督管理暂行办法》第24条规定，私募基金管理人、私募基金托管人应当按照合同约定，如实向投资者披露基金投资、资产负债、投资收益分配、基金承担的费用和业绩报酬、可能存在的利益冲突情况以及可能影响投资者合法权益的其他重大信息，不得隐瞒或者提供虚假信息；信息披露规则由基金业协会另行制定。该办法第25条第1款规定，私募基金管理人应当根据基金业协会的规定，及时填报并定期更新管理人及其从业人员的有关信息、所管理私募基金的投资运作情况和杠杆运用情况，保证所填报内容真实、准确、完整。依据这两条规定,私募基金管理人也应当定期报告私募基金的财务状况,且以列举方式明确了财务状况内容,有利于实务操作。对于定期的具体时间,《私募投资基金监督管理暂行办法》未作规定,可通过基金合同加以明确。

《私募投资基金监督管理暂行办法》第25条第1款还规定,发生重大事项的,应当在十个工作日内向基金业协会报告。这是对临时报告及时间所作的规定。

3. 审计财务会计报告

所谓财务会计报告,是指反映合伙企业财务状况和经营成果的书面文件,主要包括会计报表、会计报表附注和财务状况说明书三部分。而会计报表主要由资产负债表、利润表、现金流量表和有关附表组成。财务会计报表分为月报、季报和年报。对财务会计报告进行审计也是财务公开要求之一,有助于监督合伙企业执行法律、行政法规和财税部门有关财务会计准则和制度。

对《合伙企业法》第68条第2款"有限合伙人的下列行为,不视为执行合伙事务:……(四)获取经审计的有限合伙企业财务会计报告"的规定作反向理解,有限合伙企业的财务会计报告必须进行审计。至于审计期限,《合伙企业法》未作规定,一般来说是审计年报。《私募投资基金监督管理暂行办法》第25条第2款规定,私募基金管理人应当于每个会计年度结束后的四个月内,向基金业协会报送经会计师事务所审计的年度财务报告和所管理私募基金年度投资运作基本情况。由该条规定可知,作为有限合伙的私募基金,也是要求对年度财务会计报告进行审计。对于普通合伙企业的年度财务会计报告是否需审计,《合伙企业法》未作规定,但按照"法无禁止即可为"的原则,可通过合伙协议明确要求普通合伙企业的年度财务会计报告也需审计。

4. 合伙不缴纳所得税

《合伙企业法》第6条规定,合伙企业的生产经营所得和其他所得,按照国家有关税收规定,由合伙人分别缴纳所得税。依据该条规定,不以合伙企业名义缴纳所得税,而是以合伙人名义分别缴纳所得税。财政部和国税总局联合发布的《关于合伙企业合伙人所得税问题的通知》(财税〔2008〕159号)对此进一步明确:合伙企业以每一个合伙人为纳税义务人;合伙企业合伙人是自然人的,缴纳个人所得税;合伙人是法人和其他组织的,缴纳企业所得税。需要指出,《合伙企业法》

只是规定合伙(企业)不缴纳所得税,并未规定不缴纳其他税种。一般来说,合伙企业可能会涉及增值税、城市维护建设税、印花税等,具体缴纳税种要视实际经营事项而定。

风险规避

1. 事先细化财务要求

《合伙企业法》《私募投资基金监督管理暂行办法》对财务要求的规定比较简单,而《民法通则》及其司法解释又未涉及个人合伙的财务要求问题,需要合伙人通过合伙协议等事先作进一步细化,以便实务操作。首先,要将财务要求延伸到个人合伙的合伙人和非合伙人执行人员(经营管理人员),个人合伙的合伙人可以参照合伙企业的财务要求,在合伙协议中对财务要求作出明确规定,对非合伙人执行人员(经营管理人员)的财务要求要在聘用合同中加以明确。其次,无论个人合伙还是合伙企业,均要依据最新规定,在合伙协议、聘用合同或者内部规章制度中对财务会计制度、财务资料的具体种类及其内容尽可能作出列举式规定,如果规定有修改或者有新的规定的,要及时修改完善合伙协议、聘用合同或者内部规章制度。再次,要通过内部规章制度对定期报告财务状况、财务会计报告审计的范围、时间、方式等进行细化。最后,还要通过内部规章制度对会计凭证、会计账簿、财务会计报告等材料的保管方式、时间、地点、人员等作出明确规定,以便对财务状况有疑问或者专门监督、日常监督时查阅。

2. 严格落实财务要求

合伙忌"账目不清",因为账目不清易导致合伙人相互不信任,而一旦发生诉讼则易造成诉讼无据。避免账目清的关键是要严格落实财务要求。首先,要有规范的财务流程,并坚持做到财务要求及制度面前人人平等,一视同仁,不因出资多与少或者合伙人与非合伙人而区别对待。其次,凡属于合伙(企业)的账务才记账,凡不属于合伙(企业)的账务坚决不予记账,对于要报告或者审批的财务事项,一定要按照规定和要求进行报告或者审批,认真做好财务会计报告的审计和财务状况的定期报告,做到公私分明。再次,无论金额大小,哪怕是一分钱的账,也要按照规定和要求报告、审批并记账,确保账目透明,手续齐全。最后,要认真做好会计凭证、会计账簿、财务会计报告等材料的保管,以备审计或者查阅之用。

3. 强化财务人员管理

即使有完备细化的财务要求及其他财务制度,也得靠人来执行或者落实。实际上,合伙尤其是合伙企业的财务要求及其他财务制度往往最终都靠财务人员来执行或者落实。因此,要控制财务风险,还须强化财务人员的管理。首先,要强化财务人员的选聘管理。尽可能选聘财务精通、经验丰富、责任心强、无犯罪前科的人(包括合伙人)为合伙(企业)内部专门财务人员,全面负责财务要求及其他财务制度的执行和落实。如果将财务会计工作委托给社会服务机构,也要选择实力强、经验丰富的社会服务机构。其次,要强化财务人员的履职监督。结合第二章"监督权"的要求,通过调查了解、外围询问、随机抽查等方法做好对财务人员履职的日常监督,定期开展听取报告、查阅资料、进行审计等专门监督,必要时还可进行专项检查。最后,要强化财务人员的退出管理。及时将不称职、有不良行为的财务人员清理出去,如果涉及追究财务人员责任的,要坚决追究,包括刑事责任。

二、利润分配

关键内容

合伙人出资的目的是参与合伙利润的分配,获取经济利益。因此,利润分配是合伙人共同出资关系的重要组成部分,也是正确处理合伙人之间及合伙人与合伙(企业)之间关系的重要环节。按照法定或者约定规则分配利润,不仅事关每一个合伙人利益,也事关合伙债权人利益。合伙型私募基金的利润分配的外在表现形式往往为分红。

1. 利润分配遵循约定优先

依照《民法通则》第31条的规定,合伙盈余(注:就是利润)分配是合伙协议的内容之一,个人合伙应当按照事先约定的盈余分配比例进行利润分配。如果没有事先约定或者事先约定不明,如何处理,《民法通则》及其司法解释未作规定。但笔者认为可参照民法通则司法解释第55条的规定，由合伙人协商决定（亦即由合伙人临时约定）。

依据《合伙企业法》第33条第1款的规定，合伙企业的利润分配按照合伙协议的约定办理；合伙协议未约定或者约定不明确的，由合伙人协商决定。依据该条规定，合伙企业利润分配仍要先执行事先约定的分配比例，如果未事先约定或者事先约定不明确，则由合伙人协商决定（亦即由合伙人临时约定）。

综上，在利润分配比例上，无论个人合伙还是合伙企业，均遵循了约定（包括事先约定或者临时约定）优先的原则，只有在没有事先约定和无法临时约定的情况下，才可按照其他方法处理。因此，部分合伙人可通过约定来分配（获取）合伙的大部分利润，部分有限合伙人还可通过约定分配（获取）合伙的全部利润。

2. 无约定遵循时如何处理

对于个人合伙无约定利润分配比例遵循时如何处理，《民法通则》及其司法解释未作规定，笔者认为，仍可参照民法通则司法解释第55条的规定，在合伙人协商不成的情况下，如果合伙人实缴出资额相等，应当考虑多数人意见酌情处理；如果合伙人实缴出资额不等，可按实缴出资额占全部实缴出资额比例多的合伙人的意见处理，但要保护其他合伙人的利益。

对于合伙企业无约定利润分配比例遵循时如何处理，《合伙企业法》第33条第1款作出明确规定，在合伙人协商不成的情况下，由合伙人按照实缴出资比例分配，如果无法确定出资比例，则由合伙人平均分配。

无论民法通则司法解释第55条还是《合伙企业法》第33条第1款的规定，都强调在无约定利润分配比例且又协商不成的情况下按"实缴出资"比例分配利润。换言之，合伙人未缴付的出资，包括因未到缴付期限而未缴付的出资和已到缴付期限应缴而未缴的出资，以及不实的出资额度，是不能参与利润分配的。

3. 部分合伙人的分配规则

《合伙企业法》第33条第2款规定，合伙协议不得约定将全部利润分配给部分合伙人。第69条规定，有限合伙企业不得将全部利润分配给部分合伙人；但是合伙协议另有约定的除外。依据这两条规定，普通合伙企业不得约定将全部利润分配给部分合伙人，而有限合伙企业可约定将全部利润分配给部分合伙人。《合伙企业法》第69条中的“部分合伙人”是否包括普通合伙人,尚无明确规定,理论上应当包括普通合伙人。不过,实务中有限合伙企业多是将全部或者大部分利润在特定期间(阶段性)分配给部分或者个别有限合伙人,以增加吸引有限合伙人前来投资的“筹码”。

对于个人合伙能否约定将全部利润分配给部分合伙人,《民法通则》及其司法解释没有明确规定,但是个人合伙的合伙人与普通合伙人无区别,参照《合伙企业法》第33条第2款的规定,个人合伙不能约定将全部利润分配给部分合伙人。

4. 利润分配应有前置事项

《合伙企业法》未明确规定利润分配的前置事项。然而,利润分配毕竟会导致合伙财产的减少,按照《合伙企业法》第38条“合伙企业对其债务,应先以其全部财产进行清偿”的规定,将会给合伙债权人带来不利影响,同时也会事关合伙人和从业人员利益,尤其给有限合伙人分配利润、部分合伙人获取大部利润时更明显。因此,利润分配应当有前置事项,只有完成了前置事项,才可向合伙人分配利润。结合《合伙企业法》第89条的规定,笔者认为,前置事项应当包括:一是支付从业人员工资;二是缴纳社会保险费用;三是支付法定补偿金;四是缴纳税款;五是清偿合伙债务;六是弥补以前年度亏损。合伙型私募基金往往还涉及手续费。这里要特别指出,虽然依《合伙企业法》第6条的规定,合伙企业不需要缴纳所得税,但是并未规定合伙(企业)不需要缴纳其他税种,因此,合伙(企业)如涉及需要缴纳其他税种的,则要在利润分配前缴纳。这是合伙(企业)承担社会责任的形式之一,也是必须履行的法定义务。而弥补以前年度亏损既有利于充实合伙出资,又有利于维护合伙债权人利益(尤其在给有限合伙人分配利润前,应先弥补以前年度亏损)。

风险规避

1. 善用协议力争比例最大

如前所述,利润分配遵循约定优先的原则,且只要约定不违背法律规定,合伙人就必须遵循,法院也会依照约定内容,判决合伙人之间有关利润分配的纠纷。

因此，合伙人要善于运用合伙协议，对利润分配比例，充分进行协商，力争使自己的利润分配比例最大。当然，自己利润分配比例的最大化，就意味着其他合伙人利润分配比例的变小，因而利润分配比例协商的过程，往往就是博弈的过程，创业者及其创业伙伴需要有博弈的心理准备，并提前掌握一定的博弈技巧。而博弈常以实力为后盾，适当兼资源等其他因素，创业者及其创业伙伴需要根据自身实力，并兼顾其他因素进行博弈，切不可一味地“漫天要价”而错失良机。

2. 利润计算别忘前置事项

及时结算能较早发现合伙人之间存在的争议，以及合伙制度中存在的不足，及时解决问题并能保证合伙经营持续下去。但利润分配首先得有准确的利润数额。这就要求利润计算时不能忘记前置事项。否则，将会给处理前置事项带来不必要麻烦，甚至还有可能因某合伙人无能力承担，而加大其他合伙人的实际负担。例如，未先清偿合伙债务而进行利润分配，后甲合伙人承担合伙债务向另一合伙人乙追偿，但乙合伙人已无能力承担其所应承担的债务份额，最终加大甲合伙人的实际负担。

3. 对所有人一同进行分配

除非按照合伙协议约定或者依照法律规定，向某个合伙人提前单方分配利润，否则，合伙利润无论多少，无论要分配多少，必须按照合伙协议约定或者依照法律规定，对所有应分配利润的合伙人一同进行分配，不得先对一部分应分配利润的合伙人进行分配，然后再对另一部分应分配利润的合伙人进行分配。对于因某种原因暂时无法向某合伙人支付的利润，可暂时挂在合伙账户上，并注明为某合伙人应付利润款项。

4. 及时进行当年利润分配

基于以下原因，应当及时进行当年利润分配（尤其有限合伙人更应要求进行当年利润分配）：一是合伙人出资的目的就是能分配利润、赚到钱，不及时进行当年利润分配与出资目的背道而驰，甚至还可能会引发合伙人之间的矛盾；二是合伙人之间的利润分配比例可能不一致，甚至有的合伙人可能在某个时段不能获取利润分配，不及时进行当年利润分配对那些应分配利润、分配利润比例大的合伙人不公平,因为他们会少取得因分配的利润所产生的收益(如少取得银行存款利息);三是按照《合伙企业法》第38条的规定,先用合伙财产清偿合伙债务,不及时进行当年利润分配,就有可能使利润被当成合伙财产用以清偿合伙债务,从而将无利润可分配;四是不及时进行当年利润分配,一旦下一年度或者以后年度发生亏损,这些未分配的当年利润是否需要先弥补下一年度,或者以后年度发生的亏损后才可进行分配,尚无明确规定,易引发合伙人之间的纠纷,也会给法院处理此类纠纷带来不确定性,为避免出现纠纷,应当及时进行当年利润分配。一般来说,当年利润应当在下一年度第一季度分配完毕。

三、对外融资

关键内容

合伙出资往往是有限的,尤其是出资的货币资金更有限,所以合伙经营过程中常常需要对外融资,筹集合伙经营所需要的货币资金。但对外融资首先需要搞清楚主要融资模式及其法律关系,否则,可能会因选错融资模式,而与当初融资目的背道而驰,甚至涉嫌刑事犯罪。由于合伙企业不符合上市融资的条件,个人合伙更不符合,所以实务中合伙最普遍、最常见(用)的对外融资是出资融资和借贷融资。

1. 出资融资

通俗一点说,出资融资就是吸引新的投资者,对合伙进行投(增)资,发生在新的投资者与合伙之间,会给合伙带来新的货币资金。而合伙财产份额转让发生在合伙人与合伙人之间或者合伙人与非合伙人之间,不会给合伙带来新的货币资金。出资融资在法律性质上属于新的合伙人入伙,其结果使合伙实力壮大和资信提高,原合伙人的出资比例却变小,因而可能会对原有合伙经营管理产生影响。不过,原合伙人可以依据《合伙企业法》第44条"入伙的新合伙人与原合伙人享有同等权利,承担同等责任。入伙协议另有约定的,从其约定"的规定,通过"入伙协议"的约定尽可能对新的投资者权利加以限制,从而保持原有合伙经营管理或者尽量减少对原有合伙经营管理之影响。有关新的合伙人入伙的相关条件和要求等，请参见第六章“合伙变化与风险控制”中的“入伙”，在此只就“融资”本身相关内容作简要介绍。正如前文所述，出资融资是新的合伙人入伙，合伙无须向新的投资者偿还本金及利息，但须向新的投资者进行利润分配。一般来说，出资融资可将合伙经营风险分散给新的投资者，但如果原合伙人为了吸引新的投资者进行投（增）资，而对新的投资者作出某种承诺，通常被称为“对赌”安排，不为法律所禁止，即原合伙人需要对新的投资者履行承诺。不过，这只是新的投资者（新入伙人）与承诺的原合伙人之间的事（法律关系），与他人无关。合伙债权人将其借贷债权转为出资，是一种特殊的出资融资，因为合伙不用再偿还借贷本息。

2. 借贷融资

所谓借贷融资，就是合伙向他人进行资金融通。这里的他人常常是金融机构，但也会是非金融机构（包括小贷公司）和个人。借贷融资是历史最悠久、使用最广泛的一种融资方式，至今在中国的企业融资中发挥着最重要作用。借贷融资在法律性质上属于“借款”，合伙不仅要归还本金，而且还要归还利息，但不用向出借人进行利润分配，因而不会对原有合伙经营管理产生影响。不过，借贷融资不仅不能将合伙经营风险加以分散，而且还会增加融资风险。一般来说，银行业金融机构的借贷利息（率）较低，合伙要优先选择向银行业金融机构进行借贷融资。与银行业金融机构的借利息（率）相比，小贷公司和个人民间借贷的利息（息）要高很多。

需要指出的是，由于合伙尤其是个人合伙比较特殊，出借人尤其是银行业金融机构，往往不会接受以合伙名义进行借贷融资，需要以普通合伙人名义才能申请借贷融资，并为此设计了贷款产品。比如查询工商银行网站发现有个人经营贷款，同时介绍发放对象就包括合伙企业的主要合伙人，贷款额度最高可达 300 万元，贷款期限最长可达 3 年，可采用抵押、质押等多种担保方式，具备循环贷款功能，可一次申请，循环使用，随借随还，方便快捷，并可通过商户 POS 和网上银行等渠道实现贷款的自助发放。工商银行网站明确规定申请工商银行的个人经营贷款须具备以下条件：

一是具有完全民事行为能力的自然人，年龄在 18 周岁（含）至 60 周岁（不含）；外国人以及港、澳、台居民为借款人的，应在中华人民共和国境内居住满 1 年并有固定居所和职业；

二是具有合法有效的身份证明、户籍证明(或有效居住证明)及婚姻状况证明;

三是具有合法的经营资格,能提供合伙企业营业执照;

四是具有稳定的收入来源和按时足额偿还贷款本息的能力;

五是具有良好的信用记录和还款意愿,借款人及其经营实体在工行及其他已查知的金融机构无不良信用记录;

六是能够提供工行认可的合法、有效、可靠的贷款担保;

七是借款人在工行开立个人结算账户;

八是工行规定的其他条件。

工商银行网站还明确规定申请工商银行的个人经营贷款须提供以下资料:

一是借款人及其配偶有效身份证件、户籍证明、婚姻状况证明原件及复印件;

二是合伙企业营业执照原件及复印件;

三是个人收入证明,如个人纳税证明、个人在经营实体的分红证明;

四是能反映借款人或其经营实体近期经营状况的银行结算账户明细或完税凭证等证明资料;

五是抵押房产权属证明原件及复印件。有权处分人(包括房产共有人)同意抵押的证明文件。抵押房产如需评估,须提供评估报告原件;

六是工商银行要求提供的其他资料。

据悉工商银行还有无须担保的经营快贷,线上办理,方便快捷。有关个人经营贷款和经营快贷的详情,可到当地工商银行分支机构咨询。

同时,查询中国银行网站发现也有个人经营贷款,所规定的条件与资料与工商银行基本相同。其他银行应该有类似的贷款产品。合伙人拟向银行申请借贷融资时,最好事先到银行实地咨询最新的贷款品种及其条件和所需资料,并“货比三家”,最终选择最合适的、最便宜的银行及贷款品种进行借贷融资。

另外,融资租赁一种特殊的借贷融资,它是出租方根据承租方对出卖(供货)人、租赁物的选择,向出卖(供货)人购买租赁物,提供给承租人使用,承租人按照约定分期支付租金的融资方式。可见,融资租赁是将借贷与租赁相结合,本质上仍属借贷融资范畴。

需要指出,借贷融资往往是以合伙人个人名义所借并签署借款合同,因而出借人只能要求其偿还借款。因此,借贷融资中借款的合伙人责任很重,合伙人进行借贷融资时要慎重，建议要求其他合伙人，特别是其他普通合伙人，对借贷融资提供担保（保证担保、抵押担保或者质押担保），以体现“共担风险”，让全体合伙人共同对借贷融资承担责任。

风险规避

1. 审慎借钱出资

无论做什么都需要有些本钱，可实务中总有人想“空手套白狼”，用以出资的货币资金或者非货币财产是向他人借的。这就是借钱出资。然而，《合伙企业法》第 17 条第 2 款规定，以非货币财产出资的，依照法律、行政法规的规定，需要办理财产权转移手续的，应当依法办理。若合伙人出资的非货币资产是向他人借的，则不可能办理财产权转移手续。这将构成出资不实，合伙人对内对外均需承担法律责任。同时，合伙经营是有风险的，有些合伙经营的风险还很大，这就意味着出资很可能会赔进去，而一旦出资赔进去，合伙人将无法偿还借他人的货币资金或者非货币财产，将使自己背负债务，甚至会负债累累。因此，合伙人须审慎借钱出资。

2. 慎选高利借贷

小贷公司借贷融资和个人民间借贷的条件与资料要简单（少）一些，但利息（率）较金融机构要高很多，一般年化利率都会超过 20%，甚至两三年累计偿还的利息总额会超过贷款本金。而合伙经营的赢利水平往往不会超过 20%，也不可能两三年的利润总额会超过贷款本金。因此，合伙要审慎选择从小贷公司进行借贷融资或者个人民间借贷，如确需高利借贷的，只能临时周转一下，千万别长期使用高利借贷。

3. 严控借贷规模

做什么事都要量力而行，融资亦如此，否则，就会被压得喘不过气来。因此，合伙必须严控融资规模。一般来说，合伙不可将自有货币资金全部或者大部分用于购买不动产、设备等非货币财产，应当测算并保留一定的自有货币资金，以备日常经营所需。确因自有货币资金不足而需要对外融资的,应当根据自身情况选择合适的融资模式。不过,建议优先选择出资融资,以分散合伙经营风险,让更多人能分担风险。这就要求原合伙人有意愿与人分享经营成果(利润)。如果原合伙人不愿意与人分享经营成果(利润),或者无人愿意入伙,则可选择借贷融资,但需严控借贷规模。一般而言,包括贷款在内的负债与资产的比率,即资产负债率,不应超过行业平均值,当然也可以设定自己的控制指标。同时,所有负债应支付的利息总额,不能超过利润总额,否则,将会因借贷融资而使合伙经营处于亏损状态,进而使借贷融资失去必要性。

第六章　合伙变化与风险控制

合伙变化包括合伙财产转让、财产份额转让、入伙、退伙、类别转变、增资、减资和对外投资，是合伙的重大行为，不仅会涉及合伙人、经营管理人员、其他从业人员的内部利益，同时也会涉及合伙债权人、善意第三人的外部利益，因此必须依法操作。

一、转让

关键内容

转让是合伙人将合伙财产转让给非合伙人，或者将自己在合伙中的财产份额转让给其他合伙人或者非合伙人的行为。由于合伙人往往基于相互信任才一起合伙经营，所以为了尽可能地维护这种人合关系，法律对合伙财产转让、合伙财产份额转让作了一定限制。

1. 转让合伙财产规则

《合伙企业法》第 21 条第 2 款规定，合伙人在合伙企业清算前私自转移或者处分合伙企业财产的，合伙企业不得以此对抗善意第三人。这里的“转移”或者“处分”实际上就是转让的意思。需要注意的第一点是：该条限制的是合伙人的“私自”行为，而不是合伙人的非

"私自"行为，换言之，如果合伙人依照合伙协议的约定并且履行了有关程序，则可以转让合伙财产。需要注意的第二点是，该条只规范或者约束合伙人在清算前的转让行为，对于清算后的转让行为，应当适用本书第八章"合伙解散与风险控制"中清算的有关规则。需要注意的第三点是，合伙人私自转让合伙财产并非全部有效或者全部无效，换言之，如果合伙人私自转让合伙财产给善意第三人，则转让行为有效，其他合伙人无权要求善意第三人退还合伙财产，只能向该合伙人追偿。至于何谓善意第三人，《合伙企业法》未作规定，一般是指不知道也不应当知道合伙人私自转让合伙财产的第三人。

《民法通则》及其司法解释对个人合伙的合伙人转让合伙财产未作规定，但个人合伙与合伙企业并无本质区别，所以有关合伙企业的合伙人转让合伙财产的要求也适用于个人合伙的合伙人。对于本章中的其他内容，个人合伙的合伙人均可按此理享有，为避免赘述，本章后面部分不再重复讨论，但若有特殊性，会就特殊性另作说明。

转让合伙财产与转让财产份额是有明显区别的，前者转让的对象是特定财产，而后者转让的对象是合伙人所享有的对整个合伙的权利份额（比重）。

2. 对内转让财产份额

《合伙企业法》第 22 条第 2 款规定，合伙人之间转让在合伙企业中的全部或者部分财产份额时，应当通知其他合伙人。依该条规定，合伙人之间可以转让财产份额，这被称为对内转让财产份额。应当注意，由于对内转让财产份额不会打破原合伙人之间的信任（人合）关系，所以只需通知其他合伙人即可，既不允许通过合伙协议约定作出限制，也无须其他合伙人同意，而且其他合伙人不享有优先购买权，因而无须等待其他合伙人考虑是否会行使优先购买权。《合伙企业法》对有限合伙企业的对内份额转让权没有规定，按照《合伙企业法》第 60 条"有限合伙企业及其合伙人适用本章规定；本章未作规定的，适用本法第二章第一节至第五节关于普通合伙企业及其合伙人的规定"的规定，应当依据《合伙企业法》第 22 条的规定处理，即有限合伙人对内转让财产份额的要求，与普通合伙人对内转让财产份额的要求是一样的。既然是转让"财产份额"，那么合伙人未缴付的出资，包括因未到缴付期限而未缴付的出资和已到缴付期限应缴而未缴的出资，均不包含在转让的财产份额中。这里仅从变化角度加以介绍，其他内容和要求可参见第二章财产权中的份额转让权。

无论普通合伙人还是有限合伙人,转让财产份额后是否对转让以前合伙债务还承担责任。对此,法律尚无明确规定。笔者认为,虽然转让财产份额中已扣除应承担的合伙债务份额,但普通合伙人本来对全部合伙债务承担无限连带责任,转让部分财产份额后其仍是合伙人,当然对转让以前合伙债务仍要承担无限连带责任,而转让全部财产份额后将退出合伙,事实上类似于退伙,若不对转让以前合伙债务承担无限连带责任,既会影响合伙债权人利益,也会助长普通合伙人恶意逃避合伙债务,所以应当参照《合伙企业法》第53条"退伙人对基于其退伙前的原因发生的合伙企业债务,承担无限连带责任"的规定,由该普通合伙人对转让以前合伙债务承担无限连带责任,但该普通合伙人与合伙债权人及其他普通合伙人另有约定的除外;有限合伙人本来以认缴的出资额为限对合伙债务承担有限责任,无论转让部分财产份额还是转让全部财产份额,均不会影响合伙债权人的利益,也不会助长有限合伙人恶意逃避合伙债务,所以该有限合伙人不应当对转让以前的合伙债务承担责任。

在此还需要讨论,如果转让发生在不同类别合伙人之间,是否会引发受让财产份额的合伙人类别转变?对此,法律也尚无明确规定。笔者认为,这涉及转让以后合伙债权人利益是否会受到影响,然而,不论普通合伙人还是有限合伙人,转让部分财产份额不会影响转让以后合伙债权人利益,所以受让财产份额的合伙人类别无须转变,但转让全部财产份额可能会影响转让以后合伙债权人利益。有关内容请参见本章"类别转变"的内容。

另外,合伙人有未缴付的出资,以及有不实出资的,能否对内或者对外转让财产份额?笔者认为,此种情形下,应当允许该合伙人对内或者对外转让财产份额,即使转让全部财产份额,亦如此,但在未缴付的出资或者不实的出资范围内,应视为其仍是合伙人,须承担补缴义务,即使其登记信息已被注销,亦如此。当然,如果该合伙人在转让合同中明确将补缴义务转让给受让人,则应尊重双方意愿,由受让人承担补缴义务。

3. 对外转让财产份额

《合伙企业法》第22条第1款规定,除合伙协议另有约定外,合伙人向合伙人以外的人转让其在合伙企业中的全部或者部分财产份额时,须经其他合伙人一致同意。《合伙企业法》第 73 条规定,有限合伙人可以按照合伙协议的约定向合伙人以外的人转让其在有限合伙企业中的财产份额,但应当提前 30 日通知其他合伙人。依这两条规定,合伙人可以向非合伙人转让财产份额,这被称为对外转让财产份额。由于对外转让财产份额会打破原合伙人之间的信任(人合)关系,所以法律对其作了一定限制。就普通合伙人的对外财产份额转让,法律要求按照合伙协议约定执行,若合伙协议没有约定或者约定不明,须经其他合伙人一致同意;就有限合伙人的对外财产份额转让,法律要求应按照合伙协议约定执行,且需提前 30 日通知其他合伙人,若合伙协议没有约定或者约定不明,则按照《合伙企业法》第 60 条的规定,应当依据《合伙企业法》第 22 条的规定处理,亦即仍需要征得其他合伙人的一致同意。同时,按照《合伙企业法》第 23 条"合伙人向合伙人以外的人转让其在合伙企业中的财产份额的,在同等条件下,其他合伙人有优先购买权;但是合伙协议另有约定的除外"和第 60 条的规定,无论普能合伙人还是有限合伙人,对外财产份额转让均须保障其他合伙人的优先购买权。因此,无论普通合伙人还是有限合伙人,对外转让财产份额的要求基本相同。另外,依照《合伙企业法》第 42 条、第 74 条的规定,合伙人的债权人也可以依法请求法院强制执行来转让该合伙人财产份额,但须保障其他合伙人的优先购买权,如果其他合伙人既未购买又不同意转让他人的,则应给该合伙人办理退伙或者减资结算手续。这里是从变化角度加以介绍,其他内容和要求可参见第二章中"财产权"之"份额转让权"。

另外,《合伙企业法》第 24 条仅规定合伙人以外的人受让合伙财产份额,"依照本法和修改后的合伙协议享有权利,履行义务"。然而,《合伙企业法》对受让人享有权利、履行义务并未有其他规定,只能依据修改后的合伙协议的约定确定受让人享有的权利、履行的义务。如果修改后的合伙协议对此无约定,如何确定受让人享有的权利、履行的义务,《合伙企业法》未作规定。笔者认为,以受让财产份额占转让人全部财产份额的比例,确定受让人享有的权利、履行的义务,既容易计算也容易操作。比如,甲按 30% 分配利润、分担亏损,甲将一半合伙财产份额转让给乙,修改后的合伙协议没有约定乙如何分配利润、分担亏损,则可按 15%(30% × 50%)确定乙分配利润、分担亏损的比例。对内转让财产份额亦可参照前述内容确定受让人享有的权利、履行的义务。

在此需要讨论,对外转让财产份额后,对转让前的合伙债务,由转让人还是由受让人向合伙债权人承担责任?对此,《合伙企业法》第 24 条只是规定,合伙人以外的人依法受让合伙人在合伙企业中的财产份额的，经修改合伙协议即成为合伙企业的合伙人，依照本法和修改后的合伙协议享有权利，履行义务，并未明确转让前的合伙债务由谁向合伙债权人承担。司法实践对此也有分歧。笔者认为，基于与对内转让财产份额相同的理由，普通合伙人仍应当对转让以前合伙债务承担无限连带责任，但该普通合伙人与合伙债权人及其他普通合伙人另有约定的除外，而有限合伙人不应当对转让以前合伙债务承担责任。同时，既然受让人已成为合伙人，那么其就成了新合伙人，按照《合伙企业法》第 44 条第 2 款和第 77 条的规定，受让人自然要对转让以前合伙债务承担责任，即普通合伙人要对转让以前合伙债务承担无限连带责任，有限合伙人以受让财产份额为限对以前合伙债务承担有限责任。

4. 财产份额出质规则

《合伙企业法》第 25 条规定，合伙人以其在合伙企业中的财产份额出质的，须经其他合伙人一致同意；未经其他合伙人一致同意，其行为无效，由此给善意第三人造成损失的，由行为人依法承担赔偿责任。《合伙企业法》第 72 条规定，有限合伙人可以将其在有限合伙企业中的财产份额出质；但是，合伙协议另有约定的除外。由这两条规定可以看出，在财产份额出质上，法律因合伙人身份不同而有不同要求。对普通合伙人财产份额出质，要求须经其他合伙人一致同意；而对有限合伙人财产份额出质，如果合伙协议另有约定，则按约定执行，如果合伙协议未另有约定，则有限合伙人可自行出质，无须其他合伙人同意。如果因行使质权而处置财产份额，则需要遵守转让财产份额的规定。这里是从变化角度加以介绍，其他内容和要求可参见第二章中“财产权”之“份额出质权”。

风险规避

1. 事先约定财产份额出质与对外转让

由前述分析可知，法律允许合伙人通过合伙协议，对合伙人对外转让财产份额和有限合伙人财产份额出质的规则进行约定。因此，建议创业者及其创业伙伴设立合伙或者入伙时，要根据自身实力等情况，经过充分协商一致，在合伙协议中,事先对合伙人对外转让财产份额和有限合伙人财产份额出质的规则,作出有利于自己的约定,尤其要注意防范有限合伙人通过行使份额出质权变相转让财产份额。如果不能协商一致,就可以选择不合伙或者不入伙。当然,协商的过程往往就是博弈的过程,而博弈常以实力为后盾,适当兼顾资源等其他因素,合伙人需要根据自身实力,并兼顾其他因素进行博弈,切不可一味地"漫天要价"而错失良机。另外,虽然也可以通过修订合伙协议的方法对合伙人对外转让财产份额和有限合伙人财产份额出质的规则作出约定,但是该方法协商一致的难度要大很多,况且不能协商一致时合伙人也不可能选择不合伙或者不入伙,而只能选择退伙,致使该方法的回旋余地有限。

2. 合伙人勿将财产份额转让给本合伙

根据《公司法》第 74 条、第 142 条的规定,股东在特殊情形下(如母公司与子公司合并)可将股权(份)转让给本公司。但《民法通则》及其司法解释、《合伙企业法》均没有类似的规定。因此,依据现有法律规定,无论何种情形,合伙人都不能将财产份额转让给本合伙,换言之,合伙不能成为自身出资人。如果因合并等原因而会使合伙成为自身出资人的,则在合并等原因发生或者实施前,应将合伙成为自身出资人所涉及的财产份额那个障碍,先通过转让或者退伙加以扫清。由合伙不能成为自身出资人可得出,合伙也不得接受本合伙的财产份额出质,因为当债务人不能履行债务,而使合伙作为质权人行使质权时,就可能会因抵债而成为自身出资人。

3. 勿忘修改协议和办理变更登记手续

《合伙企业法》第 24 条规定,合伙人以外的人依法受让合伙人在合伙企业中的财产份额的,经修改合伙协议即成为合伙企业的合伙人,依照本法和修改后的合伙协议享有权利,履行义务。依据该条规定,因对外财产份额转让而成为新的合伙人,应当修改合伙协议并将其记载于协议中。同时,按照《合伙企业法》《合伙企业登记管理办法》的有关规定,合伙协议、合伙人及出资数额均属于登记事项,合伙协议、合伙人及出资数额等登记事项发生变更,应当办理变更登记手续。如果未修改合伙协议和未办理变更登记手续,新的合伙人就会被认定为隐名合伙人,不能直接享有和行使权利。因此,新的合伙人勿忘修改合伙协议和办理变更登记手续，及时与原有合伙人共同完成合伙协议的修改，并督促执行事务合伙人及时办理变更登记手续。本章后面其他内容也会涉及及时办理登记手续问题，要求与此基本相同，为避免赘述，本章后面部分不再重复讨论及时办理登记手续问题，但请原合伙人、新合伙人勿忽视该问题。

二、入伙

关键内容

入伙是指合伙成立之后，合伙人以外的人因依法继承(权利承受)合伙财产份额或者因出资而成为新合伙人。入伙必须按照法律规定或者合伙协议约定的规则进行，并注意有限合伙企业的原合伙人加新合伙人的人数在 50 人以下。

1. 入伙表决规则

《合伙企业法》第 43 条第 1 款规定，新合伙人入伙，除合伙协议另有约定外，应当经全体合伙人一致同意，并依法订立书面入伙协议。《合伙企业法》第 50 条第 1 款规定，合伙人死亡或者被依法宣告死亡的，对该合伙人在合伙企业中的财产份额享有合法继承权的继承人，按照合伙协议的约定或者经全体合伙人一致同意，从继承开始之日起，取得该合伙企业的合伙人资格。《合伙企业法》第 50 条第 3 款规定，合伙人的继承人为无民事行为能力人或者限制民事行为能力人的，经全体合伙人一致同意，可以依法成为有限合伙人，普通合伙企业依法转为有限合伙企业。《合伙企业法》第 80 条规定，作为有限合伙人的自然人死亡、被依法宣告死亡或者作为有限合伙人的法人及其他组织终止时，其继承人或者权利承受人可以依法取得该有限合伙人在有限合伙企业中的资格。依据这四条规定，入伙表决规则为：第一，对于因继承或者权利承受而入伙，因身份不同而规则不同，就普通合伙人而言，遵循约定优先原则，即有约定时必须先按约定内容处理，无约定时须经全体合伙人一致同意，如果普通合伙人的继承人因行为能力问题而要成为有限合伙人，则需要全体合伙人一致同意，就有限合伙人而言，继承(权利承受)人可依法直接取得有限合伙人资格，不得另行作出约定；第二，对于因出资而入伙，无论普通合伙人还是有限合伙人，均遵循约定优先原则，即有约定时先必须按约定内容处理,无约定时须经全体合伙人一致同意,同时,还应依法订立书面入伙协议(对外转让财产份额时为修改原合伙协议)。

2. 权利义务规则

《合伙企业法》第44条第1款规定,入伙的新合伙人与原合伙人享有同等权利,承担同等责任;入伙协议另有约定的,从其约定。依该条规定,入伙的新合伙人的权利义务规则为:遵循约定优先原则,即有约定时必须先按约定内容处理,无约定时与原合伙人享有同等权利、承担同等责任。《合伙企业法》第24条规定,合伙人以外的人依法受让合伙人在合伙企业中的财产份额的,经修改合伙协议即成为合伙企业的合伙人,依照本法和修改后的合伙协议享有权利,履行义务。这是因受让对外转让财产份额而成为新合伙人的权利义务规则。由于《合伙企业法》未对入伙的新有限合伙人的权利义务规则作出特别规定,按照《合伙企业法》第60条的规定,应当适用该法第44条第1款的规定。

3. 如实告知责任

《合伙企业法》第43条第2款规定,订立入伙协议时,原合伙人应当向新合伙人如实告知原合伙企业的经营状况和财务状况。由于《合伙企业法》对新有限合伙人入伙时原合伙人的如实告知责任未作特别规定,按照《合伙企业法》第60条的规定,应当适用该法第43条第2款的规定。因此,无论新的普通合伙人入伙,还是新的有限合伙人入伙,原合伙人均负有如实告知责任。至于因受让对外转让财产份额而成为新的合伙人,原合伙人是否负有如实告知责任,《合伙企业法》未作规定。笔者认为,虽然法律未作规定,但是原合伙人主动将经营状况和财务状况如实告知新的合伙人,有利于今后合伙人团结奋斗和共同经营。这里是从变化角度加以介绍,其他内容和要求可参见第二章中“知情权”之“要求告知原有状况权利”。

4. 须对旧债担责

所谓旧债,是指入伙前的合伙债务。《合伙企业法》第44条第2款规定,新合伙人对入伙前合伙企业的债务承担无限连带责任。第77条规定,新入伙的有限合伙人对入伙前有限合伙企业的债务,以其认缴的出资额为限承担责任。由这两条规定可知,无论新入伙的普通合伙人还是新入伙的有限合伙人,均须对入伙前的合伙债务承担责任，只不过所承担责任因身份不同而不同，即新的普通合伙人须对入伙前的合伙债务承担无限连带责任，而新的有限合伙人须对入伙前的合伙债务以其认缴的出资额为限承担责任。但这两条规定未明确界定新合伙人是否包括继承人或者权利承受人。笔者认为，继承人或者权利承受人因继承（权利承受）取得合伙人资格后，应当对继承（权利承受）开始以前的合伙债务承担责任。如果继承人或者权利承受人不愿意对以前的合伙债务承担责任，就应当视为其不愿意成为合伙人，可依照《合伙企业法》第 50 条第 2 款第 1 项内容的规定，向该继承人或者权利承受人退还被继承（权利承受）人的财产份额。

5. 违规入伙后果

民法通则司法解释第 51 条规定，在合伙经营过程中增加合伙人，书面协议有约定的，按照协议处理；书面协议未约定的，须经全体合伙人同意；未经全体合伙人同意的，应当认定入伙无效。依该条可知，个人合伙的入伙表决规则仍遵循约定优先原则，即有约定时必须先按约定内容处理，无约定时须经全体合伙人一致同意。同时，该条仅明确规定了“未经全体合伙人同意”的违规入伙后果，即入伙无效，但却未规定违反合伙协议约定的违规入伙后果。笔者认为，入伙违反合伙协议约定，入伙也应当认定无效。无论普通合伙人还是有限合伙人，《合伙企业法》均未对其违规入伙后果作出规定。不过，笔者认为，个人合伙与合伙企业并无本质区别，所以有关个人合伙的违规入伙后果也适用于合伙企业。

风险规避

1. 事先做好约定

由前述分析可知，除继承（权利承受）中所涉及的有限合伙人资格外，其他新入伙合伙人的入伙表决规则、权利义务规则均遵循约定优先原则，即有约定时必须先按照约定内容处理。因此，原合伙人应当充分利用该规则，结合自身实际情况，通过协商在合伙协议中事先做好对入伙表决规则、权利义务规则的约定，力争使自己或者继承人、权利承受人的权利及利益最大化。当然，原合伙人事先做好约定时，应当注意以下两点：一是运用博弈技巧，切勿漫天要价，以免丧失机会；二是能协商成就协商,协商不成莫勉强,不可争吵伤和气。本章后面其他内容也会涉及事先做好约定问题,要求与此基本相同,为避免赘述,本章后面部分不再重复讨论事先做好约定问题,但请原合伙人、新合伙人勿忽视该问题。

2. 坚持宁缺毋滥

对于原合伙人而言,新入伙合伙人实质上就是在合伙经营过程中,寻找或者选择的创业伙伴,目的是保持合伙财产的不变,或者弥补原合伙人在资本或者能力等方面的不足。但是,由于原合伙人对有限合伙人的继承(权利承受)人能否依法直接取得有限合伙人资格没有决定权,所以原合伙人只能对其他新入伙合伙人进行寻找或者选择。与设立合伙时寻找创业伙伴一样,其他新入伙合伙人的寻找或者选择也不可随随便便,而应当寻找或者选择合适的人成为其他新入伙合伙人,如果对其他新入伙合伙人的寻找或者选择不当、寻找和选择的其他新入伙合伙人不给力,将会留下风险隐患,甚至还会让合伙结果大打折扣。那如何寻找或者选择合适的其他新入伙合伙人呢?笔者认为,原合伙人应当按照第一章“寻找合适的创业伙伴”的标准和要求来寻找或者选择合适的人成为其他新入伙合伙人,如果没有合适人选,或者拟选人与原合伙人难以优化组合,则要坚持宁缺毋滥,暂缓实施招纳新人出资入伙,或者要为继承(权利承受)人办理财产份额退还手续,否则,将后患无穷。

3. 做好入伙结算

《合伙企业法》、《民法通则》及其司法解释未就入伙结算作出规定。然而,若不进行入伙结算,往往将难以掌握合伙原有状况,进而也就难以向新合伙人如实告知合伙原有状况。而在按照出资比例分配利润和分担亏损时,将无法公平合理确定入伙的新合伙人的出资比例,因为原有合伙人出资可能会增值,也可能会减值。比如,甲以货币资金出资 10 万元,乙以房产出资 10 万元,一直未利润分配,现合伙财产份额有货币资金 13.5 万元,房产价值 13.5 万元,合伙债务 1 万元,丙以 10 万元拟入伙,若甲、乙仍按各 10 万元计算出资比例,则三人的出资比例各为 1/3,丙所享有的财产份额将会是 12 万元[(13.5 + 13.5 + 10 - 1) × 1/3],丙一经出资便有收益,显然对甲、乙不公平,会损害甲、乙的利益;相反,若现合伙财产份额有货币资金 9 万元,房产价值 9 万元,无合伙债务,丙以 10 万元拟入伙,若甲、乙仍按各10万元计算出资比例，则三人的出资比例各为1/3，丙所享有的财产份额将会是9万元[(9+9+10-1)×1/3]，丙一出资便会亏损，显然对丙不公平，会损害新合伙人利益。建议丙入伙前对现有财产份额进行结算，计算出现有财产份额为26万元/17万元，再按甲、乙原有出资比例计算出甲、乙所享有的财产份额各13万元/8.5万元，以此为基础来计算甲、乙、丙三人的出资比例，将不会损害任何一方利益。

当然，若原有合伙人与新合伙人协商不进行入伙结算，并协商按原合伙人的原有出资额计算出资比例，或者协商不以出资比例而以其他方式分配利润、分担亏损，则应尊重其约定。

4. 合伙可否合并

所谓合伙合并，是指两个或者两个以上合伙合并到一起，组成一个新的合伙的行为。无论《民法通则》及其司法解释还是《合伙企业法》，均未规定两个或者两个以上合伙可否合并，按照"法无禁止即可为"的原则，合伙可以合并。比照公司合并的分类，可以将合伙合并分为吸收合并和新设合并两种类型，前者是指一个合伙吸收其他合伙，被吸收的合伙不在存续；而后者是指两个或者两个以上合伙合并设立一个新的合伙，合并各方合伙均不在存续。无论吸收合并还是新设合并，均可看作合并各方合伙的所有合伙人集体(共同)入伙对方，加之也没有经过清算，因而合伙人对合并前非已方合伙债务要承担责任，即普通合伙人对合并前非已方合伙债务承担无限连带责任，有限合伙人以其认缴的出资额为限对合并前非已方合伙债务承担责任。由此可见，合伙合并虽然因可增加合伙财产而不会影响合伙债权人利益，但是将会加重各合伙人责任。为防范合伙合并会加重各合伙人责任的风险，建议解散原合伙并进行清算，各合伙人再持清算分配财产，重新设立一个新的合伙。

三、退伙

关键内容

退伙是指合伙存续期间，合伙人因一定的法律事实而退出合伙，从而消灭合伙人资格的法律行为。退伙需要进行结算，而转让财产份额不需要进行结算，只有转让人与受让人达成协议即可。另外,对退伙人应补缴的出资和未到缴付期限的出资,则应在办理退伙前先进行减资。

退伙包括提出退伙、当然退伙、违法退伙后果、继承人未取得合伙人资格的后果等内容。

1. 有约定合伙期限的退伙

《合伙企业法》第 45 条规定,合伙协议约定合伙期限的,在合伙企业存续期间,有下列情形之一的,合伙人可以退伙:(1)合伙协议约定的退伙事由出现;(2)经全体合伙人一致同意;(3)发生合伙人难以继续参加合伙的事由;(4)其他合伙人严重违反合伙协议约定的义务。该条便是有约定合伙期限的退伙的规定。依据该条规定,在合伙协议明确约定合伙期限的情形下,当有该条规定的四种情形之一的,合伙人就有权提出退伙。从该条第二项“经全体合伙人一致同意”的内容可推断出,其他三种情形的退伙无须其他合伙人同意。该法第 60 条也适用于有限合伙人。对于此种退伙的生效日期,《合伙企业法》未作规定。笔者认为,除第二种情形的退伙从全体合伙人一致同意之日起生效外,其他三种情形的退伙应当自退伙人提出之日起生效。如果其他合伙人对此种退伙有异议,可与退伙人协商解决;协商不成的,可向法院提起诉讼,但不影响退伙的效力,若法院判决退伙无效,退伙自始无效。

对于个人合伙,民法通则司法解释第 52 条仅规定,合伙人退伙,书面协议有约定的,按书面协议处理。这里的“书面协议有约定”,应当包括对合伙期限有约定。因此,个人合伙的合伙人也可以参照《合伙企业法》第 45 条的规定提出退伙。

需要注意,若此类情形的退伙将导致合伙人人数不足两人,建议通过转让方式使拟退伙的合伙人退出合伙,或者直接解散合伙。如果拟退伙的合伙人不配合,可向法院提起诉讼;如果退伙将导致有限合伙企业仅剩有限合伙人,建议通过转让方式使拟退伙的合伙人退出合伙,否则,应当解散有限合伙企业;如果退伙将导致有限合伙企业仅剩普通合伙人的,则有限合伙企业应当转变为普通合伙企业。“无约定合伙期限的退伙”“除名”需注意的情况和要求与此完全一致,“当然退伙”“可要求丧失民事行为能力的普通合伙人退伙”需注意的情况和要求与此基本一致,为避免赘述,后面不再重复讨论。

2. 无约定合伙期限的退伙

《合伙企业法》第46条规定，合伙协议未约定合伙期限的，合伙人在不给合伙企业事务执行造成不利影响的情况下，可以退伙，但应当提前三十日通知其他合伙人。该条便是无约定合伙期限的退伙的规定。依据该条规定，在合伙协议未约定合伙期限的情形下，合伙人仍有权提出退伙，但须满足两个条件：一是不能给合伙企业事务执行造成不利影响；二是应当提前三十日通知其他合伙人。之所以要提前三十日通知其他合伙人，是因为此种情形下的退伙不需要经过其他合伙人同意，提前通知的目的是让其他合伙人事先做好安排与准备。由于《合伙企业法》并未对有限合伙人在无约定合伙期限的退伙作出特别规定，依该法第60条的规定，该条规定也适用于有限合伙人。对于此种退伙的生效日期，《合伙企业法》未作规定。笔者认为，退伙应当自退伙人提出之日起的第三十一日生效。如果其他合伙人对此种退伙有异议，可与退伙人协商解决，协商不成的，可向法院提起诉讼，但不影响退伙的效力，若法院判决退伙无效，则退伙自始无效。

对于个人合伙，民法通则司法解释第52条仅规定，合伙人退伙……书面协议未约定的，原则上应予准许。这里的“书面协议未约定”，应当包括对合伙期限未约定。因此，个人合伙的合伙人也可以参照《合伙企业法》第46条的规定提出退伙。

3. 违法退伙的赔偿责任

《合伙企业法》第47条规定，合伙人违反本法第45条、第46条的规定退伙的，应当赔偿由此给合伙企业造成的损失。该条便是违法退伙的赔偿责任的规定。由于《合伙企业法》并未对有限合伙人违法退伙的赔偿责任作出特别规定，依该法第60条的规定，该条规定也适用于有限合伙人。对于个人合伙的合伙人违法退伙的赔偿责任，民法通则司法解释第52条也有类似规定。该条规定，合伙人退伙……原则上应予准许；但因其退伙给其他合伙人造成损失的，应当考虑退伙的原因、理由以及双方当事人的过错等情况，确定其应当承担的赔偿责任。对于违法退伙，要坚决追究违法退伙人的赔偿责任。

4. 当然退伙

所谓当然退伙，是指出现法律规定的事由而不得不退伙。《合伙企业法》第

48 条第 1 款规定,合伙人有下列情形之一的,当然退伙:(1)作为合伙人的自然人死亡或者被依法宣告死亡;(2)个人丧失偿债能力;(3)作为合伙人的法人或者其他组织依法被吊销营业执照、责令关闭、撤销,或者被宣告破产;(4)法律规定或者合伙协议约定合伙人必须具有相关资格而丧失该资格;(5)合伙人在合伙企业中的全部财产份额被人民法院强制执行。《合伙企业法》第 78 条规定,有限合伙人有本法第 48 条第 1 款第 1 项、第 3 项至第 5 项所列情形之一的,当然退伙。依据这些条款规定,除有限合伙人丧失偿债能力不能当然退伙外,对有其他情形的,无论普通合伙人还是有限合伙人,均当然退伙。不过,依《合伙企业法》第 48 条第 1 款第 1 项、第 3 项的规定当然退伙的,并不影响其继承(权利承受)人继承(承受)合伙人资格的权利。依据第 48 条第 3 款的规定,当然退伙自退伙事由实际发生之日生效。需要指出,当然退伙无须表决。如果当然退伙的合伙人有异议,可与其他合伙人协商解决;协商不成的,可向法院提起诉讼,但不影响当然退伙的效力,若法院判决当然退伙事由不成立,则当然退伙自始无效。

5. 可要求丧失民事行为能力的普通合伙人退伙

《合伙企业法》第 48 条第 2 款规定,合伙人被依法认定为无民事行为能力人或者限制民事行为能力人的,经其他合伙人一致同意,可以依法转为有限合伙人,普通合伙企业依法转为有限合伙企业。其他合伙人未能一致同意的,该无民事行为能力或者限制民事行为能力的合伙人退伙。这条是关于丧失民事行为能力的普通合伙人退伙的规定,因为普通合伙人被依法认定为限制民事行为能力人,可理解为其丧失部分民事行为能力,普通合伙人被依法认定为无民事行为能力人,可理解为其丧失全部民事行为能力。依此规定,普通合伙人变成限制民事行为能力人或者无民事行为能力人,其他合伙人可要求其退伙,也可以一致同意让其转变为有限合伙人。该条既适用于普通合伙企业的普通合伙人,也适用于有限合伙企业的普通合伙人。

6. 特殊退伙——除名

《合伙企业法》第 49 条第 1 款规定,合伙人有下列情形之一的,经其他合伙人一致同意,可以决议将其除名:(1)未履行出资义务;(2)因故意或者重大过失给合伙企业造成损失;(3)执行合伙事务时有不正当行为;(4)发生合伙协议约定的事由。依据该条规定，除名须满足以下两个条件：一是合伙人有前述四种情形之一；二是其他合伙人一致同意作出除名决议。对何谓“未履行出资义务”“故意或者重大过失”“不正当行为”，《合伙企业法》未作明确界定，需要合伙人通过合伙协议事先加以界定，以避免日后发生争议。

《合伙企业法》第 49 条第 2 款规定，对合伙人的除名决议应当书面通知被除名人；被除名人接到除名通知之日，除名生效，被除名人退伙。依据该条规定，除名决议应当书面通知被除名人，除名自被除名人接到除名通知之日起生效，被除名人退伙。如果被除名人对除名决议有异议，依《合伙企业法》第 49 条第 3 款的规定，可以自接到除名通知之日起 30 日内，向法院起诉。笔者认为，起诉应当不影响除名决议的效力，若法院判决除名决议无效，则除名决议自始无效。同时，对除名决议有异议只能向法院提起诉讼，且应由基层法院管辖，而不能申请仲裁。由于《合伙企业法》并未对有限合伙人的除名作出特别规定，依该法第 60 条的规定，这些规定也适用于有限合伙人。

7. 不得要求丧失民事行为能力的有限合伙人退伙

《合伙企业法》第 79 条规定，作为有限合伙人的自然人在有限合伙企业存续期间丧失民事行为能力的，其他合伙人不得因此要求其退伙。这是不得要求丧失民事行为能力的有限合伙人退伙的规定。依该条规定，不得要求丧失民事行为能力的有限合伙人退伙须满足以下条件：一是合伙人必须是有限合伙人；二是有限合伙人必须是自然人；三是自然人有限合伙人必须丧失民事行为能力。如前文所述，丧失民事行为能力人可理解为限制民事行为能力人或者无民事行为能力人。因此，作为有限合伙人的自然人因丧失民事行为能力，无论变成限制民事行为能力人还是变成无民事行为能力人，其他合伙人均不得要求其退伙。

8. 退伙结算与财产份额退还

《合伙企业法》第 51 条第 1 款规定，合伙人退伙，其他合伙人应当与该退伙人按照退伙时的合伙企业财产状况进行结算，退还退伙人的财产份额。退伙人对给合伙企业造成的损失负有赔偿责任的，相应扣减其应当赔偿的数额。该条第 2 款规定，退伙时有未了结的合伙企业事务的，待该事务了结后进行结算。《合伙企业法》第 54 条规定，合伙人退伙时，合伙企业财产少于合伙企业债务的，退伙人应当依照本法第33条第1款的规定分担亏损。依据这两条规定,退伙结算规则有:一是应以退伙时间为时间节点,即按照退伙时的合伙企业财产状况进行结算,并计算应向退伙人退还的财产份额;二是退伙结算应当考虑并计算合伙企业债务;三是如果退伙人对给合伙企业造成的损失负有赔偿责任,则在应向其退还的财产份额中相应扣减其应当赔偿的数额;四是退伙时有未了结的合伙企业事务,可先结算其他财产份额,未了结的合伙企业事务待了结后再进行结算,并计算该事务中应向退伙人退还的财产份额。同时,建议聘请专业评估机构或者人员对非货币财产进行评估,不能直接用财务账目上记载的数据,因为它可能与真实价值有很大偏差。比如,房产以100万元出资,并一直记载于财务账目上,但5年来价格却上涨或者下降了50万元,账面价值与实际价值偏差很大,再按100万元账面价值进行退伙结算,显然不公平。

《合伙企业法》第52条规定,退伙人在合伙企业中财产份额的退还办法,由合伙协议约定或者由全体合伙人决定,可以退还货币,也可以退还实物。依该条规定,退伙时的财产份额退还办法,首先按照合伙协议约定执行,如果合伙协议无约定的,则需要全体合伙人决定。由此可见,该条规定把退还货币还是实物抑或其他的决定权交给了全体合伙人,由其协商确定(合伙协议约定为事先协商确定,全体合伙人决定为事后协商确定)。另外,在办理退伙结算与财产份额退还时,还应当修改合伙协议或者签订退伙协议等,并办理退伙人退出合伙的变更登记手续。

对于个人合伙的退伙结算与财产份额退还,民法通则司法解释第54条规定,合伙人退伙时分割的合伙财产,应当包括合伙时投入的财产和合伙期间积累的财产,以及合伙期间的债权和债务;入伙的原物退时原则上应予退还;一次清退有困难的,可以分批分期退还,退还原物确有困难的,可以折价处理。从该条规定可知,与合伙企业的退伙结算与财产份额退还相比,个人合伙的退伙结算较为原则,既未明确退伙人所负赔偿责任能否在退还的财产份额中扣减,也未明确未了结的合伙事务的退伙结算。在个人合伙的财产份额退还上,虽然规定得较为全面,但是却限制了全体合伙人的决定权,因而缺乏灵活性。由于个人合伙与合伙企业并无本质区别,所以笔者建议可参照《合伙企业》第51条、第52条的规定,来处理个人合伙的退伙结算与财产份额退还。

9. 退伙前债务与亏损的承(分)担

《合伙企业法》第53条规定,退伙人对基于其退伙前的原因发生的合伙企业债务，承担无限连带责任。《合伙企业法》第 81 条规定，有限合伙人退伙后，对基于其退伙前的原因发生的有限合伙企业债务，以其退伙时从有限合伙企业中取回的财产承担责任。由这两条规定可知，退伙人对退伙前合伙企业的债务仍要承担责任。普通合伙人承担的是无限连带责任，与其取回的财产无关；而有限合伙人承担的是有限责任，且仅以取回的财产为限承担责任。

《合伙企业法》第 54 条规定，合伙人退伙时，合伙企业财产少于合伙企业债务的，退伙人应当依照本法第 33 条第 1 款的规定分担亏损。依据该条规定，合伙人退伙时，仍要对合伙企业亏损分担责任，具体分担办法按《合伙企业法》第 33 条第 1 款规定执行，详细内容请参见第三章中“对内责任”之“亏损分担规则”。不过需要指出的是，亏损分担仅适用于普通合伙人，有限合伙人出资到位后是不分担亏损的。

对于个人合伙的退伙前债务与亏损的承（分）担，民法通则司法解释第 53 条也有类似规定。该条规定，合伙经营期间发生亏损，合伙人退出合伙时未按约定分担或者未合理分担合伙债务的，退伙人对原合伙的债务 ，应当承担清偿责任；退伙人已分担合伙债务的，对其参加合伙期间的全部债务仍负连带责任。可见，个人合伙退伙人对退伙前债务的承担，与合伙企业普通合伙人的要求一致，而对退伙前亏损的分担，规定得较为简单，应当参照《合伙企业法》第 54 条的规定加以处理。

在此需要讨论，继承（权利承受）人是否还需对继承（权利承受）开始以前合伙债务与亏损承（分）担责任？对于该问题，《合伙企业法》《民法通则》及其司法解释均未作规定。笔者认为，该问题不属于《合伙企业法》《民法通则》及其司法解释的调整范畴，而应当适用或者参照《继承法》的有关规定加以处理。按照《继承法》第 33 条“继承遗产应当清偿被继承人依法应当缴纳的税款和债务，缴纳税款和清偿债务以他的遗产实际价值为限。超过遗产实际价值部分，继承人自愿偿还的不在此限。继承人放弃继承的，对被继承人依法应当缴纳的税款和债务可以不负偿还责任”的规定，对被继承人生前所负债务，继承人仅以遗产为限承担责任，如果无遗产或者放弃继承，则继承人不承担责任。被继承人对继承开始以前合伙债务与亏损承（分）担责任，因而该债务就是其生前所负债务，所以继承人仅以获得的财产份额为限承（分）担责任。换言之，普通合伙人的继承人并不承担无限连带责任，继承人没有获得财产份额，则不承（分）担责任。而权利承受人对权利承受开始以前合伙债务与亏损,可以参照前述继承人的要求,由其以获得的财产份额为限承(分)担责任。

10. 继承人未取得合伙人资格的情形

依照《合伙企业法》第 50 条第 2 款、第 3 款的规定,继承人未取得合伙人资格的情形包括:一是继承人不愿意成为合伙人;二是法律规定或者合伙协议约定合伙人必须具有相关资格,而该继承人未取得该资格;三是合伙协议约定不能成为合伙人的其他情形;四是合伙人的继承人为无民事行为能力人或者限制民事行为能力人,全体合伙人未能一致同意其转为有限合伙人。而从《合伙企业法》第 80 条“作为有限合伙人的自然人死亡、被依法宣告死亡或者作为有限合伙人的法人及其他组织终止时,其继承人或者权利承受人可以依法取得该有限合伙人在有限合伙企业中的资格”的规定可知,《合伙企业法》第 50 条第 2 款、第 3 款的规定仅适用于普通合伙人。当然,《合伙企业法》第 80 条赋予了有限合伙人的继承人或者权利承受人以选择权,亦即其可以选择取得有限合伙人资格,也可以选择不取得有限合伙人资格。有限合伙人的继承人或者权利承受人选择不取得有限合伙人资格,实际上就是不愿意成为合伙人,在性质上与《合伙企业法》第 50 条第 2 款第 1 项规定无区别。按照《合伙企业法》第 50 条第 2 款、第 3 款的规定,继承人未取得合伙人资格,应当向其退还被继承合伙人的财产份额。

风险规避

1. 正确进行除名

对于符合除名情形的合伙人,其他合伙人要及时决议将其除名。但除名必须按照规定正确进行,否则,将会引发风险。正确进行除名必须做好以下四点:一是除名决议必须经其他合伙人一致同意并签字,亦即其他合伙人要全部签字同意,而并非三分之二或者二分之一以上的其他合伙人签字同意;二是除名决议必须以书面形式通知被除名人,不能以非书面形式通知,至于书面形式,按照《合同法》第 11 条的规定执行;三是通知必须由专人送达、电子邮件送达给被除名人,必要时可采用公证方式进行送达;四是被除名人对除名决议有异议,必须在接到除名通知之日起三十日内向法院起诉，该期间是除斥期间，既不能延长也不能中断或者中止。需要注意的是，只有两个合伙人时，除名将会导致合伙不符合要求，所以不能直接除名，建议通过转让的方式，使拟除名的合伙人退出合伙，或者直接解散合伙。

2. 合伙可否分立

所谓合伙分立，是指一个合伙分立为两个或者两个以上新合伙的行为。无论《民法通则》及其司法解释还是《合伙企业法》，均未规定合伙可否分立为两个或者两个以上新合伙，按照“法无禁止即可为”的原则，合伙可以分立。对照公司分立的分类，相应地，可以将合伙分立分为存续分立和解散分立两种类型。前者是指合伙分立时，本合伙（就是前述概念中的“一个合伙”）仍然存续，同时又设立一个或者一个以上新合伙；后者是指合伙分立时，本合伙因解散而不存续，同时设立两个或者两个以上新合伙。无论存续分立还是解散分立，均可看作新合伙的合伙人从本合伙退伙，因而这些合伙人对分立前本合伙债务仍要承担责任，即若是普通合伙人，则对分立前本合伙债务承担无限连带责任，若是有限合伙人，则以其从本合伙中取回的财产为限，对分立前本合伙债务承担责任。由此可见，合伙分立不会加重合伙人责任。然而，存续分立将会使本合伙财产减少，解散分立将会使本合伙财产为零，均会影响本合伙债权人能否从本合伙中实现全部债权，法院可能会参照《公司法》第 176 条“公司分立前的债务由分立后的公司承担连带责任。但是，公司在分立前与债权人就债务清偿达成的书面协议另有约定的除外”的规定，要求分立后的新合伙对分立前本合伙债务承担连带责任。建议分立前要与本合伙的债权人达成书面协议，对债务清偿做好安排，如果无法达成书面协议，则存续分立要进行退伙结算，由退伙人持退还财产重新设立新合伙。而解散分立要解散本合伙并进行清算，各合伙人再持清算分配财产重新设立新合伙。

四、类别转变

关键内容

类别转变包括企业类别转变和合伙人类别转变，前者是指由普通合伙企业转变为有限合伙企业或者由有限合伙企业转变为普通合伙企业，后者是指由普通合伙人转变为有限合伙人或者由有限合伙人转变为普通合伙人。企业类别的转变主要由合伙人类别的转变而引发,所以本部分内容主要从合伙人类别转变的角度进行讨论,涉及企业类别转变的,一并讨论。由于有限合伙人只存在于合伙企业中,所以个人合伙不涉及类别转变问题。

1. 主要转变事由

归纳《合伙企业法》的规定,转变事由主要有:

(1)基于申请而转变

《合伙企业法》第82条规定,除合伙协议另有约定外,普通合伙人转变为有限合伙人,或者有限合伙人转变为普通合伙人,应当经全体合伙人一致同意。依该条规定,普通合伙人可申请转变为有限合伙人,有限合伙人也可申请转变为普通合伙人。如果转变前的普通合伙人所在企业为普通合伙企业,则该企业须随之转变为有限合伙企业;如果有限合伙人转变后所在企业仅剩普通合伙人的,依《合伙企业法》第75条"有限合伙企业仅剩普通合伙人的,转为普通合伙企业"的规定,则该企业须转变为普通合伙企业。

(2)基于行为能力变化而转变

《合伙企业法》第48条第2款规定,合伙人被依法认定为无民事行为能力人或者限制民事行为能力人的,经其他合伙人一致同意,可以依法转为有限合伙人,普通合伙企业依法转为有限合伙企业。《合伙企业法》第79条规定,作为有限合伙人的自然人在有限合伙企业存续期间丧失民事行为能力的,其他合伙人不得因此要求其退伙。依据两条规定,当普通合伙人行为能力发生变化,其可转变为有限合伙人,而有限合伙人行为能力发生变化,无须再作转变。如果转变前的普通合伙人所在企业为普通合伙企业,则该企业须随之转变为有限合伙企业。

《合伙企业法》第50条第3款规定,合伙人的继承人为无民事行为能力人或者限制民事行为能力人的,经全体合伙人一致同意,可以依法成为有限合伙人,普通合伙企业依法转为有限合伙企业。依据该条规定,当普通合伙人的继承人因不是完全民事行为能力人而成为有限合伙人,如普通合伙人所在企业为普通合伙企业,须转变为有限合伙企业。

(3)基于退伙而转变

实际上,有限合伙人退伙、有限合伙人的继承(权利承受)人不愿意成为有限合伙人，均有可能使有限合伙企业仅剩普通合伙人，依《合伙企业法》第 75 条的规定，有限合伙企业也须转变为普通合伙企业。

2. 转变表决规则

基于退伙而转变不存在表决问题。同时，企业类别的转变往往因合伙人类别的转变而引发，所以转变表决仅针对合伙人类别转变。依据《合伙企业法》第 48 条第 2 款、第 50 条第 3 款、第 82 条的规定，转变表决规则因转变事由不同而不同。就基于申请而转变而言，遵循约定优先原则，无约定则须全体合伙人一致同意；就基于行为能力变化而转变来说，只允许全体合伙人一致同意，不允许事先进行约定。

3. 债务承担规则

《合伙企业法》第 83 条规定，有限合伙人转变为普通合伙人的，对其作为有限合伙人期间有限合伙企业发生的债务承担无限连带责任。依据该条规定，并结合其他规定，有限合伙人转变为普通合伙人，对转变前后的所有合伙企业债务均要承担无限连带责任。可见，有限合伙人转变为普通合伙人，将会加重其责任。

《合伙企业法》第 84 条规定，普通合伙人转变为有限合伙人的，对其作为普通合伙人期间合伙企业发生的债务承担无限连带责任。依据该条规定，并结合其他规定，普通合伙人转变为有限合伙人，仍要对转变前的合伙企业债务承担无限连带责任，目的是防范普通合伙人可能会利用转变来逃避合伙企业债务，损害债权人利益，但对转变后的合伙企业债务仅承担有限责任，这是由有限合伙人的性质所决定。可见，普通合伙人转变为有限合伙人，将会减轻其责任。

在此需要讨论，当普通合伙人的继承人不是完全民事行为能力人时，成为有限合伙人，其对继承开始前的合伙企业债务应当如何承担责任？对于该问题，《合伙企业法》未作规定。笔者认为，该问题不属于《合伙企业法》的调整范畴，而应当适用或者参照《继承法》的有关规定加以处理。按照《继承法》第 33 条的规定，普通合伙人的继承人仅以继承的财产份额为限承担责任，换言之，普通合伙人的继承人并不承担无限连带责任。

风险规避

1. 勿忘基本条件

类别转变不仅须遵循自身的有关规定,而且转变后的合伙人、合伙企业还须满足其自身基本条件,否则,就有可能因违法而被认定为无效,甚至还有可能无法办理变更登记手续,到头来竹篮打水一场空,白白浪费了时间与精力。这就要求在类别转变时切勿忘记转变后合伙人、合伙企业能否满足其自身基本条件。如果能满足基本条件,则就可进行该类别转变(当然也可阻止该类别转变);如果不能满足基本条件,且又不能在转变前先行化解,则就不能进行该类别转变。比如,公司由有限合伙人转变为普通合伙人,不符合《公司法》第15条"公司不得成为对所投资企业的债务承担连带责任的出资人"的规定,即不符合公司只能成为有限合伙人、不能成为普通合伙人这个基本条件,则就不能让其转变为普通合伙人,即使办理了变更登记手续,也会被认定为无效。如果不能满足基本条件,但又能在转变前通过入伙、转让等方式先行化解,则要先行予以化解,然后再进行该类别转变。比如,有限合伙企业有2名合伙人,普通合伙人转变为有限合伙人后将使该企业不符合《合伙企业法》第61条第2款所规定的"有限合伙企业至少应当有一个普通合伙人"这个基本条件,无法办理变更登记手续,就得在转变前通过引入新的普通合伙人先行化解这个障碍,然后再让原有普通合伙人转变为有限合伙人。如果不能满足基本条件,且又在转变前通过入伙、转让等方式无法先行化解,对于能阻止类别转变的,就得阻止该类别转变,对于不能阻止类别转变的,只能解散合伙企业。

有关合伙人、合伙企业的基本条件,请参见本书第一章。

2. 及时对外告知

合伙人类别转变后是否须告知合伙债权人等第三人,《合伙企业法》未作规定。笔者认为,就转变前的合伙债务而言,无论普通合伙人转变为有限合伙人,还是有限合伙人转变为普通合伙人,均须承担无限连带责任,责任没有减轻,当然也没有增大合伙债权的风险,因而不告知合伙债权人,既不会损害他们利益,也不会给合伙人留下风险隐患;就转变后的合伙债务而言,有限合伙人转变为普通合伙人后将承担无限连带责任,责任将会加重,当然就降低了合伙债权的风险。因而不告知合伙债权人等第三人,既不会损害他们利益,也不会给该合伙人留下风险隐患。但普通合伙人转变为有限合伙人后将承担有限责任,责任将会减轻,当然就增大了合伙债权的风险,如果不告知合伙债权人等第三人,尤其是不告知与合伙企业有多次甚至长期交易的合伙债权人,将会损害他们利益。他们会以不知(即使知道也会假装不知)为由,依据《合伙企业法》第 76 条"第三人有理由相信有限合伙人为普通合伙人并与其交易的,该有限合伙人对该笔交易承担与普通合伙人同样的责任"的规定,要求该合伙人仍承担无限连带责任,这将会给该合伙人留下风险隐患。基于此,普通合伙人转变为有限合伙人的,须及时告知合伙债权人等第三人,建议转变后合伙企业与债权人等第三人第一次发生交易时,以书面方式告知他们合伙企业有哪些普通合伙人,并要保存他们签收的书面回执。

五、增资减资

关键内容

所谓增资,就是合伙人增加合伙出资的法律行为,与之相反,减资就是合伙人减少合伙出资的法律行为。无论增资还是减资,均会改变合伙人的出资比例,进而可能会影响利润分配、责任承担,需要合伙人、合伙债权人予以关注。《合伙企业法》第 34 条规定合伙人"可以增加或者减少对合伙企业的出资",第 42 条第 2 款规定,人民法院强制执行合伙人的财产份额时,应当通知全体合伙人,其他合伙人有优先购买权;其他合伙人未购买,又不同意将该财产份额转让给他人的,依照本法第 51 条的规定为该合伙人办理退伙结算,或者办理削减该合伙人相应财产份额的结算。除了这两条规定外,其他规定均不涉及合伙的增资减资,所以本节主要是理论分析。

1. 增资与入伙有本质区别

增资是合伙人增加合伙出资,增资者是原合伙人,而非新合伙人;入伙是合伙成立之后原合伙人以外的人因依法继承(权利承受)合伙财产份额或者因出资而成为新合伙人,入伙者是新合伙人,而非原合伙人。可见,增资与入伙有本质区别。同时，合伙增资与公司增资也有区别，公司增资不仅包括原有股东的增资，而且还包括新股东的增资，因而较之合伙增资的范围要大，切不可用公司增资的规定来处理合伙增资的相关事项。

增资可以是全体合伙人都增资，也可以是部分合伙人增资，还可以是某个合伙人增资。多个合伙人增资时，既可以等比增资，即大家按同一比例向合伙增资；也可以不等比增资，即有的合伙人增资多，有的合伙人增资少，大家比例不同。若某合伙人有应补缴的出资，能否直接增资，法律未作规定。笔者认为，其应在履行补缴出资义务后才能增资，而对于未到缴付期限的出资，无须先行缴付该出资，可直接增资。

2. 增资义务的履行

增资就是增加合伙出资，因而仍属于合伙出资范畴，当然合伙人应当按照合伙出资的相关规定与要求，履行增资义务。对于合伙出资的相关规定，本书于第三章“出资责任”一节已有详细论述，为避免内容重复或者赘述，在此不再加以讨论。增资是对合伙协议中出资数额、缴付期限等的变更，应当修改合伙协议，并经全体合伙人一致同意，如果合伙协议另有约定，则应当按照合伙协议约定对修改合伙协议进行表决。需要指出，普通合伙人已用劳务出资的，则无法再用劳务增资，因为劳务往往难以区分大小或者多少。

3. 减资与退伙、利润分配、财产分割有区别

减资是合伙人对合伙出资的减少，是撤回部分出资，合伙人并未退出合伙，其仍具有合伙人资格；而退伙是合伙存续期间合伙人因一定的法律事实而退出合伙，从而消灭合伙人资格的法律行为，是撤回全部出资，不再具有合伙人资格。因此，虽然二者的实施者都是原合伙人，但是却有很大区别。按照《合伙企业法》第38条“合伙企业对其债务，应先以其全部财产进行清偿”的规定，合伙债务应当先以合伙财产加以清偿，而减资往往会减少合伙财产，有可能会导致合伙财产不足以清偿合伙债务，同时因为普通合伙人承担无限连带责任，将会加大普通合伙人的责任承担。

减资可以是全体合伙人都减资，也可以是部分合伙人减资，还可以是某个合伙人减资。多个合伙人减资时，既可以等比减资，即大家按同一比例向合伙减资；

也可以不等比减资,即有的合伙人减资多,有的合伙人减资少,大家比例不同或者不完全相同。减资是对合伙协议中出资数额、缴付期限等的变更,应当修改合伙协议,并经全体合伙人一致同意,但合伙协议另有约定的除外。

减资与利润分配、财产分割也有区别。减资的前提是有出资,而利润分配的前提不仅要有出资而还得有利润,因而二者的前提不同。减资发生在合伙期间,针对部分出资,而财产分割发生在合伙解散或者合伙人退伙时,针对包括全部出资在内的合伙财产份额,因而二者也有很大区别。

若合伙人有应补缴的出资和未到缴付期限的出资,能否减资,法律未作规定。笔者认为,仍应当允许合伙人减资,但应当按照下列先后顺序减资:第一顺序是应补缴的出资部分;第二顺序是未到缴付期限的出资部分;第三顺序是实缴的出资部分。前一顺序的出资额不足以减资的,才能对下一顺序的出资额进行减资。因此,前两种顺序情形下的减资,减资的合伙人只能削减其认缴的出资额,其并不能从合伙中实际获得财产份额。同时,减资的合伙人因补缴出资所应承担的赔偿责任,不因减资而免除。

4. 减资的结算

《合伙企业法》第 42 条第 2 款规定,人民法院强制执行合伙人的财产份额时,应当通知全体合伙人,其他合伙人有优先购买权;其他合伙人未购买,又不同意将该财产份额转让给他人的,依照本法第 51 条的规定为该合伙人办理退伙结算,或者办理削减该合伙人相应财产份额的结算。该条中的"削减该合伙人相应财产份额"就是减资。依该条规定,应当按照《合伙企业法》第 51 条有关退伙结算的要求,办理减资结算。笔者认为,既然法律规定减资结算应当遵循退伙结算的要求,那么法律就将减资视同为与退伙具有相同的效果(除了合伙人资格外),因而减资后合伙人应当按照退伙的有关规定承担责任。

需要指出的是,对普通合伙人的劳务出资,无法减资,因为劳务往往难以区分大小或者多少。另外,基于与"做好入伙结算"中相同原理,合伙人因减少实缴出资而获得的是减资额所对应的现有财产份额。比如,甲出资 10 万元,其现有合伙财产份额为 12 万元或者 8 万元,甲减资 5 万元,其实际获得的并不是 5 万元,而是 5 万元减资额所对应的现有财产份额 6 万元或者 4 万元。如果减少劳务、技术等非财产性出资,则合伙人只能实际获得应分配而未分配的利润。

5. 减资对合伙债权人利益的保护

《合伙企业法》、《民法通则》及其司法解释就减资对合伙债权人利益的保护未作规定。减资包括减少货币、实物等财产性出资和减少劳务、技术等非财产性出资。前者将减少现有合伙财产,后者将减少未来合伙财产,均会使合伙财产减少,但主要是减少现有合伙财产会影响合伙债权人利益。其理由在于,按照《合伙企业法》第38条"合伙企业对其债务,应先以其全部财产进行清偿"的规定,应先行以清偿时点现有合伙财产清偿合伙债务,因减资而使现有合伙财产减少,势必将会降低现有合伙财产先行清偿合伙债务的保障倍数。比如合伙财产有50万元,合伙债务有10万元,甲拟减资8万元,用合伙财产50万元清偿合伙债务10万元,保障倍数是5(50/10),若减资后再清偿合伙债务,则保障倍数是4.2[(50-8)/10],显然减资后清偿合伙债务的保障倍数降低了,合伙债权人利益必然会受到影响。另外,有限合伙人对前述第一顺序、第二顺序的出资进行减资,使其不再对合伙承担部分或者全部补缴义务,也会影响合伙债权人利益。因此,合伙人减资应当对合伙债权人利益进行保护。在现有法律就减资对(合伙债权人利益的保护)未作规定的情况下,建议通过债权合同的专门约定来实现就减资对合伙债权人利益的保护。

需要指出,这里的合伙债务,既包括已到期的合伙债务,也包括尚未到期的合伙债务。

6. 增资减资的表决

《合伙企业法》第34条规定,合伙人按照合伙协议的约定或者经全体合伙人决定,可以增加或者减少对合伙企业的出资。依该条规定,增资减资的表决遵循有约定依约定,无约定由全体合伙人决定。本条虽未明确全体合伙人决定是否须"一致",但应理解为全体合伙人"一致"决定。因为增资减资是合伙的重大决策,事关合伙人的权利与义务,应当经合伙人一致决定。当然,这是在合伙协议对增资减资无约定时的表决办法,如果合伙协议对增资减资有约定,则应当按照合伙协议的约定进行表决。

风险规避

1. 切勿盲目增资减资

无论增资还是减资,必须要有需求,切不可盲目进行,否则,就会造成出资多余(针对增资),影响出资利用,进而影响合伙人投资收益;或者造成出资紧张(针对减资),影响合伙经营,进而影响合伙长期发展。一般来说,增资需求主要表现在以下两个方面:一是扩大经营规模或者进行技术更新,所需资金无法通过对外融资解决;二是减少借贷融资,降低财务费用,提高盈利能力。减资需要主要表现在以下两个方面:一是出资长期未用,影响投资回报;二是合伙业务缩减,出资出现多余。需要指出,无论增资还是减资,目的均应当是合伙能够保持与经营相适应的出资规模,以实现合伙人利益最大化。

2. 设置债权保护条款

合伙债权人应当参照《公司法》第 177 条第 2 款“公司应当自作出减少注册资本之日起十日内通知债权人,并于三十日内在报纸上公告。债权人自接到通知书之日起三十日内,未接到通知书的自公告之日起四十五日内,有权要求公司清偿债务或者提供相应的担保”的规定,在债权合同中设置债权保护条款,明确约定(要求):合伙人减资应当自减资能够实施之日起十日内,由执行事务合伙人通知合伙债权人,合伙债权人自接到通知书之日起三十日内,有权要求合伙立即清偿合伙债务、提供相应担保或者对清偿合伙债务作出安排并经合伙债权人同意。如果未通知合伙债权人、未立即清偿合伙债务、未提供相应担保或者未对清偿合伙债务作出安排并经合伙债权人同意,则构成违约。此时合伙债权人有权宣布合伙债务立即到期,并有权要求合伙立即偿还合伙债务。同时,合伙债权人要强化对合伙的日常监督,一旦发现有前述违约情形之一的,可以宣布合伙债务立即到期。基于前述“减资后合伙人应当按照退伙的有关规定承担责任”的分析,依据普通合伙人对合伙债务承担无限连带责任或者“退伙人对基于其退伙前的原因发生的合伙企业债务,承担无限连带责任”及“有限合伙人退伙后,对基于其退伙前的原因发生的有限合伙企业债务,以其退伙时从有限合伙企业中取回的财产承担责任”,立即向法院提起诉讼,同步申请法院保全减资的合伙人因减资而获得的财产份额。

六、对外投资

关键内容

对外投资,是指合伙人以投资者的身份,将其占有的资产投放到自身之外的经济实体中,使自己成为被投资的经济实体的出资人的行为。合伙与被投资的经济实体互不隶属,相互独立。合伙对外投资可以为合伙带来投资收益,但也在存风险。合伙对外投资必须按照有关规则进行。

1. 合伙可以对外投资

《合伙企业法》对合伙对外投资未作规定,但《公司法》第 23 条、第 24 条、第 76 条和第 78 条等条文并未禁止合伙企业成为公司股东。而《合伙企业法》第 14 条只是要求作为合伙人的自然人应当具有完全民事行为能力,也未禁止合伙企业成为其他合伙企业的合伙人,况且合伙企业属于其他组织,依该法第 2 条、第 26 条第 3 款的规定可以设立合伙企业。而《民法通则》及其司法解释更未禁止个人合伙再投资。因此,按照"法无禁止即可为"的原则,个人合伙可以其中一人或者部分人名义对外投资设立个体工商户、个人独资企业、合伙企业、公司或者成为合伙企业、公司的出资人,合伙企业可用自己名义对外投资设立合伙企业、公司或者成为合伙企业、公司的出资人。合伙型私募基金买卖股票就是典型的合伙对外投资成为公司的出资人。需要指出,因劳务与合伙人的人身不可分享,所以合伙不能用劳务对外投资。

《合伙企业法》第 12 条规定,合伙企业设立分支机构,应当向分支机构所在地的企业登记机关申请登记,领取营业执照。但该条所规定的合伙企业设立分支机构,并不属于合伙对外投资,而是合伙企业向分支机构拨付一定财产。(分支机构隶属于合伙企业,是合伙企业的组成部分)

2. 对外投资表决方法

《合伙企业法》对合伙对外投资表决方法未作规定。不过,合伙对外投资是将所占有的资产投放到自身之外的经济实体中,在性质上类似于处分合伙财产,按照《合伙企业法》第 31 条第 1 款第 3 项、第 4 项的规定，应当经全体合伙人一致同意，但合伙协议另有约定的，按照该约定执行。

风险规避

1. 合伙对外投资要慎重

虽然合伙可以对外投资，但是无字号的个人合伙只能以其中一个或者部分合伙人名义对外投资，投资后在形式上就成为"一个或者部分合伙人"的财产，其他合伙人需要有足够的掌控力，才能防范对外投资财产被恶意处置。对合伙企业而言，对外投资必然意味着合伙的一部分出资（财产）需要投入所投资企业中，致使合伙可用于经营的出资（财产）会减少，进而可能会影响合伙的正常经营，需要创业者及其创业伙伴予以警惕。一般来说，除非像合伙型私募基金一样，以对外投资或者出资为合伙目的，开始合伙创业时及创业初期，合伙积累的出资、财产有限，不宜对外投资，待合伙事业稳定且有一定规模后可视情况再考虑对外投资。

另外，在合伙对外投资个体工商户、个人独资企业、合伙企业情况下，当个体工商户、个人独资企业、合伙企业不能清偿其到期债务的，合伙作为个体工商户、个人独资企业、合伙企业的出资人需要承担连带责任。当合伙企业不能清偿该责任的，对合伙企业出资的合伙人需要承担连带责任。因此，从这个角度分析，合伙对外投资要慎重。

2. 借合伙间接投资公司

《公司法》第 24 条规定，有限责任公司由 50 个以下股东出资设立；该法第 78 条规定，设立股份有限公司应当有 2 人以上 200 人以下为发起人。如果公司想要让职工成为股东（发起人），把职工利益与公司发展捆绑在一起，以使职工与公司同生死共命运，从而调动职工的积极性。或者当创业项目收益可观，创业者及其创业伙伴都想成为股东（发起人），而他们人数又超过了前述规定的股东（发起人）人数上限限制，均可以考虑先设立以出资为目的的合伙，再以合伙企业或者其中一个（部分）自然人合伙人（仅限无字号个人合伙）名义出资设立或者增资有限责任公司或者股份有限公司，从而借合伙间接投资公司。

实务中,大量存在的职工持股会就属此种情形,而合伙型私募基金投资(买卖)股票、股权更是如此。王石的万科公司就借合伙间接投资公司,让公司管理层和员工成为股东(发起人),把他们利益与公司发展捆绑在一起,调动了他们的积极性。不过,要选好代表来持股或者行使股权。在此需要指出,阿里巴巴的湖畔合伙人、华为公司的利润分享合伙人机制和小米公司的合伙人制度,与法律语境上的合伙人是不同的,它只是借鉴(用)了合伙人的概念。这些公司的所谓合伙人并不承担无限连带责任,仅是企业治理和风险控制的一种内部安排而已,但这足以表明合伙的风险控制之道具有强大的优势或者活力,必将会吸引越来越多的公司借鉴使用。

第七章　人员聘用与风险控制

合伙是一个组织形态，需要通过人的推动实现合伙目的，这涉及合伙的人员聘用问题。合伙人员聘用的包括经营管理人员和工作人员，他们是否必须聘用？须满足哪些条件与标准？如何进行表决？均对合伙具有重要意义。

一、经营管理人员

关键内容

所谓经营管理人员，是指代表合伙并为全体合伙人的利益，管理合伙日常经营管理事务的人。经营管理人员是推动实现合伙目的的管理人员，必须重视经营管理人员的聘用与管理。《民法通则》及其司法解释对个人合伙聘用经营管理人员未作规定，但个人合伙与合伙企业无本质区别，可参照《合伙企业法》的规定聘用经营管理人员。

1. 聘用经营管理人员不是必须的

前文已述，合伙事务执行是指合伙的经营管理及其相关事务处理。结合《合伙企业法》第 67 条“有限合伙企业由普通合伙人执行合伙事务。执行事务合伙人可以要求在合伙协议中确定执行事务的报酬及报酬提取方式”的规定可知,合伙企业的日常经营管理事务可由普通合伙人负责。而《合伙企业法》第 31 条只是规定聘任合伙人以外的人担任合伙企业的经营管理人员,须依合伙协议的约定或者经全体合伙人一致同意,并未要求合伙企业必须聘用合伙人以外的人负责合伙日常经营管理事务。实际上,绝大多数个人合伙和规模较小的合伙企业并未聘用合伙人以外的人负责合伙日常经营管理事务,而是由普通合伙人亲自负责日常经营管理事务。是否聘用经营管理人员及聘用多少经营管理人员,完全因需求而定,切不可相互攀比。需要指出的是,经营管理人员就是本书第四章“合伙执行与风险控制”中所提的非合伙人执行人员。

2. 经营管理人员须为合伙人以外的人

由《合伙企业法》第 31 条第 6 项“聘任合伙人以外的人担任合伙企业的经营管理人员”的规定可知,经营管理人员须为合伙人以外的人。这实际是为合伙企业聘用经营管理人员设定了标准与条件。除此之外,《合伙企业法》并未就经营管理人员的标准与条件作出其他规定。笔者认为,合伙人不能仅依此来选择经营管理人员,否则,将是对自己极大的不负责任。实际上,公司高级管理人员的职责和作用与合伙经营管理人员的职责和作用是相通的,所以合伙人可参照《公司法》第 146 条第 1 款有关公司高级管理人员的标准与条件,来选择和监督经营管理人员。《公司法》第 146 条第 1 款规定:“有下列情形之一的,不得担任公司的董事、监事、高级管理人员:(一)无民事行为能力或者限制民事行为能力;(二)因贪污、贿赂、侵占财产、挪用财产或者破坏社会主义市场经济秩序,被判处刑罚,执行期满未逾五年,或者因犯罪被剥夺政治权利,执行期满未逾五年;(三)担任破产清算的公司、企业的董事或者厂长、经理,对该公司、企业的破产负有个人责任的,自该公司、企业破产清算完结之日起未逾三年;(四)担任因违法被吊销营业执照、责令关闭的公司、企业的法定代表人,并负有个人责任的,自该公司、企业被吊销营业执照之日起未逾三年;(五)个人所负数额较大的债务到期未清偿。”如果经营管理人员在任职期间出现类似前述所列情形之一的,合伙人有权依合伙协议约定或者经全体一致同意来解除其职务。

3. 合伙企业分支机构负责人

《合伙企业法》第 12 条规定:“合伙企业设立分支机构,应当向分支机构所在地的企业登记机关申请登记,领取营业执照。”依该条规定,合伙企业可以设立分支机构。笔者认为,设立分支机构当然需要聘任负责人,负责分支机构日常经营管理事务。如果选择普通合伙人担任分支机构负责人,则属于第四章“合伙执行”的范畴,按合伙执行的有关要求办理;如果聘任合伙人以外的人担任分支机构负责人,则属于本章经营管理人员范畴,按经营管理人员的有关要求办理。

4. 聘用经营管理人员的表决

《合伙企业法》第 31 条规定:“除合伙协议另有约定外,合伙企业的下列事项应当经全体合伙人一致同意:……(六)聘任合伙人以外的人担任合伙企业的经营管理人员。”依该条规定,聘用经营管理人员的表决遵循有“约定依约定,无约定由全体合伙人一致同意”的原则。

5. 经营管理人员的权力来源

被聘用的经营管理人员属于合伙企业的雇员,与企业之间是一种委托关系。因此,经营管理人员必须在合伙企业授权范围内履行职务。基于此,《合伙企业法》第 35 条第 1 款规定:“被聘任的合伙企业的经营管理人员应当在合伙企业授权范围内履行职务。”该条便是经营管理人员的权利来源的规定,即经营管理人员的权利来源于合伙授权,其按照授权从事经营管理,在法律上代表全体合伙人,法律后果由合伙承担。

6. 经营管理人员不得为的事项

《合伙企业法》第 35 条第 2 款规定:“被聘任的合伙企业的经营管理人员,超越合伙企业授权范围履行职务给合伙企业造成损失的,依法承担赔偿责任。”同时,《合伙企业法》第 96 条还规定:“合伙人执行合伙事务,或者合伙企业从业人员利用职务上的便利,将应当归合伙企业的利益据为己有的,或者采取其他手段侵占合伙企业财产的,应当将该利益和财产退还合伙企业;给合伙企业或者其他合伙人造成损失的,依法承担赔偿责任。”这两条对经营管理人员行使权利过程中不得为事项进行了规定。不过,这两条规定比较简单,尚不足以对经营管理人员不得为事项进行规范。笔者认为,经营管理人员就是在执行合伙事务,有关合伙执行的规定也应当适用于经营管理人员。同时,公司高级管理人员的职责和作用与合伙经营管理人员的职责和作用是相通的,合伙人可参照《公司法》第148条第1款的规定来要求或者明确经营管理人员不得为事项。《公司法》第148条第1款规定:“董事、高级管理人员不得有下列行为:(一)挪用公司资金;(二)将公司资金以其个人名义或者以其他个人名义开立账户存储;(三)违反公司章程的规定,未经股东会、股东大会或者董事会同意,将公司资金借贷给他人或者以公司财产为他人提供担保;(四)违反公司章程的规定或者未经股东会、股东大会同意,与本公司订立合同或者进行交易;(五)未经股东会或者股东大会同意,利用职务便利为自己或者他人谋取属于公司的商业机会,自营或者为他人经营与所任职公司同类的业务;(六)接受他人与公司交易的佣金归为己有;(七)擅自披露公司秘密;(八)违反对公司忠实义务的其他行为。”当然,前述第二项“将公司资金以其个人名义或者以其他个人名义开立账户存储”不适合个人合伙。如果经理管理人员违反前款规定,其所得收入应当归合伙所有。

前述经营管理人员不得为的事项也适用于合伙工作人员,为避免内容重复,后面不再赘述。

风险规避

1. 事先做好约定

按照《合伙企业法》第31条的规定:“聘用经营管理人员的表决遵循有约定依约定,无约定由全体合伙人一致同意。”合伙人可依据该条规定,在合伙协议中对聘用经营管理人员的表决方法,事先作出既符合合伙实际又方便操作同时还可以控制风险的约定。当然,表决将会涉及经营管理人员标准与条件的认定,为避免届时发生认定上的争议,建议合伙人通过内部规章制度等事先约定方式,将《公司法》第146条第1款规定的公司高级管理人员的标准与条件,转化为合伙经营管理人员的标准与条件。

2. 明确授权范围

依照《合伙企业法》第35条第1款的规定:“经营管理人员应当在合伙企业授权范围内履行职务。”同时,该条第2款还对越权履行职务的赔偿责任作出了规定。而认定经营管理人员是否越权的前提条件是有明确授权范围。因此,合伙应当向经营管理人员作出明确授权。按照《民法总则》第 165 条“委托代理授权采用书面形式的,授权委托书应当载明代理人的姓名或者名称、代理事项、权限和期间,并由被代理人签名或者盖章”的规定,合伙向经营管理人员的书面授权应当载明以下内容:一是代理人的姓名;二是代理事项;三是权限;四是期间;五是由被代理人签名或者盖章。当然,经营管理人员行使授权过程中将会涉及不当经营管理行为的认定,为避免届时发生认定上的争议,建议在书面授权中将《公司法》第 148 条第 1 款规定的公司高级管理人员不得有的行为,事先转化为合伙经营管理人员不得有的行为。

明确授权范围还能避免合伙承担经营管理人员越权履行职务的外部风险,即外部第三人(相对人)要求合伙对经营管理人员越权行为承担责任的风险。因为授权明确既能让外部第三人(相对人)清晰辨别经营管理人员超越权限与否,也能让法院认定外部第三人(相对人)可清晰辨别经营管理人员超越权限与否,按照《民法总则》第 171 条“行为人没有代理权、超越代理权或者代理权终止后,仍然实施代理行为,未经被代理人追认的,对被代理人不发生效力。相对人可以催告被代理人自收到通知之日起一个月内予以追认。被代理人未作表示的,视为拒绝追认”的规定,作为被代理人的合伙对越权行为不承担责任(但其追认的除外),法院也会认定合伙对越权行为不承担责任;相反,若授权不明,则外部第三人(相对人)按照《民法总则》第 172 条“行为人没有代理权、超越代理权或者代理权终止后,仍然实施代理行为,相对人有理由相信行为人有代理权的,代理行为有效”的规定,以有理由相信经营管理人员有代理权限为由来要求合伙承担责任,将会获得法院支持。

二、工作人员

关键内容

所谓工作人员,是指在合伙中负责一般性事务或者承担某些工作的人。工作人员是推动实现合伙目的的辅助人员,同样也必须重视工作人员的聘用与管理。《民法通则》及其司法解释未对个人合伙聘用工作人员作出规定,但个人合伙与合伙企业无本质区别,可参照《合伙企业法》的规定聘用工作人员。

1. 聘用工作人员不是必须的

《合伙企业法》只是在第 89 条提到了“职工工资”、第 96 条提到了“从业人员”,并未要求合伙企业必须聘用工作人员。实务中,绝大多数个人合伙和规模较小的合伙企业并未聘用工作人员,而是由普通合伙人亲自负责一般性事务或者承担某些工作。是否聘用工作人员,完全因需求而定,切不可相互攀比。

2. 财务会计人员

《合伙企业法》第 36 条规定:“合伙企业应当依照法律、行政法规的规定建立企业财务、会计制度。”依该条规定,合伙企业应当建立财务会计制度。由于财务会计工作的专业性很强,合伙人一般很难能胜任,所以实务中规模较大的合伙企业往往会聘用财务会计人员来负责此项工作。有关财务会计人员的要求,本书第五章“财务要求”一节已有讨论,在此不再赘述。是否聘用财务会计人员及聘用多少财务会计人员,完全因需求而定,切不可相互攀比。

3. 其他工作人员

如前文所述,《合伙企业法》只是在第 96 条提到了“从业人员”,并未指出合伙企业工作人员包括哪些。实际上,《合伙企业法》不宜对此作出硬性要求,应当由合伙企业根据自身实际情况来自行决定是否聘用工作人员、聘用哪些工作人员。实务中,规模较大的合伙企业除了财务会计人员外,一般会聘用行政人员、销售人员。当然,合伙企业的经营范围不同,所聘用的其他工作人员会有所不同,具体要聘用哪些工作人员及聘用多少,完全因需求而定,切不可相互攀比。

4. 聘用工作人员的表决

《合伙企业法》对聘用工作人员的表决并未作出直接规定。不过,聘用工作人员属于合伙企业的事项之一,按照《合伙企业法》第 30 条“合伙人对合伙企业有关事项作出决议,按照合伙协议约定的表决办法办理。合伙协议未约定或者约定不明确的,实行合伙人一人一票并经全体合伙人过半数通过的表决办法”的规定,其表决应当遵循有约定依约定,无约定或者约定不明则实行合伙人一人一票并经全体合伙人过半数通过的表决办法。

风险规避

1. 设定聘用条件

对于聘用什么样的工作人员，合伙人最好事先能协商并设定具体条件，以免届时有合伙人因推荐自己想要的人，却得不到其他合伙人认可，或者合伙人因标准不一而无法达成一致意见，大家为此争吵不休，伤了和气，影响合伙经营。当然，工作人员聘用条件会因合伙企业的要求、岗位等不同而有所不同，难以统一。在此只能给出设定工作人员聘用条件应当遵循的原则：一是具体详细。即聘用条件应当清晰、可量化，比如大学本科学历、英语四级等，切不可模棱两可、似是而非。二是符合规定。即聘用条件符合法律法规或者政策的规定，比如聘用条件不能为“未婚”或者“已婚”，因为这违反国家有关就业歧视的规定。三是切合实际。即聘用条件既要切合合伙实际也要切合社会实际，比如一个西部小乡镇的合伙企业，若聘用条件为国外知名大学研究生学历，恐怕因不切合实际而无人前来应聘。

2. 需求表决为先

即便设定了工作人员聘用条件，也得为聘用工作人员设置一个前置程序，即对聘用工作人员是否有需求先进行表决。否则，每位合伙人都将符合条件的人推荐来，要求全体合伙人进行表决，届时聘与不聘或者聘用谁，均是两难。工作人员需求是合伙重大事项，建议合伙协议对其表决先作出较为严格的约定，至少需经三分之二以上合伙人的同意，以体现大多数合伙人意愿。否则，就得按照《合伙企业法》第30条的规定，实行合伙人一人一票并经全体合伙人过半数通过的表决办法。

3. 强化入职审查

对前来应聘的工作人员，要认真对照聘用条件进行全面审查，凡是符合聘用条件的，才可纳为待选对象。如果待选对象多于实际需求数量，且合伙人就聘用无法达成一致意见的，建议通过考试方式进行选择。确定拟聘用工作人员后，还要强化聘用前审查，除了审查基本信息、身份证件、与原单位是否解除劳动关系

(因为聘用与其他单位尚未解除或者终止劳动合同的人,若给其他单位造成损失的,要承担连带赔偿责任)外,对经营管理人员另要审查其有无竞业限制、有无犯罪前科,对财务会计人员等关键岗位要审查其资格证书、有无犯罪前科。当然,合伙可增加其他审查要点。若难以确认应聘人员相关信息,则可上有关网站或者到有关单位进行核实。

三、法律定性

关键内容

聘用人员的法律定性事关其用工关系的界定,合伙是否承担用工费用等,是合伙用工管理中一项重要内容。

1. 用工关系

所谓用工关系,是指聘用人员与合伙之间的法律关系。在合伙企业及有字号的个人合伙中,可以是劳动合同关系,也可以是劳务合同关系;在无字号的个人合伙中,只能是劳务合同关系。

劳动合同关系是合伙与聘用人员间最紧密的一种法律关系。作为用人单位的合伙所承担的义务最重,享有的权利也最广泛。聘用人员往往隶属于合伙,接受合伙的管理,遵守合伙的规章制度(如考勤、考核),服从合伙的人事安排。合伙有权要求聘用人员在职期间竞业禁止,即聘用人员不得在其他单位兼职。而劳务关系是指提供劳务一方为接受劳务一方提供劳务服务,由接受劳务一方按照约定支付报酬所建立起来的一种民事权利义务关系。在劳务关系中,合伙的义务较轻,享有的权利也较少。比如,合伙没有对聘用人员进行处分的权利,聘用人员往往不隶属于合伙,因而合伙无权要求聘用人员在职期间竞业禁止,即聘用人员可在其他单位兼职。切不可名义上签订劳务合同,但却要求聘用人员服从人事安排,对聘用人员进行考勤、考核,不允许聘用人员兼职,否则,就会被法院认定成名为劳务合同、实为劳动合同。

另外,根据《最高人民法院关于审理劳动争议案件适用法律若干问题的解释(四)》第14条的规定,外国人、无国籍人、港澳台居民在境内(内地)未依法取得就业证件，与境内（内地）合伙所签订的劳动合同，按劳务关系处理。根据《最高人民法院关于审理劳动争议案件适用法律若干问题的解释（三）》第7条的规定，合伙聘用已经依法享受养老保险待遇或者领取退休金的人员，按劳务关系处理。这类用工关系是法定的，即使双方签订了书面劳动合同，也会被认定为劳务关系。

2. 用工费用

若聘用人员与合伙之间属于劳务合同关系，合伙除了向聘用人员支付报酬外，无须承担聘用人员的社会保险。但在劳动合同关系中，合伙除了向聘用人员支付报酬外，还须负担聘用人员的社会保险。按照《社会保险法》第2条的规定，社会保险包括基本养老保险、基本医疗保险、工伤保险、失业保险、生育保险，通常称为“五险”，合伙企业及有字号的个人合伙都须缴纳。不同地区缴纳社会保险的比例会有所不同，具体适用时应参照当地规定。2019年4月1日，《国务院办公厅关于印发降低社会保险费率综合方案的通知》（国办发〔2019〕13号），明确规定自2019年5月1日起，降低职工基本养老保险单位缴费比例，若高于16%的，则可降至16%；对低于16%的，各省要研究提出过渡办法。一般来说，基本医疗保险单位缴费比例为6%，失业保险单位缴费比例为2%，生育保险单位缴费比例为1%，工伤保险单位缴费比例为0.05%～2%。因此，合伙企业及有字号的个人合伙，应当查询并按当地社会保险单位缴费比例缴费。

实务中，一些合伙会要求聘用人员以个人名义缴纳基本养老保险、基本医疗保险，并给予聘用人员一定补助。这种做法违背了合伙作为用人单位，应当缴纳社会保险费的法定义务，是不合法的。

另外，在劳动合同关系中，合伙企业还应当根据《住房公积金管理条例》第2条的规定，为聘用人员缴存住房公积金，缴存比例不得于聘用人员上一年度月平均工资的5%，不得高于聘用人员上一年度月平均工资的12%。

结合“用工关系”中的分析，劳动合同关系与劳务合同关系各有利弊。合伙要根据聘用人员是否需要在职期间竞业禁止、是否要求其服从人事安排等，并结合自身财务状况，选择合适的合同关系与聘用人员签订合同。

风险规避

1. 强化合同风险管理

无论劳动合同关系还是劳务合同关系,合伙人均以合伙企业和有字号的个人合伙的名义,无字号的个人合伙则以某个合伙人名义,与聘用人员签订书面合同,明确双方的权利义务,以免日后产生争议或者纠纷。

对于劳动合同关系,若不与聘用人员签订书面劳动合同,将产生以下两个不利后果:一是按照该法第14条“用人单位自用工之日起满一年不与劳动者订立书面劳动合同的,视为用人单位与劳动者已订立无固定期限劳动合同”的规定,会自动形成无固定期限劳动合同;二是按照《劳动合同法》第82条“用人单位自用工之日起超过一个月不满一年未与劳动者订立书面劳动合同的,应当向劳动者每月支付二倍的工资。用人单位违反本法规定不与劳动者订立无固定期限劳动合同的,自应当订立无固定期限劳动合同之日起向劳动者每月支付二倍的工资”的规定,合伙需要向聘用人员支付二倍的工资。同时,按照《劳动合同法》第9条的规定,合伙不得扣押聘用人员的居民身份证和其他证件,不得要求聘用人员提供担保或者以其他名义向聘用人员收取财物。否则,将会被劳动行政部门按每人500~2000元的标准处以罚款。按照1995年5月1日起施行的《国务院关于职工工作时间的规定》(国务院令第174号)的规定,聘用人员平均每周工作时间不超过40小时,否则,会被视为加班,需要支付加班费。另外,《劳动合同法》还就试用期、劳动报酬支付、解除等事项和违反这些事项的处罚作了规定。因此,合伙一定要强化用工合同管理,严格按照《合同法》及相关司法解释的规定,及时与聘用人员签订和履行劳务合同,严格按照《劳动合同法》的签订和履行劳动合同,并妥善保管劳动合同,以免产生不利后果。如果劳动合同解除或者终止的,合伙要向聘用人员出具解除或者终止劳动合同的证明,并在十五日内为聘用人员办理档案和社会保险关系转移手续,否则,会被劳动行政部门处罚,并要向聘用人员赔偿损失。

2. 及时支付费用报酬

按照《劳动合同法》第85条的规定,合伙应当按照劳动合同的约定或者国家规定,按时足额向聘用人员支付报酬,且不得低于当地最低工资标准,应当按规定向聘用人员支付加班费和经济补偿,否则,劳动行政部门会责令合伙限期支付,并补齐低于当地最低工资标准的差额部分,若合伙逾期不支付的,劳动行政部门还会责令合伙按应付金额50% ~100%的标准向聘用人员加付赔偿金。因此,合伙要注意防范劳动报酬方面的风险,一定要严格按照约定或者规定及时支付报酬,以免遭受不必要的损失。

按照《社会保险法》第63条的规定,合伙应当按照时足额缴纳社会保险费,否则,社会保险费征收机构会责令合伙限期缴纳或者补足。若逾期仍未缴纳或者补足的,社会保险费征收机构将会申请行政部门划拨合伙银行账户中存款或者申请法院扣押、查封、拍卖合伙价值相当于应当缴纳社会保险费的财产,以拍卖所得抵缴社会保险费。同时,按照《社会保险费征缴暂行条例》第13条的规定,从欠缴之日起,按日加收千分之二的滞纳金。另外,按照《工伤保险条例》第62条第3款的规定,如果合伙未参加工伤保险,聘用人员发生工伤,则要按照该条例规定的工伤保险待遇项目和标准,向聘用人员支付相关费用。因此,合伙要注意防范社会保险费方面的风险,一定要严格按照规定及时支付社会保险费,以免遭受不必要的损失。

第八章　合伙解散与风险控制

合伙作为一种组织形态，有其创设的过程，也有其运行的过程，更有其消亡的过程。合伙解散就是合伙的消亡。合伙的消亡过程与其创设过程、运行过程一样，必须遵循一定的规则。

一、解散

关键内容

《合伙企业法》规定合伙企业基于一定事由应当解散。所谓合伙企业解散，是指因法定或者约定的事由而使合伙关系消灭，合伙企业终止活动。《民法通则》及其司法解释仅规定了个人合伙终止，未对个人合伙解散作出规定。不过，笔者认为，《民法通则》及其司法解释中的个人合伙终止，实际上就是个人合伙解散。基于此，本章主要围绕合伙企业解散进行讨论，个人合伙终止可参照合伙企业解散的有关规定。

1. 解散的事由

《合伙企业法》第 85 条规定："合伙企业有下列情形之一的，应当解散：(一)合伙期限届满，合伙人决定不再经营；(二)合伙协议约定的解散事由出现；（三）全体合伙人决定解散；（四）合伙人已不具备法定人数满三十天；（五）合伙协议约定的合伙目的已经实现或者无法实现；（六）依法被吊销营业执照、责令关闭或者被撤销；（七）法律、行政法规规定的其他原因。”这便是合伙企业解散事由的规定。依该条规定，当合伙企业有前述七种解散事由之一的，就应当解散。

2. 期限可延长

这里的期限可延长，是指合伙期限可延长。依照《合伙企业法》第 85 条第 1 款第 1 项的规定，当合伙期限届满，合伙人决定不再经营的，合伙企业应当解散；但若合伙人决定继续经营的，应当视为修改合伙协议而延长合伙期限。至于延长多长时间，根据合伙人的决定而定，若合伙人只是决定继续经营，但未明确继续经营时间，则视为延长的合伙期限不定期。延长的合伙期限届满，仍可继续多次延长，直至合伙人决定不再经营。

延长合伙期限是一种修改合伙协议的行为，依照《合伙企业法》第 19 条第 2 项的规定，应当经全体合伙人一致同意，但合伙协议另有约定的，按该约定执行。如前文所述，对于部分合伙人不同意继续经营的，则应为这些合伙人办理退伙手续。但若退伙后合伙人只有一人，或者仅剩有限合伙人时，则仍应解散合伙企业。

3. 争议的解决

若合伙人对合伙企业是否出现解散事由，或者是否满足某个解散事由，出现认识上的争议，应当如何解决，尚无规定可循。笔者认为，可由认定出现或者满足解散事由的合伙人退伙，如果该合伙人不愿意退伙的，则其他合伙人可向法院提起诉讼，请求法院判决该合伙人退伙。该诉讼属于履行合伙协议纠纷，依照《民事诉讼法》第 23 条“因合同纠纷提起的诉讼，由被告住所地或者合同履行地人民法院管辖”的规定，应当向该合伙人住所地或者合伙企业住所地法院提起诉讼。

风险规避

1. 准确加以理解

对《合伙企业法》第85条规定的七种解散事由,合伙人要结合其他规定加以准确理解,切勿机械适用,影响合伙企业正常经营。

(1)第一种解散事由

须由合伙协议明确约定合伙期限,且该期限届满,同时合伙人决定不再经营,三者缺一不可。当然,合伙期限届满并非必然引起合伙企业解散,全体合伙人就是否经营未作决定,或者通过延长合伙期限的方式,均可阻却(止)该事由的发生。在未作决定的情况下,合伙期限届满后,全体合伙人继续经营合伙企业,视为以不定期限继续履行合伙协议,不发生合伙企业解散的后果;如果全体合伙人就延长合伙期限达成一致意见,则应当修改合伙协议,并办理变更登记手续;如果全体合伙人就延长合伙期限未达成一致意见,则不能解散合伙企业,也不能请求法院强制解散合伙企业,而应由不同意延长合伙期限的合伙人退伙,由同意延长合伙期限的合伙人继续经营合伙企业。当同意延长合伙期限的合伙人只有一人,或者仅剩有限合伙人时,则仍应解散合伙企业。

(2)第二种解散事由

若在该解散事由出现前,全体合伙人可通过一致决定取消或者修改该事由的约定,阻却(止)该解散事由的出现。如果全体合伙人一致决定取消或者修改的,则应当修改合伙协议并办理变更登记手续,不能解散合伙企业;如果全体合伙人就取消或者修改该事由未成一致意见,则可由不同意的合伙人退伙,由同意的合伙人继续经营合伙企业。当同意的合伙人只有一人,或者仅剩有限合伙人时,则仍应解散合伙企业。

(3)第三种解散事由

不论合伙协议是否约定有合伙期限,均可适用。同意解散的性质,属于合意终止合同,必须经全体合伙人一致同意。如果一部分合伙人同意解散,另一部分合伙人不同意解散,则应由同意解散的合伙人退伙,不同意解散的合伙人继续经营合伙企业。当不同意解散的合伙人只有一人,或者仅剩有限合伙人时,则仍应解散合伙企业。

(4)第四种解散事由

所谓“合伙人已不具备法定人数”,是指合伙人人数达不到《合伙企业法》第14条第1款第1项规定的2人最低限额以及第61条第2款规定的有限合伙企业至少应有1名普通合伙人的最低限额。而之所以规定合伙人已不具备法定人数须满三十日,是让合伙人通过适当的措施或者方法来阻却(止)该事由发生,从而挽救合伙企业。当然,阻却(止)的措施或者方法应当在三十天内成功实施结束,若失败或者未实施结束,则仍属于“合伙人已不具备法定人数满三十天”。如果此种解散事由发生后,合伙人不解散合伙企业,如何处理,《合伙企业法》未作规定。笔者认为,可由登记部门吊销其营业执照、责令关闭或者撤销其经营资格。

(5)第五种解散事由

该事由中的“无法实现”,包括自始无法实现和中途无法实现,是指合伙经营的事项因主观预测错误或者客观情况变化,而使合伙目的不能实现。需要指出,该事由中的合伙目的是指全部目的,如果部分目的已经实现或者无法实现,仍不能解散合伙企业。另外,全体合伙人可通过增加新的合伙目的,或者对原有合伙目的作出修改的方式,阻却(止)该事由的发生,使合伙企业继续存续。

(6)第六种解散事由

所谓被吊销营业执照,是指登记部门根据法律、行政法规的规定,对查证属实有违法行为的合伙企业而依法采取的行政行为,是国家行政权力强令解散合伙企业的行为。所谓责令关闭,是指因合伙企业违反法律、行政法规,或者因合伙不符合规定,而由行政机关命令合伙企业停止经营。所谓撤销,是指合伙企业被登记部门撤销经营资格。此种解散无须合伙人合意或者决定,必须无条件执行。

(7)第七种解散事由

这是一个兜底性条款,为未能预料到的事由预留空间。需要注意的是,该事由中的“其他原因”只能由法律、行政法规作出规定,亦即由全国人大及其常委会制定的法律和国务院制定的行政法规作出规定。

2. 事先进行阻却

如前所述,合伙人可以阻却第一项、第二项、第四项和第五项解散事由的出现或者发生。一旦阻却成功,就需要办理合伙企业的变更登记手续。而办理变更登记手续需要一定时间并须提交变更申请书、全体合伙人签署的变更决定书等资料,所以应当事先进行阻却,提前准备好变更登记所需资料。否则,届时将因无法办妥变更登记手续而会使合伙企业在法律上须停止经营活动,从而使阻却目的或者继续经营目的落空。例如,拟阻却"合伙协议约定的解散事由出现",如果不事先进行阻却,即不事先修改合伙协议,和提前准备变更申请书、全体合伙人签署的变更决定书等资料,那么在该解散事由出现时就无法办妥变更登记手续,合伙企业便会进入解散程序或者状态,依法应当停止经营活动,并应进行清算,从而使阻却目的或者继续经营的目的落空。

二、清算

关键内容

合伙企业解散必须依法进行清算,清算是合伙企业终止民事权利义务的前提。合伙企业清算是合伙人,特别是有限合伙人,对合伙债权人应尽的义务,合伙企业清算应当成立清算人,由清算人依法执行合伙企业清算事务。个人合伙的清算可参照合伙企业清算的有关规定进行。

1. 确定清算人

《合伙企业法》第 86 条第 1 款、第 2 款规定,合伙企业解散,应当由清算人进行清算;清算人由全体合伙人担任,经全体合伙人过半数同意,可以自合伙企业解散事由出现后十五日内指定一个或者数个合伙人,或者委托第三人,担任清算人。依前述规定,可由全体合伙人担任清算人,也可指定一个或者数个合伙人担任清算人,还可委托第三人担任清算人。另外,依据《合伙企业法》第 86 条第 3 款的规定,应当自合伙企业解散事由出现之日起十五日内确定清算人。可见,合伙的清算人确定相对简单与灵活,不像有限责任公司的清算组必须要由股东组成。需要指出的是,指定一个合伙人或者数个合伙人担任清算人和委托第三人担任清算人,须经全体合伙人过半数同意,而不是参与决定的合伙人过半数同意。实务中,往往由律师事务所、会计师事务所等专业人士担任清算人。

2. 未确定清算人的救济

《合伙企业法》第86条第3款规定，自合伙企业解散事由出现之日起十五日内未确定清算人的，合伙人或者其他利害关系人可以申请人民法院指定清算人。依据该款规定，当全体合伙人不确定或者无法确定清算人时，部分合伙人或者其他利害关系可以申请法院指定清算人，法院应当受理该申请并及时指定清算人。这里的“其他利害关系人”包括合伙债权人。

3. 清算人的职能

《合伙企业法》第87条规定：“清算人在清算期间执行下列事务：(一)清理合伙企业财产，分别编制资产负债表和财产清单；(二)处理与清算有关的合伙企业未了结事务；(三)清缴所欠税款；(四)清理债权、债务；(五)处理合伙企业清偿债务后的剩余财产；(六)代表合伙企业参加诉讼或者仲裁活动。”依该条规定，清算人有六项职能。实际上，《合伙企业法》第88条规定的“清算人自被确定之日起十日内将合伙企业解散事项通知债权人，并于六十日内在报纸上公告”，也属于清算人的职能。因此，合伙企业的清算人有七项职能，与公司的清算组职能基本相同。

清理合伙企业财产主要是确定合伙企业财产的构成和数量、负债的构成和数量，从而明确合伙企业的偿债能力，确定清算方案。虽然合伙企业一旦进入解散程序就要停止经营活动，但是进入解散程序前已开始又未结束的经营活动，需要清算人去了解。合伙企业所欠税款属于合伙债务，必须依法由以合伙财产偿还。清理债权是指向合伙企业的债务人主张、追收合伙企业的债权资产。清理债务是指向合伙企业的债权人清理、登记合伙企业的负债。剩余资产是合伙企业清偿全部债务后的剩余部分，属于全体合伙人共有，处理这部分财产是财产分割权的重要体现。而通知、公告合伙企业债权人是清算的必然要求，否则，债权人难以知悉，清算就会失去意义。

4. 债权申报

《合伙企业法》第88条第1款、第2款规定，债权人应当自接到通知书之日起三十日内，未接到通知书的自公告之日起四十五日内，向清算人申报债权；债权人申报债权，应当说明债权的有关事项，并提供证明材料；清算人应当对债权进行登记。这两款中的债权申报时间与公司债权人的债权申报时间相同。清算人通知、公告债权人的目的就是让债权人及时申报债权,以便掌握合伙企业的债务构成与数量,使合伙企业的清算工作能够顺利进行。需要指出,债权人申报债权须说明债权的有关事项并提供证明材料,否则,就有可能不被清算人登记。

需要进一步讨论,如果合伙企业债权人在规定的期限内未申报债权,能否补充申报债权?对此,《合伙企业法》未作规定。笔者认为,若不允许该债权人补充申报债权,将会损害其要求先以合伙财产清偿的权利,特别是在有限合伙人获得剩余财产分配的情况下,更会损害债权人利益。因此,应当允许债权人补充申报债权,但也应当有所限制。对此,可参照《最高人民法院关于适用〈中华人民共和国公司法〉若干问题的规定(二)》(以下简称公司法司法解释二)第 13 条、第 14 条的规定,由债权人在清算报告经全体合伙人或者法院确认完毕前,进行补充申报。

5. 清偿顺序

《合伙企业法》第 89 条规定:“合伙企业财产在支付清算费用和职工工资、社会保险费用、法定补偿金以及缴纳所欠税款、清偿债务后的剩余财产,依照本法第三十三条第一款的规定进行分配。”依该条规定,合伙企业财产清偿顺序如下:

第一顺序:清算费用、职工工资、社会保险费用和法定补偿金。其中:清算费用是指合伙企业自宣布清算以来的各项费用,包括财产维持费用、职工工资或者生活补助、通信费、交通费、诉讼费及清算人的各项花销;职工工资是指合伙企业在清算前拖欠职工的工资和资金;社会保险费用是指合伙企业在清算前拖欠职工的依法应当缴纳的各项社会保险费用;法定补偿金是指合伙企业因解散而终止与职工的劳动合同,依照法律、行政法规的规定应当给予职工的经济补偿。

第二顺序:缴纳所欠税款。所欠税款应当包括清算前应缴未缴的各项税款,以及清算过程中发生的应缴税款。

第三顺序:清偿合伙企业债务,即清偿债权人申报的各类债权。

第四顺序:剩余财产分配,即依照《合伙企业法》第 33 条第 1 款的规定对剩余财产进行分配。

上述清偿顺序为法定顺序,前一顺序未进行完毕,不得进行下一顺序的清偿,也不得颠倒顺序进行清偿。

另外，在清算期间，无论对某个债权人还是对部分债权人，清算人均不得清偿，而必须对全部债权人统一进行清偿。

6. 清算报告与注销登记

《合伙企业法》第 90 条规定："清算结束，清算人应当编制清算报告，经全体合伙人签名、盖章后，在十五日内向企业登记机关报送清算报告，申请办理合伙企业注销登记。"该条规定，清算结束后，清算人须编制清算报告并申请办理注销登记。需要指出，清算报告须经全体合伙人签名、盖章，隐含了清算报告应当经全体合伙人确认的意思，否则，合伙人不会签名、盖章；而清算人仅向登记机关报送清算报告即可，无须经其同意或者确认。依照《合伙企业登记管理办法》第 24 条的规定，经企业登记机关注销登记，合伙企业终止。

7. 申请注销合伙企业须提交的文件

《合伙企业登记管理办法》第 23 条规定："合伙企业办理注销登记，应当提交下列文件：（一）清算人签署的注销登记申请书；（二）人民法院的破产裁定，合伙企业依照合伙企业法作出的决定，行政机关责令关闭、合伙企业依法被吊销营业执照或者被撤销的文件；（三）全体合伙人签名、盖章的清算报告；（四）国务院工商行政管理部门规定提交的其他文件。合伙企业办理注销登记时，应当缴回营业执照。"依该条规定，清算人申请注销合伙企业及办理注销登记手续，须提交前述五种文件。

8. 清算期间的权利能力和行为能力

《合伙企业法》第 88 条第 3 款规定，清算期间，合伙企业存续，但不得开展与清算无关的经营活动。《合伙企业法》第 87 条清算人的职权第 2 项规定，清算人处理与清算有关的合伙企业未了结事务，第 6 项规定清算人代表合伙企业参加诉讼或者仲裁活动。合伙企业进入解散及清算程序后，其权利能力并未立即消灭，但其行为能力受到了限制，即合伙企业不再可以从事与清算无关的经营活动。同时，其与清算有关的全部民事活动由清算人代行，而不再由合伙人或者执行人员进行。清算期间可以从事的民事活动主要包括：了结有关业务、处理尚未履行完毕的合同、向法院提起诉讼或者应诉、清收合伙企业债权等。

9. 原合伙人的责任

《合伙企业法》第 91 条规定:"合伙企业注销后,原普通合伙人对合伙企业存续期间的债务仍应承担无限连带责任。"依该条规定,即使合伙企业经过清算,普通合伙人仍须对合伙企业存续期间的债务承担无限连带责任。也许有人依此提出,清算无存在之必要。笔者认为,清算是保障国家税款、职工债权和债权人债权能及时获得清偿的有效手段或者保障,因有限合伙人仅承担有限责任,清算更能保障债权人对有限合伙人所享有的权利。需要指出,合伙企业存续期间的债务既包括清算开始前的债务,也包括清算开始后的债务。

合伙企业注销后,原有限合伙人对合伙企业存续期间的债务是否承担责任,《合伙企业法》未作规定。笔者认为,有限合伙人以其认缴的出资额为限对合伙债务承担责任,合伙企业合法注销后,原有限合伙人对合伙企业存续期间的债务不承担责任,但在合伙企业财产不足以清偿债务时,如其有出资不实、抽逃出资、清算不合法等情况,参照公司法司法解释二第 22 条第 1 款"公司财产不足以清偿债务时,债权人主张未缴出资股东,以及公司设立时的其他股东或者发起人在未缴出资范围内,对公司债务承担连带清偿责任的,人民法院应依法予以支持"的规定,须在涉及金额范围内,对合伙企业存续期间的债务承担连带责任,否则,对债权人不公平。

依据《合伙企业法》第 92 条第 2 款"合伙企业依法被宣告破产的,普通合伙人对合伙企业债务仍应承担无限连带责任"的规定,合伙企业依法被宣告破产后,普通合伙人对合伙企业债务仍应承担无限连带责任。这里的债务既包括清算开始前的债务,也包括清算开始后的债务。基于相同理由,合伙企业依法宣告破产后,有限合伙人也须在涉及金额范围内,对合伙企业存续期间的债务承担连带责任。鉴于合伙企业破产后与解散后的原合伙人的责任是相同的,为避免重复或者赘述,本章破产一节不再讨论,请读者参阅此处内容。

10. 不当清算行为

依据《合伙企业法》第 100 ~ 102 条的规定,清算人的不当清算行为有:一是未依法向登记机关报送清算报告;二是报送清算报告隐瞒重要事实;三是报送清算报告有重大遗漏;四是牟取非法收入;五是侵占合伙企业财产;六是隐匿、转移合伙企业财产；七是对资产负债表作虚假记载；八是对财产清单作虚假记载；九是在未清偿债务前分配财产，损害债权人利益。清算人有前述行为的，将会受到登记部门的处罚，同时还要退还财产或者非法收入，并需要赔偿给合伙企业或者债权人造成的损失。

风险规避

1. 应及时选择清算人

按照《合伙企业法》第 86 条第 2 款、第 3 款的规定，合伙人有权选择合伙人为清算人，也有权选择非合伙人为清算人，且应当自合伙企业解散事由出现之日起十五日内作出选择。否则，法院将会依有关申请指定清算人，而一旦法院指定的清算人不懂财务或者不负责任，将会给合伙企业清算带来不利影响。因此，建议合伙人及时选择既懂财务又负责任且值得信任的人为清算人，既尽可能避免由法院指定清算人，又尽可能避免不当清算行为的发生。当然，选择清算人是个博弈过程，合伙人得有心理准备，但切不可"漫天要价"。如果拟选的清算人无法经全体合伙人过半数同意，可由全体合伙人担任清算人，并可聘请律师事务所、会计师事务所等专业人士提供指导与支持。

2. 如何处理未缴出资

未缴出资包括因未到缴付期限而未缴付的出资，和已到缴付期限应缴而未缴的出资。合伙企业解散时，无论普通合伙人还是有限合伙人，如有未缴出资，如何处理，尚无法律规定。笔者认为，可参照公司法司法解释二第 22 条第 1 款"公司解散时，股东尚未缴纳的出资均应作为清算财产。股东尚未缴纳的出资，包括到期应缴未缴的出资，以及依照公司法第 26 条和第 80 条的规定分期缴纳尚未届满缴纳期限的出资"，应作为清算财产，属于合伙企业债权，由清算人向未缴出资的合伙人追收。

鉴于合伙企业破产后与解散后的未缴出资的处理是相同的，为避免重复或者赘述，本章破产一节不再讨论，请读者参阅此处内容。

3. 杜绝不当通知公告

《合伙企业法》第 88 条规定："清算人自被确定之日起十日内将合伙企业解散事项通知债权人，并于六十日内在报纸上公告。"该法未规定以何种方式通知、在何层级报纸上进行公告。笔者认为，可参照公司法司法解释二第 11 条第 1 款的规定，以书面方式通知全部已知债权人，并在住所地省级有影响的报纸上进行公告。下列情形应当属于清算人不当通知、公告：一是通知方式和公告报纸不符合前述要求；二是根本未通知、公告；三是只通知未公告；四是只公告未通知；五是仅通知部分已知债权人。清算人不当通知、公告有何后果，尚无法律规定。笔者认为，清算人不当通知、公告会导致债权人未及时申报债权而未获清偿，对债权人是不公平的，应当参照公司法司法解释二第 11 条第 2 款的规定，由清算人对因此造成的损失承担赔偿责任。这是清算人面临的风险，但只要坚决杜绝不当通知、公告，该风险还是可以避免的。

4. 如何处理债权异议

债权异议是指合伙企业债权人对清算人核定的债权有异议。对此如何处理，尚无法律规定。笔者认为，可参照公司法司法解释二第 12 条的规定："公司清算时，债权人对清算组核定的债权有异议的，可以要求清算组重新核定。清算组不予重新核定，或者债权人对重新核定的债权仍有异议，债权人以公司为被告向人民法院提起诉讼请求确认的，人民法院应予受理。"合伙企业债权人可要求清算人重新核定，如清算人不予重新核定，或者债权人对重新核定的债权仍有异议，债权人以合伙企业为被告向法院提起诉讼请求确认。

5. 如何处理对外投资

合伙企业持有的对外投资，也应当作为合伙企业的财产进入清算的范围，但应分不同情况以不同方法进行处理：一是对合伙企业全额出资设立的公司，既可以同时清算，但须先清算，也可以将对该公司的出资转让，以转让款作为合伙企业的清算财产；二是对合伙企业与他人合作设立的公司、合伙企业，只能进行出资转让，以转让款作为合伙企业的清算财产。

合伙企业分支机构的财产虽不属于对外投资，但也应像对外投资一样纳入清算范围,与合伙企业同时进行清算。

鉴于对合伙企业破产后与解散后的对外投资的处理是相同的,为避免重复或者赘述,本章破产一节不再讨论,请读者参阅此处内容。

三、破产

关键内容

破产是合伙企业清算的特别方式,其法律后果与清算的法律后果相同,都使合伙企业消灭。因个人不存在破产,所以个人合伙也不存在破产,因而本节内容只适用于合伙企业。

1. 申请破产的条件

《合伙企业法》第 92 条第 1 款规定,合伙企业不能清偿到期债务的,债权人可以依法向人民法院提出破产清算申请,也可以要求普通合伙人清偿。该条便是申请合伙企业破产条件的规定,即申请破产的条件为合伙企业不能清偿到期债务。至于何谓“不能清偿到期债务”,《合伙企业法》未作进一步规定。笔者认为,依照《企业破产法》第 135 条“其他法律规定企业法人以外的组织的清算,属于破产清算的,参照适用本法规定的程序”的规定,可参照《最高人民法院关于适用〈中华人民共和国企业破产法〉若干问题的规定(一)》第 2 条“下列情形同时存在的,人民法院应当认定债务人不能清偿到期债务:(一)债权债务关系依法成立;(二)债务履行期限已经届满;(三)债务人未完全清偿债务”的规定来加以认定,即合伙企业同时具备以下三种情形,便可认定其不能清偿到期债务:一是所欠债务依法成立;二是履行期限已经届满;三是未完全清偿债务。

需要指出的是,除“不能清偿到期债务”外,《企业破产法》还规定了申请企业法人破产的另一个条件——资产不足以清偿全部债务或者明显缺乏清偿能力。这被称为“资不抵债”。可见,关于申请破产的条件,《合伙企业法》与《企业破产法》有明显不同,即二者有冲突。然而,《企业破产法》为破产的一般法,《合伙企业法》为破产的特别法。在二者冲突的情形下,按照“特别法优于一般法”的原则,有关合伙企业破产的条件应当适用《合伙企业法》的规定,即合伙企业只要不能清偿到期债务便可对其申请破产。

2. 债权人的选择权

由《合伙企业法》第 92 条第 1 款“合伙企业不能清偿到期债务的,债权人可以依法向人民法院提出破产清算申请,也可以要求普通合伙人清偿”的规定可知,申请合伙企业破产的主体为债权人。因为普通合伙人对合伙企业债务承担无限连带责任,所以《合伙企业法》还赋予了债权人选择权。换言之,是申请合伙企业破产还是要求普通合伙人清偿,由债权人决定。

需要指出,除“债权人”外,《企业破产法》规定申请企业法人破产的主体还有企业法人自身、负有清算责任的人。可见,关于申请破产的主体,《合伙企业法》与《企业破产法》有明显不同,即二者有冲突。与“申请破产的条件”的理由一样,《企业破产法》为破产的一般法,《合伙企业法》为破产的特别法。在二者冲突的情形下,按照“特别法优于一般法”的原则,有关申请合伙企业破产的主体应当适用《合伙企业法》的规定,即只能由债权人申请合伙企业破产。

风险规避

1. 审慎申请合伙企业破产清算

虽然破产清算一方面可解除有关合伙企业的保全措施,使所有债权人按照比例清偿,有利于兼顾各债权人的利益;另一方面可对法院受理破产申请前一年内,合伙企业违法转移财产的行为予以撤销,追回所转移的财产,增加破产财产,有利于保护债权人利益。但是,破产清算至少有以下三个弊端:一是增加费用。与诉讼方式追债相比,破产清算将会增加“管理人执行职务的费用、报酬和聘用工作人员的费用”,使可用于清偿合伙企业债务的财产减少,况且实务中清算费用及工作报酬支付不经济已成为常见现象,更会使财产减少。二是时间较长。虽然《企业破产法》对破产清算具体时间没有规定,但是实务中一般时间都会较长,经过几年才能清算结束是常事。三是不能同时要求普通合伙人偿债。由于破产清算只能针对合伙企业,所以债权人不能同时要求普通合伙人偿债,而只能另行起诉普通合伙人要求其偿债。这会增加债权人追债成本。基于此,建议债权人权衡利弊,充分衡量成本（包括时间成本）及能否受偿，审慎申请合伙企业破产清算。一般来说，当合伙企业财产没有他人保全，没有财产被违法转移，则选择以诉讼方式追债，同时起诉合伙企业和普通合伙人要求其偿债，并保全合伙企业财产。当合伙企业财产有他人保全，或者其财产被违法转移，则可选择以申请合伙企业破产清算的方式追债。另外，对合伙企业申请破产还须考虑当地法院的态度，因为一些法院往往不愿意办理破产案件，甚至还会要求申请人预交用于启动破产的费用。

2. 参照企业法人破产清算程序

《合伙企业法》对破产清算只有第 92 条这一条规定，仅规定债权人可依法申请合伙企业破产，对合伙企业的破产清算程序未作规定。不过，《企业破产法》第 135 条规定，其他法律规定企业法人以外的组织的清算，属于破产清算的，参照适用本法规定的程序。《合伙企业法》第 92 条中的"法"与《企业破产法》第 135 条相呼应。可见，虽然《合伙企业法》未规定合伙企业的破产清算程序，但是按照《企业破产法》第 135 条的规定，合伙企业的破产清算程序，应当参照适用企业法人的破产清算程序。因此，合伙企业债权人要准确理解与适用《合伙企业法》第 92 条的规定，参照适用《企业破产法》有关"破产清算程序"的规定，对合伙企业进行破产清算，并监督破产管理人是否依法履行职责，以确保自身债权能获得最大程度的清偿。

3. 重点关注破产清算关键内容

对于合伙企业的破产清算，须重点关注以下几个关键内容：

（1）合伙企业有关人员的义务

依据《企业破产法》第 15 条的规定，合伙企业有关人员是指执行事务合伙人，经法院决定包括合伙企业的财务人员和经营管理人员。自法院受理破产申请的裁定送达合伙企业之日起至破产程序终结之日，合伙企业有关人员承担下列义务：一是妥善保管其占有和管理的财产、印章和账簿、文书等资料；二是根据法院、管理人的要求进行工作，并如实回答询问；三是列席债权人会议并如实回答债权人的询问；四是未经法院许可，不得离开住所地；五是不得新任其他企业的董事、监事、高级管理人员。

（2）合伙企业债权的有关要求

依据《企业破产法》第 46 条的规定，合伙企业未到期的债权，在破产申请受理时视为到期；附利息的债权自破产申请受理时起停止计息。依据该法第109条的规定，对合伙企业的特定财产享有担保权的权利人，对该特定财产享有优先受偿的权利。依据该法第110条的规定，对合伙企业的特定财产享有担保权的权利人行使优先受偿权利未能完全受偿的，其未受偿的债权作为普通债权；放弃优先受偿权利的，其债权作为普通债权。

(3)管理人及其职责

依据《企业破产法》第22～24条的规定，管理人由法院指定，债权人会议认为管理人不能依法、公正执行职务，或者有其他不能胜任职务情形的，可以申请法院予以更换；管理人向法院报告工作，并接受债权人会议和债权人委员会的监督，并应当列席债权人会议，向债权人会议报告职务执行情况，回答询问。管理人可以由有关部门、机构的人员组成的清算组或者依法设立的律师事务所、会计师事务所、破产清算事务所等社会中介机构担任。法院根据合伙企业的实际情况，可以在征询有关社会中介机构的意见后，指定该机构具备相关专业知识并取得执业资格的人员担任管理人。依据《企业破产法》第25条第1款的规定："管理人履行下列职责：(一)接管债务人的财产、印章和账簿、文书等资料；(二)调查债务人财产状况，制作财产状况报告；(三)决定债务人的内部管理事务；(四)决定债务人的日常开支和其他必要开支；(五)在第一次债权人会议召开之前，决定继续或者停止债务人的营业；(六)管理和处分债务人的财产；(七)代表债务人参加诉讼、仲裁或者其他法律程序；(八)提议召开债权人会议；(九)人民法院认为管理人应当履行的其他职责。"

(4)合伙企业财产将受到限制

依据《企业破产法》第31～33条的规定，合伙企业财产将受到限制主要体现在以几个方面：

一是法院受理破产申请前一年内，涉及合伙企业财产的下列行为，管理人有权请求法院予以撤销：(a)无偿转让财产的；(b)以明显不合理的价格进行交易的；(c)对没有财产担保的债务提供财产担保的；(d)对未到期的债务提前清偿的；(e)放弃债权的。

二是法院受理破产申请前六个月内，合伙企业有申请破产条件的情形，仍对个别债权人进行清偿的，管理人有权请求法院予以撤销，但是个别清偿使合伙企业财产受益的除外。

三是涉及合伙企业财产的下列行为无效：(a)为逃避债务而隐匿、转移财产的；(b)虚构债务或者承认不真实的债务的。

(5)破产费用与共益债务

依据《企业破产法》第41条的规定："人民法院受理破产申请后发生的下列费用，为破产费用：(一)破产案件的诉讼费用；(二)管理、变价和分配债务人财产的费用；(三)管理人执行职务的费用、报酬和聘用工作人员的费用。"

依据《破产企业法》第42条的规定："人民法院受理破产申请后发生的下列债务，为共益债务：(一)因管理人或者债务人请求对方当事人履行双方均未履行完毕的合同所产生的债务；(二)债务人财产受无因管理所产生的债务；(三)因债务人不当得利所产生的债务；(四)为债务人继续营业而应支付的劳动报酬和社会保险费用以及由此产生的其他债务；(五)管理人或者相关人员执行职务致人损害所产生的债务；(六)债务人财产致人损害所产生的债务。"

(6)债权人会议及其职权

依据《企业破产法》第59条、第62条的规定，依法申报债权的债权人为债权人会议的成员，有权参加债权人会议，享有表决权，即债权人会议由全体依法申报债权的债权人组成，包括对债务人的特定财产享有担保权的债权人，和债权尚未确定但经法院临时确定行使表决权债权额的债权人；第一次债权人会议由法院召集，自债权申报期限届满之日起十五日内召开，以后的债权人会议，在法院认为必要时，或者管理人、债权人委员会、占债权总额四分之一以上的债权人向债权人会议主席提议时召开。

依据《企业破产法》第61条的规定："债权人会议行使下列职权：(一)核查债权；(二)申请人民法院更换管理人，审查管理人的费用和报酬；(三)监督管理人；(四)选任和更换债权人委员会成员；(五)决定继续或者停止债务人的营业；(六)通过重整计划；(七)通过和解协议；(八)通过债务人财产的管理方案；(九)通过破产财产的变价方案；(十)通过破产财产的分配方案；(十一)人民法院认为应当由债权人会议行使的其他职权。债权人会议应当对所议事项的决议作成会议记录。"依据该法第65条的规定，对前述第八项、第九项所列事项，经债权人会议表决未通过的，由法院裁定，债权人对此裁定不服的，可以自裁定宣布之日或者收到通知之日起十五日内向该法院申请复议；对前述第十项所列事项，经债权人会议二次表决仍未通过的，由法院裁定，债权额占无财产担保债权总额二分之一以上的债权人对此裁定不服,可以自裁定宣布之日或者收到通知之日起十五日内向该法院申请复议。复议期间不停止裁定的执行。

依据《企业破产法》第 63 条、第 64 条的规定,召开债权人会议,管理人应当提前十五日通知已知的债权人;债权人会议的决议,由出席会议的有表决权的债权人过半数通过,并且其所代表的债权额占无财产担保债权总额的二分之一以上,但对合伙企业的特定财产享有担保权的债权人,未放弃优先受偿权的,对前述第七项和第十项不享有表决权;债权人认为债权人会议的决议违反法律规定,损害其利益的,可以自债权人会议作出决议之日起十五日内,请求法院裁定撤销该决议,责令债权人会议依法重新作出决议。

(7)破产财产分配方案

依据《企业破产法》第 115 条的规定,管理人应当及时拟订破产财产分配方案,提交债权人会议讨论,债权人会议通过破产财产分配方案后,由管理人将该方案提请人民法院裁定认可,“破产财产分配方案应当载明下列事项:(一)参加破产财产分配的债权人名称或者姓名、住所;(二)参加破产财产分配的债权额;(三)可供分配的破产财产数额;(四)破产财产分配的顺序、比例及数额;(五)实施破产财产分配的方法”。

依据《企业破产法》第 118 条、第 119 条的规定,债权人未受领的破产财产分配额,管理人应当提存。债权人自最后分配公告之日起满二个月仍不领取的,视为放弃受领分配的权利,管理人或者人民法院应当将提存的分配额分配给其他债权人。破产财产分配时,对于诉讼或者仲裁未决的债权,管理人应当将其分配额提存。自破产程序终结之日起满二年仍不能受领分配的,人民法院应当将提存的分配额分配给其他债权人。

(8)破产财产的分配顺序

依据《企业破产法》第 113 条的规定:“破产财产在优先清偿破产费用和共益债务后,依照下列顺序清偿:(一)破产人所欠职工的工资和医疗、伤残补助、抚恤费用,所欠的应当划入职工个人账户的基本养老保险、基本医疗保险费用,以及法律、行政法规规定应当支付给职工的补偿金;(二)破产人欠缴的除前项规定以外的社会保险费用和破产人所欠税款;(三)普通破产债权。破产财产不足以清偿同一顺序的清偿要求的,按照比例分配。破产企业的董事、监事和高级管理人员的工资按照该企业职工的平均工资计算。”

后　记

经过数月煎熬，在全国上下喜迎中华人民共和国七十华诞的日子里，本书终于完稿，可以松口气了。

在这一段时间里，每个工作日白天笔者都穿梭在繁重工作中，常常加班到很晚才能回家，有时甚至周末也要加班，根本无暇顾及本书写作，只能在工作之余利用夜晚、周末及节日不停地读、思、写、改，感觉自己每天从早到晚就像一台机器在不停转动，无法停歇。遇到过许多困难，也有过放弃的念头，但好在自己没有被吓倒，把困难一个个破解。

坚持就是胜利。

感谢法律出版社法商分社社长薛晗和编辑慕雪丹、章雯慧眼识“才”，邀我撰写本书。也感谢她们为本书所提宝贵意见及策划、编辑和出版本书所付出的大量辛勤劳动。

感谢单位同事和律师界的同仁、朋友，在写作过程中遇到问题时，我都会向他们请教并与他们进行深入探讨，他们不厌其烦地解答、提出意见或者建议，让本书内容更加全面与切合实际。

感谢父母送我上大学，使我成为有“用”之人，有能力撰写本书。在我人生的每一个重大关口，父母总会默默地支持我、祝福我，并无怨无悔地尽他们所能为我提供帮助。愿天国的父亲能“看”到我的这份成果。

感谢亲爱的妻子刘克萍与儿子陈松良。在我写作期间,妻子无怨无悔分担着大量的家务,还要照顾我与儿子的起居,同时成为我写作的最严格监督者,并为本书校阅付出了极大的辛劳,她的理解与支持已融化在本书的每一个字中;儿子努力学习,很少让我操心,使我有时间专心完成本书写作。愿本书能激励他更上一层楼,进入理想的中学、大学学习,成为更优秀的人。

由于时间仓促,本书难免会有错误缺漏,期望大家不吝赐教,以使本人有所教益。

陈福录

2019 年 10 月 7 日

图书在版编目(CIP)数据

合伙创业手册：架构·分配·风险/陈福录著．--北京：法律出版社，2020
ISBN 978-7-5197-4222-5

Ⅰ．①合… Ⅱ．①陈… Ⅲ．①合伙企业－企业法－研究－中国 Ⅳ．①D922.291.914

中国版本图书馆CIP数据核字(2020)第022639号

合伙创业手册：架构·分配·风险
HEHUO CHUANGYE SHOUCE：
JIAGOU·FENPEI·FENGXIAN

陈福录 著

责任编辑 慕雪丹 章 雯
装帧设计 马 帅

出版 法律出版社
总发行 中国法律图书有限公司
经销 新华书店
印刷 固安华明印业有限公司
责任印制 胡晓雅

编辑统筹 法商出版分社
开本 710毫米×1000毫米 1/16
印张 14.75
字数 260千
版本 2020年4月第1版
印次 2020年4月第1次印刷

法律出版社/北京市丰台区莲花池西里7号(100073)
网址/www.lawpress.com.cn
投稿邮箱/info@lawpress.com.cn
举报维权邮箱/jbwq@lawpress.com.cn
销售热线/400-660-8393
咨询电话/010-63939796

中国法律图书有限公司/北京市丰台区莲花池西里7号(100073)
全国各地中法图分、子公司销售电话：
统一销售客服/400-660-8393/6393
第一法律书店/010-83938432/8433　西安分公司/029-85330678　重庆分公司/023-67453036
上海分公司/021-62071010/1636　深圳分公司/0755-83072995

书号：ISBN 978-7-5197-4222-5
定价：69.00元